21世纪高职高专规划教材
高等职业教育规划教材编委会专家审定



# 汽车维修质量检验

吕凤军　主　编
郭宏伟　张　杰　洪　丰　副主编
金柏正　主　审

北京邮电大学出版社
www.buptpress.com

## 内容简介

本书以情景化教学模式为基础，以汽车维修质量的检验工作为主线，将汽车维修质量检验分为四个模块，主要介绍了质量管理体系在汽车维修质量检验中的应用、汽车维修质量检验涉及的法律及规章、汽车维修质量检验的标准与方法和汽车维修质量问题的认定与处理等内容。

本书理论结合实际，突出知识和能力的融合，通俗易懂，可作为汽车运用技术、汽车检测与维修、汽车技术服务与营销等汽车运用类专业的教材，也可作为从事汽车维修质量检验工作的相关人员参考用书。

**图书在版编目(CIP)数据**

汽车维修质量检验/吕凤军主编. --北京:北京邮电大学出版社,2012.7(2016.6 重印)
ISBN 978-7-5635-3077-9

Ⅰ.①汽… Ⅱ.①吕… Ⅲ.①汽车—车辆修理—质量检验—高等学校—教材 Ⅳ.①U472.32

中国版本图书馆 CIP 数据核字(2012)第 104914 号

---

**书　　名**：汽车维修质量检验
**主　　编**：吕凤军
**责任编辑**：孔　玥
**出版发行**：北京邮电大学出版社
**社　　址**：北京市海淀区西土城路 10 号(邮编:100876)
**发 行 部**：电话：010-62282185　传真：010-62283578
**E-mail**：publish@bupt.edu.cn
**经　　销**：各地新华书店
**印　　刷**：北京源海印刷有限责任公司
**开　　本**：787 mm×1 092 mm　1/16
**印　　张**：10
**字　　数**：248 千字
**印　　数**：4 001—5 000 册
**版　　次**：2012 年 7 月第 1 版　2016 年 6 月第 3 次印刷

---

ISBN 978-7-5635-3077-9　　　　定　价：22.00 元

# 前　言

为了深入贯彻国务院《关于大力推进职业教育改革与发展的决定》以及《关于实施职业院校制造业和现代服务业技能型紧缺人才培养培训工程的通知》的精神，同时也为配合高等职业院校进行示范性院校建设和骨干院校建设开展的课程教学改革，我们编写了这本模块化情景式教学教材。

本书以汽车维修质量的检验工作为主线，将汽车维修质量检验分为四个模块，创设了八个情境，主要介绍了汽车维修企业质量手册的编制、“6S”管理方法、过程方法的应用、汽车维修质量检验涉及的法律及规章、汽车维修质量检验常用的量具与仪表仪器、汽车维护质量检验、汽车维修质量检验以及汽车维修质量问题的认定与处理等内容。

本书适应性广，通用性强，既适应高职高专教学改革的需要，又将汽车维修质量检验工作涉及的情景内容融入本教材，符合学生心理特征和认知规律。本书内容精练、重点突出、理论结合实际、通俗易懂，体现了工学结合、注重实用的特点，可作为汽车运用技术、汽车检测与维修、汽车技术服务与营销等汽车运用类专业的教材，也可作为从事汽车维修质量检验工作的相关人员参考用书。

本书由浙江交通职业技术学院吕凤军担任主编，杭州长运运输集团有限公司金柏正担任主审。全书共八个学习情境，其中吕凤军编写了学习情境一、学习情境五、学习情境六和学习情境七，浙江交通职业技术学院郭宏伟编写了学习情境四和学习情境八，浙江交通职业技术学院张杰编写了学习情境二，绍兴宝利德汽车有限公司洪丰编写了学习情境三。

本书在编写过程中参考了汽车维修质量检验方面的相关教材、专著、资料，这些著作为本教材的编写提供了重要的支持和依据。关于所引用的内容，在本书末尾大多都以参考文献的形式给出。在此，向所有参考文献的作者表示诚挚的谢意！在教材的编写过程中也得到了相关单位领导、同事和技术人员的大力支持，在此一并表示感谢。

由于编者水平有限，书中难免有不妥之处，欢迎读者批评指正。

编　者

2012 年 4 月

# 目　录

# 模块一　质量管理体系在汽车维修质量检验中的应用

## 学习情境一　汽车维修企业质量手册的编制

### 情景描述

某汽车维修企业为进一步规范操作、提高维修质量，拟制定质量管理制度，并要通过相应的质量认证体系，企业请你帮忙根据实际生产情况编制质量手册。

### 学习目标

通过本情景的学习，需要做到：

(1) 知道质量管理体系的作用；

(2) 知道质量手册的作用及其要素；

(3) 能够根据企业的实际情况编制质量手册。

### 知识准备

### 一、质量管理体系

任何组织都需要管理，当管理与质量有关时，则为质量管理。质量管理是在质量方面指挥和控制组织的协调活动，通常包括制定质量方针、目标以及质量策划、质量控制、质量保证和质量改进等活动。

实现质量管理的方针目标，有效地开展各项质量管理活动，必须建立相应的管理体系，这个体系就称为质量管理体系，它是由企业内部建立的、为保证产品质量或质量目标所必需的、系统的质量活动。它根据企业特点选用若干体系要素加以组合，加强从设计研制、生产、检验、销售、使用全过程的质量管理活动，并予以制度化、标准化，成为企业内部质量工作的要求和活动程序。在现代企业管理中，普遍采用的质量管理体系最新版本的标准是ISO9001:2008，它是由ISO(国际标准化组织)/TC176(品质管理和品质保证技术委员会)制定的质量管理系列标准之一。

**1. 质量管理体系的特点**

(1) 质量管理体系代表现代企业或政府机构思考如何真正发挥质量的作用和如何最优地作出质量决策的一种观点；

(2) 质量管理体系是深入细致的质量文件的基础；

(3) 质量体系是使公司内更为广泛的质量活动能够得以切实管理的基础；

(4) 质量体系是有计划、有步骤地把整个公司主要质量活动按重要性顺序进行改善的基础。

**2. 质量管理体系的八项原则**

质量管理体系的八项原则是指 ISO9001:2008 所涉及的以顾客为关注焦点、领导作用、全员参与、过程方法、管理的系统方法、持续改进、基于事实的决策方法和互利的供方关系等八项。

(1) 以顾客为关注焦点

以顾客为关注焦点是质量管理体系的首项原则，组织依存于其顾客，因此组织应理解顾客当前和未来的需求，满足顾客并争取超越顾客期望。

(2) 领导作用

领导作用原则是指领导者应确立本组织统一的宗旨和方向，他们应该创造并保持使员工能充分参与实现组织目标的内部环境。

(3) 全员参与

各级人员是组织之本，只有他们的充分参与，才能使他们的才干为组织获益。

(4) 过程方法

质量管理体系的实施注重过程，它将相关的活动和资源作为过程进行管理，可以更高效地得到期望的结果。

(5) 管理的系统方法

系统方法包括系统分析、系统工程和系统管理三大环节。在质量管理中采用系统方法，就是要把质量管理体系作为一个大系统，对组成质量管理体系的各个过程加以识别、理解和管理，以达到实现质量方针和质量目标的目的。

(6) 持续改进

持续改进是指为增强满足要求的能力的循环活动。制定改进目标和寻求改进机会的过程是一个持续过程，该过程使用审核发现和审核结论、数据分析、管理评审或其他方法，其结果通常导致纠正措施或预防措施。

(7) 基于事实的决策方法

质量管理以事实为依据作决策，可以避免盲目决策以防止决策的失误。通过对信息和数据进行分析，确定产品、过程的变异性，为持续改进的决策提供依据，其决策是理智的，增强了依据事实证实过去决策的有效性的能力，也增强了评估、挑战和改变判断和决策的能力。

(8) 互利的供方关系

通过互利的供方关系，可以增强组织和供方创造价值的能力。这主要体现为通过与供方结合联盟或保持合作伙伴的关系，以及共同开展质量改进活动，可以为双方提高增值的能力；可以确保供方准时提供符合规定要求的产品，包括服务；可以对顾客和市场需求的变化共同作出灵活和迅速的反应；可以合理使用资源和优化成本。

**3. 质量管理体系的认证流程**

质量管理体系的认证流程如下。

(1) 选择认证公司

认证公司是第三方机构(如 BSI)，它可以前往并有效地审核组织的质量管理体系，如果符合标准，BSI 将颁发证书。由于种种市场原因，选择认证公司可能是一个复杂的过程。考虑的因素包括：工厂自身经验、地理范围、价格和认证公司服务水准等。

(2) 撰写质量手册

质量手册是高级别文件，它要列出：质量管理的要点是什么？为什么和如何在生产过程中实施质量管理体系。

(3) 建立支持性文件

建立程序文件以支持质量手册，程序文件应清晰简练，列出为完成一项工作的要点：是谁做，做什么和怎么做。

(4) 实施质量管理体系

实施的关键是沟通和培训。在实施阶段，所有执行程序的人都要收集记录以证明：规定的做到了，做到的符合规定。

(5) 预审核服务

预审核服务通常是在体系实施后 6 周进行，目的是找出哪些区域没能达到标准，这有助于在初审之前考虑改进的方向。

(6) 获得认证

与认证机构协商安排初审，在此阶段认证机构将审核组织的质量管理体系，并建议是否发证。

(7) 后续审核

一旦获得认证并拿到证书，就可以对外宣传(但需遵守使用原则)组织已成功获得认证。为保证认证资格组织需要继续实施所有质量体系，认证机构定期对标准执行情况要进行监督审核。认证有效期三年，三年后需要再次评价(复评)，复评合格更换认证证书。

**4. 质量管理体系的建立步骤**

质量管理体系的建立一般要经历质量体系的策划与设计、质量体系文件的编制、质量体系的试运行、质量体系审核和评审四个阶段。

(1) 质量体系的策划与设计阶段

质量体系的策划与设计阶段主要是做好各种准备工作，包括教育培训、统一认识、组织落实、拟定计划、确定质量方针、制定质量目标、现状调查和分析、调整组织结构、配备资源等方面。

(2) 质量体系文件的编制阶段

一般来说，质量体系文件的编制应在第一阶段工作完成后才正式开始，因为如果前期的策划与设计工作不做，直接编制体系文件容易产生系统性、整体性不强，以及脱离实际等弊病。

质量体系文件的编制应结合本单位的质量职能分配进行，按所选择的质量体系要求，逐个展开为各项质量活动(包括直接质量活动和间接质量活动),将质量职能分配落实到各职能部门。为了提高质量体系文件的编制效率,减少返工,在文件编制过程中要加强文件的层次间、文件与文件间的协调。

(3) 质量体系的试运行阶段

质量体系文件编制完成后,质量体系将进入试运行阶段。其目的是通过试运行,考验质量体系文件的有效性和协调性,并对暴露出的问题,采取改进措施和纠正措施,以达到进一步完善质量体系文件的目的。

(4) 质量体系的审核与评审阶段

质量体系审核与评审在体系建立的初始阶段往往更加重要。在这一阶段,质量体系审核的重点是验证和确认体系文件的适用性和有效性,其内容主要包括:规定的质量方针和质量目标是否可行;体系文件是否覆盖了所有主要质量活动,各文件之间的接口是否清楚;组织结构能否满足质量体系运行的需要,各部门、各岗位的质量职责是否明确;质量体系要素的选择是否合理;规定的质量记录是否能起到见证作用;所有职工是否养成了按体系文件操作或工作的习惯,执行情况如何等。

**5. 质量管理体系的维护**

质量管理体系的维护,即持续改进,它是质量管理体系的精神,是指增强满足要求的能力的循环活动,它要求组织不断寻求改进的机会,以改善产品的特性和提高用于生产或交付产品的过程的有效性和效率。改进措施可以是日常的改进活动,也可以是较重大的改进项目。组织可以通过以下五项活动来促成质量管理体系的持续改进:

(1) 评审质量方针,组织可通过更新和实施新的质量方针来激励员工不断努力,营造一个不断改进的气氛与环境;

(2) 评审质量目标,明确改进方向;

(3) 对现有过程的状况(包括已发生的和潜在的不合格),进行数据分析和内部审核分析,确定改进的方案,不断寻求改进的机会;

(4) 实施纠正和预防措施以及其他适用的措施,实现持续改进;

(5) 组织管理评审,总结管理体系的业绩,并从当前业绩上考虑找出与预期目标的差距,同时还应考虑任何可能改进的机会,并在研究分析的基础上对组织在市场中所处地位及竞争对手的业绩予以评价,从而找出自身的改进方向。

**6. 质量管理体系的审核**

质量管理体系的审核包括三类:第一方审核、第二方审核和第三方审核。

(1) 第一方审核

第一方审核又称内部审核,用于内部的目的,由组织自己或以组织的名义进行,可作为组织自我合格声明的基础,其作用是依据质量管理体系要求标准,对活动和过程进行检查;验证组织自身的质量管理体系要求是否持续有效地实施和保持;对管理者的决策、质量方针和目标、组织自身的规定、合同的要求等是否合理有效;可以及时发现问题,采取纠正或预防措施,为持续改进提供信息;促进产品质量提高。

(2) 第二方审核

第二方审核是由组织的顾客或由其他人以顾客的名义进行,其作用是当有建立合同关系的意向时，对供方进行初步评价；在有合同关系的情况下，验证供方的质量管理体系是否持续满足规定的要求并且正在运行；作为制定和调整合格供方的名单的依据之一；可以沟通供需双方对质量的要求。

(3) 第三方审核

第三方审核是由外部独立的审核服务组织进行。这类组织通常是经认可的，提供符合(如 ISO9001)要求的认证或注册，其作用是确定质量管理体系要求是否符合规定要求；确定现行的质量管理体系是否实现规定质量目标的有效性；确定受审方的质量管理体系是否能被认证或注册。

## 二、质量手册

在国际标准中对质量手册的规定是：对质量体系作概括表述、阐述及指导质量体系实践的主要文件，是企业质量管理和质量保证活动应长期遵循的纲领性文件。它是由企业最高领导人批准发布的、有权威的、实施各项质量管理活动的基本法规和行动准则；它是证明企业质量体系存在，并具有质量保证能力的文字表征和书面证据，是取得用户和第三方信任的手段；它也是质量体系的评价和审核的依据。

**1. 质量手册的结构**

质量手册的结构主要包括：封面、前言(含企业简介、手册介绍)、目录、颁布令、质量方针和目标、组织机构(包括行政组织机构图、质量保证组织机构图、质量职能分配表)、质量体系要求(包括管理职责、质量体系)、质量手册管理细则和附录等。

(1) 封面

质量手册的封面应按组织管理标准的统一封面格式编制。一般应包括文件编号、手册名称、组织名称、发布及实施日期等。质量手册的编号应按组织管理标准的统一编号办法进行，通常编号由组织代号、部门代号、标准性质代号、标准顺序号和年代号五个部分组成。

(2) 前言

前言中主要包括企业简介和手册介绍。企业简介主要是简要描述企业名称、企业规模、企业历史沿革、隶属关系、所有制性质、主要产品情况(产品名称、系列型号)、采用的标准、主要销售地区、企业地址、通信方式等内容；手册介绍主要是介绍本质量手册所依据的标准及所引用的标准、手册的适用范围，必要时可说明有关术语、符号和缩略语等。

(3) 颁布令

颁布令是以简练的文字说明本公司质量手册已按选定的标准编制完毕，并予以批准发布和实施。颁布令必须以公司最高管理者的身份叙述，并予以亲笔手签姓名、日期。

(4) 质量方针和目标

质量方针和目标体现了一个组织对质量的追求，对顾客的承诺，是职工质量行为的准则和质量工作的方向。质量方针和目标的制定应结合组织的特点，确保各级人员都能理解和坚持执行。

(5) 组织机构

组织机构是组织内人员之间的相互关系，一般以图示方式描绘出来。质量职能分配表指以表格方式明确体现各质量体系要素的主要负责部门和若干相关部门。

(6) 质量体系要求

质量体系要求是根据质量体系标准的要求，结合本公司的实际情况，简要阐述对每个质量体系要素实施控制的内容、要求和措施，力求语言简明扼要、精练准确，必要时可引用相应的程序文件。

(7) 质量手册管理细则

质量手册管理细则主要是简要阐明质量手册的编制、审核、批准情况；质量手册修改、换版规则；质量手册管理、控制规则等。

(8) 附录

质量手册涉及的附录均放于此（如必要时，可附体系文件目录、质量手册修改控制页等），其编号方式为附录 A、附录 B 等。

**2. 质量手册的编制**

质量手册的编制涉及组织结构、职责权限的划分及调整理顺，以及各生产、服务过程环节、质量活动内容的控制办法，是一项十分复杂的系统工程。要使这项工作有计划、有步骤、按期、按质、按量地完成，就必须加强组织领导。尤其是组织管理者，具有不可推卸的责任，但并不是要管理者事必躬亲，可成立质量手册编写领导小组，其成员由各主管领导组成，其主要任务是：

(1) 成立手册编写小组，任命组长，挑选、决定编写人员名单，编写小组采取专 、兼结合的方式，由 3～5 人组成专兼结合的手册编写组；

(2) 决定质量手册的编写要求和基本原则；

(3) 决定质量手册编写计划及进度；

(4) 审定手册总体方案及纲目；

(5) 解决编制过程所需经费及必要资源；

(6) 最终审定手册，提交领导批准。

对于综合性的条款要求，一般由质量管理部门的专职编写人员进行编写；专职编写人员应对其他编写人员给予编写指导，并按期收集各编写人员的草稿，进行统稿；统稿时发现的问题，应与编写者协调解决，有时可能要经过几个反复。

初稿完成后，交由质量手册编写领导小组讨论审批，针对领导小组提出的意见进行修改。无异议后，由管理者签发试运行指令，试行质量手册。为了慎重起见，也可先在小范围内试点，总结试点经验后，再全面试行。

对试运行结果进行跟踪，总结经验教训，进行相应修改，将完成的正式稿送交领导小组讨论审批。无异议后，由组织管理者签发正式运行指令。至此，质量手册的编写工作全部完成。但根据持续改进的原则，企业还应根据组织内环境的变化情况定期进行修改完善。

**工作任务**

完成汽车维修企业质量手册的编制，并回答下列问题：

(1) 质量管理体系有何特点？

（2）何为质量管理体系的八项原则？

（3）质量管理体系如何进行认证？

（4）质量管理体系建立的步骤是什么？

（5）一个完整的质量手册由哪些部分组成？

### 评价反馈

**表 1-1-1　自我评价及小组评价项目表**

| 序　号 | 评价项目 | 自我评价 | 小组评价 |
|---|---|---|---|
| 1 | 是否知晓质量管理体系的特点？ | | |
| 2 | 是否知道质量管理体系的八项原则？ | | |
| 3 | 是否知道质量管理体系认证的流程？ | | |
| 4 | 能否区分质量管理体系的三类审核？ | | |
| 5 | 是否能够进行质量管理体系的维护？ | | |
| 6 | 是否已经掌握了质量手册的结构？ | | |
| 7 | 是否能够完成质量手册的编制？ | | |
| 8 | 学习过程是否主动并能深度投入？ | | |
| 9 | 学习过程中是否具有团队精神？ | | |

参与评价的同学签名：________　　　　________年______月______日

## 学习情境二　“6S”管理在汽车维修企业的应用

### 情景描述

为进一步加强现场管理、提高工作效率，某汽车维修企业计划在企业内全面实施“6S”管理，请你根据企业的实际情况制定“6S”管理的具体工作要求。

### 学习目标

通过本情景的学习，需要做到：

（1）知道“6S”的内容；

（2）知道推行“6S”管理的作用；

（3）知道“6S”管理的推行步骤；

（4）能够根据企业的实际情况制定“6S”管理制度。

### 知识准备

## 一、“6S”的含义

“6S”起源于日本，它是指整理（Seiri）、整顿（Seiton）、清扫（Seiso）、清洁（Seiketsu）、素养

(Shitsuke)、安全(Safety)六个项目,因为这六个项目词语在日语或英文中的第一个字母都是“S”,所以简称为“6S”。

“6S”的前身是“5S”,即整理、整顿、清扫、清洁和素养,是指在生产现场中对人员、机器、材料、方法和环境等生产要素进行有效管理的一种方法。关于“5S”的描述始于1986年,根据企业进一步发展的需要,有的企业在原来“5S”的基础上又增加了安全(Safety),即形成了“6S”;有的企业再增加了节约(Save),形成了“7S”;也有的企业加上习惯化(Shiukanka)、服务(Service)及坚持(Shikoku),形成了“10S”,有的企业甚至推行“12S”,目前较流行的是“6S”。

**1. 整理**

整理是指对生产现场的各种物品进行分类,区分什么是现场需要的,什么是现场不需要的;对于现场不需要的物品,如用剩的材料、多余的工具、报废的设备等,要坚决清理出生产现场,不放过现场的每一个死角,达到现场无不用之物。

整理的作用在于:可以改善和增加作业面积;可以保障行道通畅,提高工作效率;可以减少磕碰的机会,确保安全,提高质量;可以消除管理上的混放、混料等差错事故;有利于减少库存量,节约资金;改变作风,提高工作情绪。

**2. 整顿**

整顿是对生产现场需要留下的物品进行科学合理的布置和摆放,消除因混放而造成的差错,以便用最快的速度取得所需之物,在最有效的规章、制度和最简捷的流程下完成作业。

整顿的作用在于:物品的摆放具有固定的地点和区域,便于寻找;不同的物品采用不同的色彩和标记加以区别,物品的装载定量化,可以做到物品摆放目视化,做到过目知数的效果;有利于提高工作效率和产品质量,保障生产安全。

**3. 清扫**

清扫是指把工作场所打扫干净,设备异常时马上修理,使之恢复正常。生产现场在生产过程中会产生灰尘、油污、铁屑、垃圾等,从而使现场变脏。脏的现场会影响人的工作情绪、会使设备精度降低,故障多发,影响产品质量,造成安全隐患。

清扫的作用在于:自己使用的物品自己清扫,不需要专门的清扫工,减少了人员的配备;对设备的清扫能够及时发现设备的异常情况,并能对设备进行维护保养,消除安全隐患;可以改善工作场所的环境,使人工作时心情愉悦,提高工作效率。

**4. 清洁**

清洁是对前三项活动的坚持与深入,从而消除发生安全事故的根源,创造一个良好的工作环境,使职工能愉快地工作。

清洁的作用在于可以使工作现场清洁卫生,保证工人身体健康,提高工人劳动热情;可以使工作者的精神面貌得以提高,有利于形成一个文明礼貌的工作环境;可以使环境不受污染,消除浑浊的空气、粉尘、噪声和污染源,消灭职业病。

**5. 素养**

素养即努力提高人员的素质,养成严格遵守规章制度的习惯和作风,这是“6S”的核心。没有人员素质的提高,各项活动就不能顺利开展,开展了也坚持不了。

**6. 安全**

安全是指要开展和重视全员安全教育，每时每刻都有安全第一观念，防范于未然。安全的作用在于强化员工安全意识、注重职业卫生安全、保障员工的安全、改善工作环境、减少工伤事故、确保安全生产。

## 二、开展“6S”管理的原则

**1. 自我管理的原则**

良好的工作环境，不能单靠添置设备，也不能指望别人来创造。应当充分依靠现场人员，由现场的当事人员自己动手为自己创造一个整齐、清洁、方便、安全的工作环境，使他们在改造客观世界的同时，也改造自己的主观世界，产生“美”的意识，养成现代化大生产所要求的遵章守纪、严格要求的风气和习惯。因为是自己动手创造的成果，也就容易保持和坚持下去。

**2. 勤俭办厂的原则**

开展“6S”活动，会从生产现场清理出很多无用之物，其中，有的只是在现场无用，但可用于其他的地方；有的虽然是废物，但应本着废物利用、变废为宝的精神，该利用的应千方百计地利用，需要报废的也应按报废手续办理并收回其“残值”，切不可只为处理方便，而全部当做垃圾扔掉。对于那种大手大脚、置企业财产于不顾的作风，应及时制止、批评、教育，情节严重的要给予适当处分。

**3. 持之以恒的原则**

“6S”活动开展起来比较容易，可以搞得轰轰烈烈，在短时间内取得明显的效果，但要坚持下去，持之以恒，不断优化就不太容易。不少企业发生过一紧、二松、三垮台、四重来的现象。因此，开展“6S”活动，贵在坚持，为将这项活动坚持下去，企业首先应将“6S”活动纳入岗位责任制，使每一部门、每一人员都有明确的岗位责任和工作标准；其次，要严格、认真地搞好检查、评比和考核工作，将考核结果同各部门和每一人员的经济利益挂钩；第三，要坚持PDCA循环，不断提高现场的“6S”水平，即要通过检查，不断发现问题，不断解决问题。在检查考核后，还必须针对问题，提出改进的措施和计划，使“6S”活动坚持不断地开展下去。

## 三、“6S”管理的推行步骤

“6S”管理的推行包括成立推行组织、拟定推行方针及目标、拟定工作计划及实施方法、进行教育、宣传造势、实施、活动评比与查核、检讨与修正、纳入定期管理活动中等九个步骤。

步骤1：成立推行组织。要推行“6S”管理首先要成立委员会及推行办公室，确定组织的职责和委员的主要工作，将人员进行编组并划分责任区。一般应由企业主要领导出任推行委员会主任职务，以视对此活动的支持。具体安排上可由副主任负责活动的全面推行。

步骤2：拟定推行方针及目标。推动“6S”管理时，制定方针作为导入之指导原则，方针的制定要结合企业具体情况，要有号召力，方针一旦制定，要广为宣传。方针制定后再根据企业的具体情况制定目标，作为“6S”管理推行的努力方向，也便于活动过程中对成果进行检查。

步骤3：拟定工作计划及实施方法。工作一定要有计划，以便全体人员对整个过程有一个整体的了解。项目责任者清楚自己及其他担当者的工作是什么，何时要完成，以及如何来完成，整个实施过程中全体人员应具有团队精神、相互配合，以保证计划的正常进行。

步骤4:进行教育。通过教育让员工了解“6S”管理能给工作及自己带来益处从而使员工主动地去做，这与被动去做其效果是完全不同的。教育形式要多样化，可采用讲课、放录像、观摩他厂案例或样板区域、学习推行手册等方式。

步骤5:宣传造势。“6S”管理的推行需要全员重视、全员参与才能取得良好的效果，因此需要进行宣传造势。首先企业的最高主管要在晨会或内部报刊上发表宣言，并对活动开展的具体情况在海报或内部报刊进行宣传，而且要充分利用宣传栏进行连续报道。

步骤6:实施。要按照由内到外、由表及里的步骤进行实施。首先对当前的作业现场进行拍照，以作为日后实施成效的比较；然后全体上下进行彻底的大扫除；以标志牌或地面划线的方式划分作业区域，对物品进行标识；还要制定日常确认表，全员分工实施等。

步骤7:活动评比与查核。根据分工的不同确定推行系数，按照完成的具体情况进行评分，对完成较好的进行表扬和奖励；对执行力度不强、效果不明显的要进行批评，并处以适当的惩罚。

步骤8:检讨与修正。根据评比与查核的结果进行总结和分析，对不合格项进行补救，找出原因，制定对策，防止相同的情况再次出现，以达到不断提高的目的。

步骤9:纳入定期管理活动中。将“6S”管理标准化、制度化，通过实施各种现场管理法强化月活动，将“6S”纳入定期管理活动中。

## 工作任务

选择一个你所熟悉的企业，根据其现状制定“6S”管理制度，并回答以下问题：

(1) 什么是“6S”?

(2) 推行“6S”的作用是什么?

(3) 开展“6S”管理的原则是什么?

(4) 如何有效地推行“6S”管理?

## 评价反馈

**表1-2-1 自我评价及小组评价项目表**

| 序号 | 评价项目 | 自我评价 | 小组评价 |
|---|---|---|---|
| 1 | 是否知晓“6S”管理的内容? | | |
| 2 | 是否知道企业负责人在“6S”管理中的地位? | | |
| 3 | 是否知道推行“6S”管理对企业的益处? | | |
| 4 | 能否知晓开展“6S”管理的原则? | | |
| 5 | 是否知晓推行“6S”管理的步骤? | | |
| 6 | 学习过程是否主动并能深度投入? | | |
| 7 | 学习过程中是否具有团队精神? | | |

参与评价的同学签名：______________ ______年______月______日

# 学习情境三　过程方法在汽车维修质量检验中的应用

## 情景描述

过程方法是在制定和实施质量管理体系过程中所采用的一种常用的有效方法，它将组织内众多相互关联的活动视为诸多过程，通过对诸过程的系统中单个过程之间的联系以及过程的组合和相互作用进行连续的控制，可以达到组织满足顾客要求和增进顾客满意的目标。那么如何将过程方法应用到汽车维修质量检验中呢？

## 学习目标

通过本情景的学习，需要做到：

（1）知晓过程方法的内涵；

（2）知晓过程方法的三个主要过程；

（3）能使用“乌龟图”进行过程分析；

（4）能将过程方法应用到汽车维修质量检验中。

## 知识准备

## 一、过程方法

在学习过程方法之前，需要先明确过程的概念。过程是一组将输入转化为输出的相互关联或相互作用的活动，输入一般为顾客要求、组织现有资源以及相关的法律法规等，输出则为合格的产品、满意的服务或者符合的文件等，具体过程如图 1-3-1 所示。

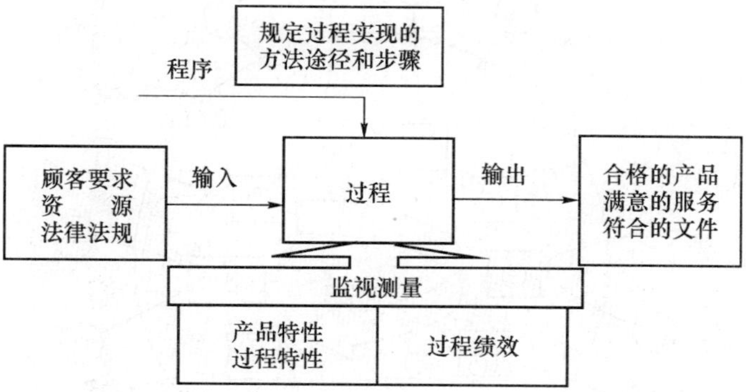


图 1-3-1　过程示意图

过程方法是将系统中单一过程、过程组合和它们之间的相互关系运用过程的概念去识别、应用和控制的方法，运用过程方法可以更高效地得到期望的结果。过程方法中输入和输出之间具有三类过程，即实现过程、支持过程和管理过程，管理过程和支持过程都是围绕实现过程展开的，如图 1-3-2 和图 1-3-3 所示。

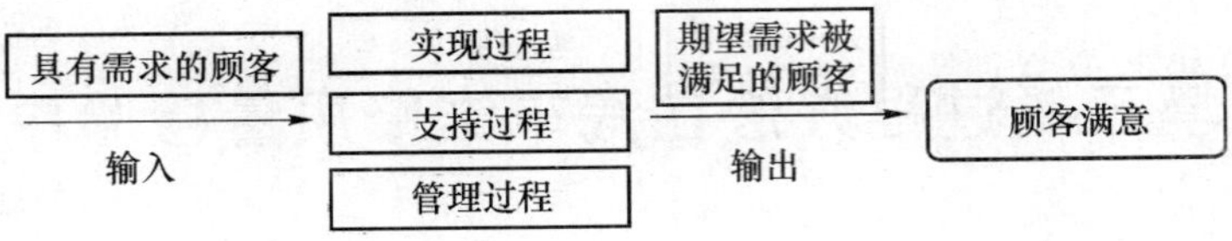


图 1-3-2　过程方法的三类过程

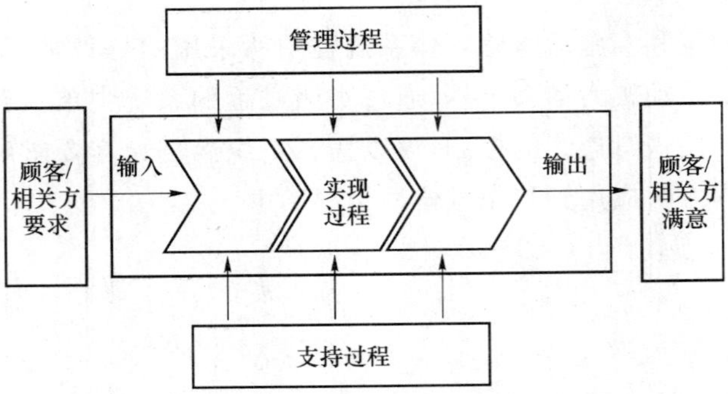


图 1-3-3　过程方法三类过程之间的关系

**1. 实现过程**

实现过程又称为顾客导向过程(Customer Orientation Process)，简称 COP，它是指那些通过输入和输出直接和外部顾客联系的过程，如故障诊断、托修合同、交付等。通常认为在以下领域可能存在顾客导向过程：产品的研发、产品设计的变更、制造过程的要求、采购产品的要求、产品的验收准则、产品的贮存、产品的交付、产品的售后服务等。汽车维修则属于产品的售后服务范畴。每一个建立质量管理体系的组织都有着不同的顾客，都在向顾客提供不同的产品和服务，因此他们面对着不同的顾客要求，也就存在着不同的“顾客导向”，所以每一个组织都应在质量管理体系策划的时候认真地、充分地识别自己组织存在的顾客导向过程，并将其形成文件，以“章鱼图”的方式表示出来，如图 1-3-4 所示。

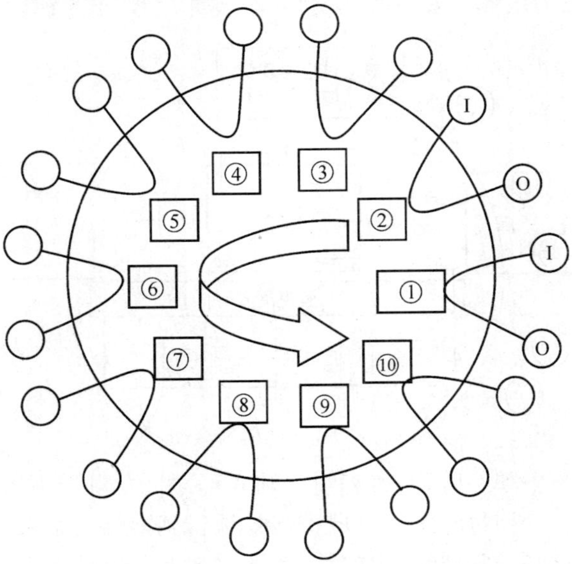


图 1-3-4　COP 章鱼图

图中①～⑩分别表示市场分析/顾客要求、投标(成本分析、核算)、订单/要求(合同评审)、产品和过程设计(产品实现、设计和开发)、产品和过程验证/确认、产品生产(供应商)、交付、支付(财务追踪)、担保/服务、销售/顾客反馈等。

**2. 支持过程**

支持过程(Support Process)是指支持 COP 过程实现的过程,可分为若干个层次,如人员培训、设备维护、文件控制、记录控制、品质保证等。

**3. 管理过程**

管理过程(Management Process)为顾客导向的输入和输出交接处或 COP 过程与过程之间的过程,如管理评审、资源配置、数据分析、持续改进等。

## 二、乌龟图

对于每一个过程则需要使用“乌龟图”另行表示。乌龟图是将乌龟的身体作为过程,头为一个过程的输出或作为另外一个乌龟(下一过程)的尾巴(过程的输入)。这样,一个一个乌龟(过程)就组成了系统。利用这样的系统管理,效率和效益都高。乌龟的四个脚分别表示过程的执行者、过程活动必须要的资源、操作与控制方法和用于衡量过程的有效性和效率的关键指标或准则等。有些应用中也将乌龟的尾和四脚就用人、机、料、法、测量来表示。

乌龟图的精髓在于将某一过程的输入、输出以及完成这一过程所采用的方式、方法、准则和执行者在一张图上表示出来,这样可以对整个过程进行详细的分析和控制,如图 1-3-5 所示为维修检验过程的乌龟图。

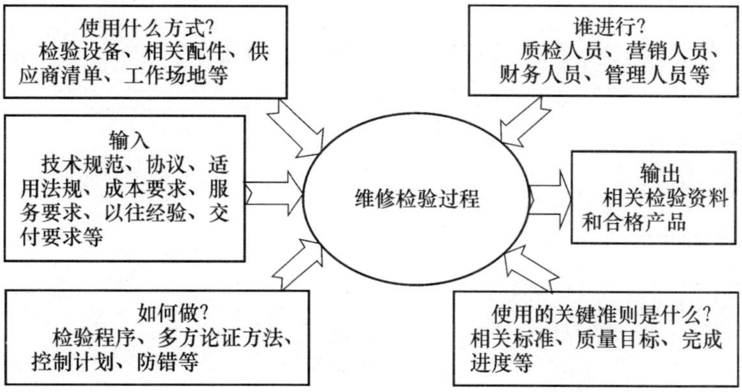


图 1-3-5　维修检验过程乌龟图

### 工作任务

对汽车维修质量检验的某一过程进行分析,画出“乌龟图”,并回答以下问题:

(1) 什么是过程?

(2) 什么是过程方法?

(3) 过程方法的三类过程之间有什么关系?

(4) “章鱼图”有什么用途?

(5)“乌龟图”中的头、尾和四脚分别代表什么？

## 评价反馈

表 1-3-1　自我评价及小组评价项目表

| 序　号 | 评价项目 | 自我评价 | 小组评价 |
|---|---|---|---|
| 1 | 是否理解过程方法的内涵？ | | |
| 2 | 是否知道过程方法中涉及的三类过程？ | | |
| 3 | 是否知晓三类过程之间的关系？ | | |
| 4 | 能否利用“章鱼图”分析顾客导向过程？ | | |
| 5 | 能否利用“乌龟图”对过程进行分析？ | | |
| 6 | 学习过程是否主动并能深度投入？ | | |
| 7 | 学习过程中是否具有团队精神？ | | |

参与评价的同学签名：____________　　　　　　______年______月______日

# 模块二　汽车维修质量检验涉及的法律及规章

## 学习情境四　汽车维修质量检验涉及的法律及规章

### 情景描述

汽车维修质量管理是汽车维修行业管理和企业内部管理系统的重要组成部分，是为了保证和提高汽车维修质量所进行的调查、计划、组织、协调、控制、检验、处理及信息反馈等各项活动的总称。汽车维修质量取决于许多相互联系着的因素，实践表明，为了提高汽车维修质量，必须系统地实施综合管理措施。汽车维修质量管理应是一项有计划、全方位、经常性的综合性技术管理，汽车维修企业和道路运政管理机构应对汽车维修质量实施全面管理，将质量管理贯穿于汽车维修服务的全过程，维修企业质量管理的核心是提高维修工人的工作质量和维修质量，完善工艺方法和维修组织方式，保证修竣出厂车辆的技术状况及其使用性能达到最佳状态。

国家和行业的法律、规章和标准是汽车维修质量管理的依据。那么我们应该如何依据相关的国家法律、行业规章以及技术标准进行汽车维修质量进行有效的管理?

### 学习目标

通过本情景的学习，需要做到：

(1) 了解国家和行业关于汽车维修质量管理的法律、规章和标准；

(2) 了解汽车维修质量管理的法律、法规和标准对汽车维修企业质量管理的指导意义；

(3) 能够依据相关法律、法规进行汽车维修企业质量管理，制定维修企业质量管理制度和标准。

### 知识准备

汽车维修行业涉及多个管理部门，主要有工商、税务、交通、公安、环保、技术监督、物价等部门。随着汽车维修行业的迅速发展，我国先后出台了相关法规、标准等规范性文件，形成了国家法律、行业规章和地方法规相结合的法规体系，这对保证汽车维修质量，促进行业发展和技术进步起到了很大的作用。

## 一、国家、地方及行业相关汽车维修的法律、法规及规章

在我国境内从事汽车维修经营服务活动的汽车维修企业，应当遵守我国的相关法律、法规及规章。因此，汽车维修质量管理部门应该把我国汽车维修方面的法律、法规及规章作为建立汽车维修服务质量管理体系的一类重要依据。

**1. 相关法律概述**

目前，我国直接与汽车维修有关的法律是《中华人民共和国安全生产法》和《中华人民共和国道路交通安全法》；其他涉及汽车维修服务的相关法律有《中华人民共和国产品质量法》、《中华人民共和国消费者权益保护法》、《中华人民共和国合同法》、《中华人民共和国标准化法》、《中华人民共和国计量法》(以上诸法在下文中分别简称为《安全生产法》、《道路交通安全法》、《产品质量法》、《消费者权益保护法》、《合同法》、《标准化法》、《计量法》)等。

**2. 相关法律的作用和基本内容**

(1)《产品质量法》：该法是为了加强对产品的监督管理，提高产品质量水平，明确产品质量责任，保护消费者的合法权益，维护社会经济秩序而制定的。其基本内容包括以下几个方面。

① 产品质量的监督。产品质量应当检验合格，不得以不合格产品冒充合格产品。禁止生产、销售不符合保障人体健康和人身、财产安全的标准和要求的工业产品。国家对产品质量实行以抽查为主要方式的监督检查制度，对可能危及人体健康和人身、财产安全的产品，影响国计民生的重要工业产品以及消费者、有关组织反映有质量问题的产品进行抽查。根据监督抽查的需要，可以对产品进行检验。对依法进行的产品质量监督检查，生产者、销售者不得拒绝。依照本法规定进行监督抽查的产品质量不合格的，由实施监督抽查的产品质量监督部门责令其生产者、销售者限期改正。逾期不改正的，责令停业，限期整顿；整顿期满后，经复查，产品质量仍不合格的，吊销营业执照。

② 生产者和销售者的产品质量责任和义务。生产者、销售者应当建立、健全内部产品质量管理制度，严格实施岗位质量规范、质量责任以及相应的考核办法。生产者应当对其生产的产品质量负责。销售者应当建立并执行进货检查验收制度，验明产品合格证明和其他标志。销售者应当采取措施，保证销售产品的质量。产品及其包装上的标志必须真实，并符合下列要求：有产品质量检验合格证明；有中文标明的产品名称、生产厂厂名和厂址；生产者生产产品，不得掺杂、掺假，不得以假充真、以次充好，不得以不合格产品冒充合格产品。销售者不得伪造产地，不得伪造或者冒用他人的厂名、厂址。销售者不得伪造或者冒用认证标志等质量标志。销售者销售产品，不得掺杂、掺假，不得以假充真、以次充好，不得以不合格产品冒充合格产品。

③ 损害赔偿。售出的产品有下列情形之一的，销售者应当负责修理、更换、退货：给购买产品的消费者造成损失的，销售者应当赔偿损失的；不具备产品应当具备的使用性能而事先未作说明的；不符合在产品或者其包装上注明采用的产品标准的；不符合以产品说明、实物样品等方式表明质量状况的；生产者之间、销售者之间、生产者与销售者之间订立的买卖合同、承揽合同有不同约定，合同当事人按照合同约定执行的。

(2)《道路交通安全法》：该法是为了维护道路交通秩序，预防和减少交通事故，保护人身安全，保护公民、法人和其他组织的财产安全及其他合法权益，提高通行效率。适用于车

辆驾驶人、行人、乘车人以及与道路交通活动有关的单位和个人。任何单位或者个人不得有下列行为：拼装机动车或者擅自改变机动车已登记的结构、构造或者特征；改变机动车型号、发动机号、车架号或者车辆识别代号；伪造、变造或者使用伪造、变造的机动车登记证书、号牌、行驶证、检验合格标志、保险标志；使用其他机动车的登记证书、号牌、行驶证、检验合格标志、保险标志。

(3)《安全生产法》：安全生产管理，坚持“安全第一、预防为主”的方针。生产经营单位必须遵守本法和其他有关安全生产的法律、法规，加强安全生产管理，建立、健全安全生产责任制度，完善安全生产条件，确保安全生产。生产经营单位的主要负责人对本单位的安全生产工作全面负责。生产经营单位的从业人员有依法获得安全生产保障的权利，并应当依法履行安全生产方面的义务。生产经营单位的特种作业人员必须按照国家有关规定经专门的安全作业培训，取得特种作业操作资格证书，方可上岗作业。安全设备的设计、制造、安装、使用、检测、维修、改造和报废，应当符合国家标准或者行业标准。生产经营单位必须对安全设备进行经常性维护、保养，并定期检测，保证正常运转。维护、保养、检测应当作好记录，并由有关人员签字。生产经营单位不得使用国家明令淘汰、禁止使用的危及生产安全的工艺、设备。生产经营单位生产、经营、运输、储存、使用危险物品或者处置废弃危险物品，必须执行有关法律、法规和国家标准或者行业标准，建立专门的安全管理制度，采取可靠的安全措施，接受有关主管部门依法实施的监督管理。生产经营单位应当教育和督促从业人员严格执行本单位的安全生产规章制度和安全操作规程，并向从业人员如实告知作业场所和工作岗位存在的危险因素、防范措施以及事故应急措施。

(4)《消费者权益保护法》：该法是为了保护消费者的合法权益，维护社会经济秩序，促进社会主义市场经济健康发展而制定。经营者为消费者提供其生产、销售的商品或者提供服务，应当遵守本法；经营者与消费者进行交易，应当遵循自愿、平等、公平、诚实信用的原则。国家保护消费者的合法权益不受侵害。

① 消费者的权利。消费者在购买、使用商品和接受服务时享有人身、财产安全不受损害的权利。消费者享有知悉其购买、使用的商品或者接受的服务真实情况的权利。

消费者享有自主选择商品或者服务的权利。消费者享有公平交易的权利。消费者因购买、使用商品或者接受服务受到人身、财产损害的，享有依法获得赔偿的权利。

② 经营者的义务。经营者应当听取消费者对其提供的商品或者服务的意见，接受消费者的监督。经营者应当保证其提供的商品或者服务符合保障人身、财产安全的要求。经营者应当向消费者提供有关商品或者服务的真实信息，不得作引人误解的虚假宣传。经营者应当标明其真实名称和标记。经营者提供商品或者服务，应当按照国家有关规定或者商业惯例向消费者出具购货凭证或者服务单据；消费者索要购货凭证或者服务单据的，经营者必须出具。经营者应当保证在正常使用商品或者接受服务的情况下其提供的商品或者服务应当具有的质量、性能、用途和有效期限。

(5)《合同法》：为了保护合同当事人的合法权益，维护社会经济秩序，促进社会主义现代化建设，制定本法。订立合同的原则：合同当事人的法律地位平等，一方不得将自己的意志强加给另一方；当事人依法享有自愿订立合同的权利，任何单位和个人不得非法干预；当事人应当遵循公平原则确定各方的权利和义务；当事人行使权利、履行义务应当遵循诚实信用原则；当事人订立、履行合同应当遵守法律、行政法规，尊重社会公德，不得扰乱社会经济秩序，损害社会公共利益。依法成立的合同，对当事人具有法律约束力。当事人应当按照约定履行自己的义务，不得擅自变更或者解除合同。

合同的内容由当事人约定，一般包括以下条款：当事人的名称或者姓名和住所、标的、数量、质量、价款或者报酬、履行期限、地点和方式、违约责任、解决争议的方法。承诺可以撤回。当事人在订立合同过程中有下列情形之一，给对方造成损失的，应当承担损害赔偿责任：假借订立合同，恶意进行磋商；故意隐瞒与订立合同有关的重要事实或者提供虚假情况；有其他违背诚实信用原则的行为。

依法成立的合同，自成立时生效。当事人对合同的效力可以约定附条件。当事人对合同的效力可以约定附期限。有下列情形之一的，合同无效：一方以欺诈、胁迫的手段订立合同，损害国家利益；恶意串通，损害国家、集体或者第三人利益；以合法形式掩盖非法目的；损害社会公共利益；违反法律、行政法规的强制性规定。下列合同，当事人一方有权请求人民法院或者仲裁机构变更或者撤销：因重大误解订立的；在订立合同时显失公平的。

当事人应当按照约定全面履行自己的义务。合同生效后，当事人就质量、价款或者报酬、履行地点等内容没有约定或者约定不明确的，可以协议补充；不能达成补充协议的，按照合同有关条款或者交易习惯确定。

当事人协商一致，可以变更合同。法律、行政法规规定变更合同应当办理批准、登记等手续的，依照其规定。当事人对合同变更的内容约定不明确的，推定为未变更。有下列情形之一的，合同的权利义务终止：债务已经按照约定履行；合同解除；债务相互抵消；债务人依法将标的物提存；债权人免除债务；债权债务同归于一人；法律规定或者当事人约定终止的其他情形。当事人协商一致，可以解除合同。有下列情形之一的，当事人可以解除合同：

因不可抗力致使不能实现合同的；在履行期限届满之前，当事人一方明确表示或者以自己的行为表明不履行主要债务；当事人一方迟延履行主要债务，经催告后在合理期限内仍未履行；当事人一方迟延履行债务或者有其他违约行为致使不能实现合同的；法律规定的其他情形。

当事人一方不履行合同义务或者履行合同义务不符合约定的，应当承担继续履行、采取补救措施或者赔偿损失等违约责任。当事人一方明确表示或者以自己的行为表明不履行合同义务的，对方可以在履行期限届满之前要求其承担违约责任。当事人一方未支付价款或者报酬的，对方可以要求其支付价款或者报酬。因不可抗力不能履行合同的，根据不可抗力的影响，部分或者全部免除责任，但法律另有规定的除外。当事人迟延履行后发生不可抗力的，不能免除责任。

(6)《标准化法》：为了发展社会主义商品经济，促进技术进步，改进产品质量，提高社会经济效益，维护国家和人民的利益，使标准化工作适应社会主义现代化建设和发展对外经济关系的需要，制定本法。对需要在全国范围内统一的技术要求，应当制定国家标准。对没有国家标准而又需要在全国某个行业范围内统一的技术要求，可以制定行业标准。企业生产的产品没有国家标准和行业标准的，应当制定企业标准，作为组织生产的依据。企业的产品标准须报当地政府标准化行政主管部门和有关行政主管部门备案。已有国家标准或者行业标准的，国家鼓励企业制定严于国家标准或者行业标准的企业标准，在企业内部适用。国家标准、行业标准分为强制性标准和推荐性标准。保障人体健康，人身、财产安全的标准和法律、行政法规规定强制执行的标准是强制性标准，其他标准是推荐性标准。制定标准应当有利于保障安全和人民的身体健康，保护消费者的利益，保护环境。制定标准应当有利于合理利用国家资源，推广科学技术成果，提高经济效益并符合使用要求，有利于产品的通用互换，做到技术上先进、经济上合理。生产、销售、进口不符合强制性标准的产品的，由法律、行政法规规定的行政主管部门依法处理；法律、行政法规未作规定的，由工商行政管理部门没收产品和违法所得，并处罚款；造成严重后果构成犯罪的，对直接责任人员依法追究刑事责任。

(7)《计量法》：该法的制定是为了加强计量监督管理，保障国家计量单位制的统一和量值的准确可靠，有利于生产、贸易和科学技术的发展，适应社会主义现代化建设的需要，维护国家、人民的利益。建立计量基准器具、计量标准器具，进行计量检定，制造、修理、销售、使用计量器具，必须遵守本法。国家采用国际单位制。国际单位制计量单位和国家选定的其他计量单位，为国家法定计量单位。计量检定必须按照国家计量检定系统表进行。计量检定工作应当按照经济合理的原则，就地就近进行。制造、修理计量器具的企业、事业单位，必须具备与所制造、修理的计量器具相适应的设施、人员和检定仪器设备。制造、修理计量器具的企业、事业单位必须对制造、修理的计量器具进行检定，保证产品计量性能合格，并对合格产品出具产品合格证。使用计量器具不得破坏其准确度，损害国家和消费者的利益。个体工商户可以制造、修理简易的计量器具。处理因计量器具准确度所引起的纠纷，以国家计量基准器具或者社会公用计量标准器具检定的数据为准。制造、销售未经型式批准或样机试验合格的计量器具新产品的，责令停止制造、销售该种新产品，没收违法所得，可以并处罚款。

## 二、汽车维修质量管理的相关法规和规章

### 1. 相关法规和规章概述

我国汽车维修方面的法规和规章很多，主要有两类：一类是国务院颁布的国家行政法规，主要是交通运输部和公安部颁布的一些汽车维修规章，如《汽车维修质量管理办法》、《汽车维修合同实施细则》、《道路运输车辆维护管理规定》、《道路运输行政处罚规定》、《汽车维修质量纠纷调解办法》、《中华人民共和国道路运输条例》、《机动车维修管理规定》等；另一类是由各省（直辖市、自治区）人大常委会颁布的地方行政法规，如《浙江省道路运输管理条例》等。

### 2. 汽车维修质量管理职责

汽车维修质量管理是一项有计划、全方位、经常性的综合性技术管理，必须严格遵照执行国家和行业的法律、规章和标准。交通运输部 28 号令《汽车维修质量管理办法》明确规定了各级汽车维修行业管理部门和汽车维修企业在汽车维修质量管理中的主要职责。

(1) 各级汽车维修行业管理部门的质量管理

各级汽车维修行业管理部门负责汽车维修质量管理工作，其主要职责是：

① 宣传、贯彻国家和交通部门有关质量管理的方针、政策和法规；

② 对汽车维修行业维修质量进行管理、监督和检查；

③ 指导、监督检查汽车维修业户建立健全内部质量保证体系和质量检验制度，执行汽车维修技术标准和工艺规范；

④ 组织汽车维修行业质量检查评比；

⑤ 收集交流汽车维修行业维修质量信息，开展技术咨询和质量诊断工作；

⑥ 组织汽车维修业户质量管理人员及质量检验人员的培训、考核工作；

⑦ 受理汽车维修质量问题投诉、申诉，负责进行调解处理。

(2) 汽车维修企业的质量管理

汽车维修企业必须建立健全与其维修类别相适应的质量管理机构；汽车维修个体业户应有人负责质量管理工作。其管理机构和人员的主要职责是：

① 认真执行质量管理法规和汽车维修质量管理办法；

② 贯彻执行国家和交通运输部颁布的有关汽车维修的技术标准、相关标准以及有关地方标准；

③ 制定维修工艺和操作规程；

④ 依据国家标准、行业标注和地方标准的要求，制定汽车维修企业技术标准；

⑤ 建立健全汽车维修业户内部质量保证体系，加强质量检验，掌握质量动态，进行质量分析，推行全面质量管理；

⑥ 开展质量评优与奖惩工作。

**3. 汽车维修质量管理制度**

汽车维修质量管理制度是质量管理部门或者企业质量管理机构为了贯彻汽车维修质量管理方针和目标，依据有关法规、标准制定的管理规章。目前汽车维修业实施的维修质量管理制度主要有以下几方面：

(1) 汽车维修质量检验人员的培训、考核及持证上岗制度

汽车维修生产中配备合格的质量检验员是汽车维修质量的根本保证。交通运输部规定，质量检验员通过培训、考核和取得汽车维修检验员证，方可上岗。维修车辆只有通过专职检验员的检验合格，并签发竣工出厂合格证才算有效，否则视为无效。道路运政管理机构要加强对质量检验员的管理和检查，对责任心不强、弄虚作假者要及时批评、教育，对屡教不改或者不称职的检验员要严肃处理，吊扣其检验员上岗证及质检人员编号章。

(2) 汽车维修质量检验制度

汽车维修质量检验是一项广泛的、经常性的工作。汽车维修质量检验应以汽车维修企业自检为主，实行专职人员检验与维修工人自检、互检相结合的检验制度；道路运政管理机构以定期或不定期的形式对汽车维修企业的维修质量进行抽查，以加强日常的监督管理工作。

(3) 汽车维修配件、辅助原材料检验制度

随着汽车维修业和汽车配件行业的发展，汽车修理方式广泛采用了换件修复的方式，具有快速、质好、经济以及便于修理尺寸标准化的特点。因此配件供应在维修过程所占的地位十分重要，配件质量关系到维修质量。所以《汽车维修质量纠纷调解办法》明确指出：汽车维修企业作为承修方在汽车维修质量事故中承担“使用有质量问题的配件、油料或装前未经鉴定”的责任。为加强对汽车维修配件质量控制，避免因使用有质量问题的配件、辅助原材料而造成的汽车维修质量事故，企业应落实对配件、原材料的检验工作，把好配件、原材料进厂关，杜绝使用“无厂名、无产地、无合格证”的“三无”产品，做到质次产品不进厂，伪劣配件不装车。

(4) 计量管理制度

计量管理是对汽车维修、检验过程中所用计量器具、检测仪器的管理。计量器具、检测

仪器失准，维修质量就得不到保证。所以必须严格执行计量器具定期鉴定，保证计量值的准确性。

(5) 汽车维修技术档案管理制度

汽车维修技术档案管理制度是质量信息工作的保证。只有做到汽车维修检验原始记录真实、及时、完整记录入档，并妥善保存，才能为质量管理提供可靠的质量评定依据和反馈信息，有助于保证和提高汽车维修质量。

(6) 竣工出厂合格证制度

对进行二级维护以上维修作业的汽车，实行竣工出厂合格证制度，是保证汽车维修质量的一项重要措施。汽车修竣后要经专职检验员按验收标准进行严格的检验，经检验合格签发出厂合格证。《汽车维修竣工出厂合格证》由交通运输部统一制作，由各级道路运政管理机构统一印制和发放。

(7) 质量保证期制度

实行汽车维修竣工出厂质量保证制度是提高汽车维修质量、维护用户合法权益的一项重要措施。除要求经维修恢复汽车技术性能外，还要求汽车维修质量稳定，保证有一定的使用期限。质量保证期的长短是根据车辆质量、维修作业的级别、作业深度来确定的。经各级道路运政管理机构认定后，各维修企业应当严格遵守。以某一地区为例，汽车大修(或总成大修)质量保证期一般为 3 个月或行驶 10 000 km；二级维护质量保证期一般为 10 天或行驶 1 000 km；一级维护质量保证期一般为 2 天或行驶 300 km。

(8) 汽车维修质量返修制度

在质量保证期内，因维修质量造成汽车的故障和损坏，维修企业应优先安排返修，并承担全部返修费用，如因维修质量造成机件事故和经济损失，由承修方负责。

汽车维修质量管理制度是汽车维修质量管理工作的行为准则，也是汽车维修企业保证维修质量的重要措施。因此，汽车维修质量管理制度的制定，内容要全，范围要广，可操作性要强；一经制定，就要保证逐条落实，并在实行中不断修订、完善。

**4. 汽车维修质量管理相关法规**

(1) 与汽车维修质量管理相关的国家法律

①《中华人民共和国产品质量法》

该法是为了加强对产品质量的监督管理，提高产品质量水平，明确产品质量责任，保护消费者的合法权益而制定。适用于解决汽车及其零配件产品纠纷。

②《中华人民共和国计量法》

该法是为了加强计量监督管理，保障国家计量单位制的统一和量值的准确可靠而制定。要求汽车维修的计量器具、检测诊断设备定期检定。

③《中华人民共和国标准化法》

该法是为了改进产品质量，使标准化工作适应社会主义现代化建设和发展对外经济关系的需要而制定。汽车维修业实施标准化工作，有利于保证和提高汽车维修服务质量，有利于提高汽车检测诊断维修设备的产品质量。

④《中华人民共和国合同法》

该法是为了保护合同当事人的合法权益，维护社会经济秩序，促进社会主义现代化建设而制定。汽车维修质量纠纷错综复杂，托修方应该与承修方事先签订书面维修合同，明确约定修理项目、修理费用、质量要求、竣工时间、验收标准以及其他责任事项，即以合同的形式确定双方的义务和权利。

⑤《中华人民共和国消费者权益保护法》

该法是为了保护消费者的合法权益，维护社会经济秩序，促进社会主义市场经济健康发展而制定。托修方与承修方一旦发生纠纷，可以依据《消费者权益保护法》的原则条款维护自己的合法权益。

⑥《中华人民共和国税收征收管理暂行条例》

该条例是为了保障国家税收法规、政策的贯彻实施，加强税收征收管理，确保国家财政收入而制定。汽车维修企业和个体维修户开业、变更、歇业时，有关税务事项按该条例执行。

⑦《中华人民共和国道路运输条例》

该条例是为了维护道路运输市场秩序，保障道路运输安全，保护道路运输有关各方当事人的合法权益而制定。对汽车维修经营作了相关规定。

（2）与汽车维修质量管理相关的行业规章

①《汽车维修行业管理暂行办法》（交通运输部、国家经委、国家工商行政管理局[86]交公路字 956 号）

该办法是汽车维修行业管理的第一个法规性文件，对汽车维修行业管理的指导思想，汽车维修业户的开停业管理，汽车维修的质量管理、价格管理、结算凭证管理、经营行为管理等都作了明确规定。

②《汽车维修质量纠纷调解办法》（交通运输部交公路发[1998]349 号）

该办法是为了使汽车维修质量纠纷在行业内得到及时化解，保障承、托修双方当事人的合法权益，规范汽车维修质量纠纷调解工作，有效地维护汽车维修业的正常秩序，促进汽车维修质量的不断提高，树立行业良好的社会形象而制定。该办法进一步明确汽车维修质量纠纷调解是行业管理部门的重要职责，是进行汽车维修质量管理的不可忽视的一部分。

③《汽车运输业车辆技术管理规定》（交通运输部令 1990 年第 13 号）

我国在总结经验的基础上不断吸收国外先进的维修管理技术，为了加强汽车运输车辆的技术管理，保证汽车行驶安全，充分发挥运输车辆的性能，降低运输成本，制定了该规定。凡是在我国从事道路运输的单位和个人都属于此规定的管理范围。13 号令对我国的汽车维修制度进行了变革，将计划预防保养制度向状况监视维护过渡，要求车辆技术管理以预防为主和技术与经济相结合的原则，对车辆实行择优选配，正确使用，定期检测，强制维护，视情修理，合理改造，适时更新和报废的全过程综合管理。

④《汽车维修质量管理办法》（交通运输部令 1991 年第 28 号）

该办法是为加强汽车维修行业管理保证汽车维修质量，根据《汽车维修行业管理暂行办法》而制定，它是实行技术管理的主要法规依据。

⑤《公路运输管理暂行条例》（交通运输部、国家经委[86]交公路字 1013 号）

该条例规定经营汽车维修（含汽车保养和专项维修）的企业和个体修车户，须具备必要的维修、检测设备和符合国家计量标准的量具，配备必要的技术人员，个体修车户应有合格的修车技工；必须严格执行国家标准局发布的汽车修理技术标准和交通主管部门制定的技术规范和修理质量标准，并符合车辆管理部门安全检验标准的要求。该条例为汽车维修业的管理提供法律依据。

⑥《汽车维修业开业条件》(国家技术监督局 GB/T 16739.1—16739.3—1997)

该条件将汽车维修企业按经营项目分为三个类别。一类汽车维修企业(汽车大修)是指从事汽车大修和总成修理生产的企业,此类企业亦可从事汽车维护、汽车小修和汽车专项修理生产。二类汽车维修企业(汽车维护)是指从事汽车一级维护、二级维护和汽车小修生产作业的企业。三类汽车维修业是指专门从事汽车专项修理(或维护)生产的企业和个体户。

该条件明确规定了一类、二类及三类汽车维修企业应具备的设备配置、厂房设施、人员配备、质量管理、安全生产、环境保护及流动资金等条件,并作为交通主管部门对汽车维修企业开业审批和年度审验的依据。该条件对于加强汽车维修业的宏观管理、规范汽车维修市场、保证汽车维修质量提供了重要保障。

⑦《汽车维修合同实施细则》(交通运输部、国家工商局行政管理局交运发[1992] 112 号)

该细则将汽车维修过程中的维修项目、质量保证及违约责任等细节以经济合同的方式确立下来,以维护承、托修双方的合法权益,为解决汽车维修质量纠纷提供了法律依据。

⑧《汽车维修质量检验员岗位培训大纲》(交通运输部交公路发[1998] 384 号)

该培训大纲是为了贯彻《汽车维修质量管理办法》,落实质量检验员持证上岗制度,进一步强化汽车维修质量管理工作,提高汽车维修质量检验人员的素质而制定。

⑨《道路运输行政处罚规定》(交通运输部令 1998 年第 3 号,交通运输部令 2001 年第 5 号修改)和《道路运输车辆维护管理规定》(交通运输部令 1998 年第 2 号,交通运输部令 2001 年第 4 号修改)

道路运输行政处罚规定是为了规范道路运输行政处罚行为,维护道路运输市场秩序,保障道路运输经营者、旅客、货主和其他当事人的合法权益,根据《中华人民共和国行政处罚法》和国务院"关于贯彻实施《中华人民共和国行政处罚法》的通知"的精神而制定的。对汽车维修管理、车辆技术管理和汽车综合性能检测管理的行为的处罚进行了规定。

《道路运输车辆维护管理规定》是为了加强道路运输车辆管理,保持车辆技术状况良好,确保运行安全、保护环境,降低运行消耗,提高运输质量而制定。

⑩《汽车运输业车辆综合性能检测站管理办法》(交通运输部令 1991 年第 29 号)

该办法是为了掌握汽车运输业车辆技术状况,保障在用运输车辆完好和维修质量健全车辆质量监控体系,加强车辆综合性能检测站的管理而制定。该办法对汽车综合性能检测站的建设、管理、职责、基本条件和认定等作了明确规定,是汽车综合性能检测站管理的法规依据。

**5. 汽车维修行政处罚**

交通运输部 1998 年 3 号令《道路运输行政处罚规定》及地方法规是处理汽车维修违章行为的法律依据。汽车维修行政处罚是指道路运政执法机关根据有关规定,对违反汽车维修法规、规章的汽车维修企业和个人的违法行为进行的行政处罚。行政处罚是道路运政管理机关处理违法行为的重要手段。

(1) 汽车维修行政处罚的特征

① 处罚的依据是有关汽车维修的法律、法规和规章。

② 处罚的范围是汽车维修行业中的违法违规行为。

③ 处罚的执行机关必须是道路运政执法机关,具体包括交通主管部门,法律、法规授权的道路运政管理机构和交通主管部门委托的其所属的道路运政管理机构及专门的维修管理

机构。其他国家机关和企事业单位以及社会组织不具有这种处罚的权力。

④ 处罚的对象是汽车维修违法行为当事人,包括公民和法人。

(2) 汽车维修行业行政处罚的种类

① 警告

警告是道路运政执法机关对汽车维修违法行为当事人的告诫。警告是一种较轻的行政处罚,一般适用于初犯或偶犯,同时其违法行为情节较轻,后果较小。警告处罚应以书面方式进行,即应制作裁决书,交给行为人,责令其改正错误,保证不再重犯。凡处以警告处罚的汽车维修经营者,应在经营业户档案上予以记录。

② 罚款

罚款是道路运政执法机关对违法行为当事人强制其缴纳一定数额货币的经济性处罚。在对违法行为当事人给予罚款时,应根据每一具体违法行为的性质、情节和后果,在法律规定的幅度内确定。实施罚款应注意区分经营活动违法与非经营活动违法、有无非法所得等,其处罚的轻重与尺度也不同。

③ 没收非法所得

违法行为当事人因违法行为获取非法所得或财物,道路运政管理机关在给予处罚的同时,还应没收其非法所得并上缴国库。

④ 责令停业

道路运政执法机关责令违法行为当事人停业生产和营业,在规定时间内整改,并根据整改情况进行处理。

⑤ 吊销汽车维修技术合格证(或经营许可证)

这是道路运政执法机关对违法行为当事人最严厉的一种处罚措施。不但取消违法当事人的经营资格,而且规定一定时间内不得重新提出申请。在吊销经营者汽车维修技术合格证(或经营许可证)的同时,一并提请工商部门吊销工商营业执照。上述五种行政处罚种类、处罚范围、处罚尺度,按照《行政处罚法》的有关规定,由法律、法规和规章依法设定。

(3) 汽车维修行政处罚的原则

① 以事实为依据,以法律为准绳的原则

对查处的违法行为,必须做到事实清楚,证据确凿,依法处罚,量罚适当。认定违法行为缺乏证据或证据不充分的,不能作为汽车维修违法案件处理。汽车维修法规没有规定应予以处罚的行为,不能擅自设置处罚项目,也不能超越规定幅度量罚,或者随意类推。

② 不得超越法定权限的原则

《行政处罚法》第 15 条规定:“行政处罚由具体行政处罚权的行政机关在法定职权范围内实施。”道路运政管理机构在实施行政处罚时,必须有法律和法规授权;法律和法规没有明确授权的,应由交通主管部门依照《行政处罚法》的规定,委托道路运政管理机构实施行政处罚。受委托单位应以委托的组织负责监督,并对其行为的后果承担法律责任。

③ 先取证后裁决的原则

先取证后裁决是做出汽车维修行政处罚决定时必须遵循的基本法则。道路运政执法机关在做出任何具体行政处罚时,都必须有充分的证据;否则,不得做出相应的裁决。道路运政执法机关不允许先确定行政处罚再补足证据。

④ 自由裁量原则

量罚是道路运政执法机关对违法行为人，依法裁量决定处罚的种类及其幅度的活动。正确地进行汽车维修违法处罚，应注意以下问题：

- 合法性：对违法者的处罚依据及处罚形式、程序符合汽车维修有关法律、法规和规章的规定；
- 公正性：在处理同类违法行为的不同对象时，对于每一个违法者，所实施的处罚大体相同，切忌此轻彼重；
- 合理性：处罚形式、强度要体现责罚相当的因果关系，根据违法的情节、危害程度等恰当地选择制裁措施，切忌重犯轻罚或轻犯重罚；
- 及时性：对违法者应在法定期限内实施处罚，否则就可能因证据灭失而难以处罚。

⑤ 从轻处罚的原则

从轻处罚是指在法定种类及处罚幅度内，对违法行为人适用较轻的处罚。从轻处罚适合以下几种情形之一：

- 情节特别轻微的：违法者过失违法、首次违法而且违法行为的危害损失较小；
- 主动承认错误并及时改正的：违法者主动向道路运政执法机关或执法人员如实说出违法事实，真诚认错，并且在尽可能短的时间内改正错误，同时采取补救措施等；
- 由于他人的胁迫或诱骗的：在他人威胁或者逼迫下而实施违法行为的。

⑥ 从重处罚原则

从重处罚是指在法定的处罚种类和处罚幅度内，对违法行为人适用较重的处罚。从重处罚不得超过适用处罚档次中规定的处罚最高限度，否则是加重处罚。随意加重处罚是违法行为。从重处罚适用下列几种情形之一：

- 有较严重后果的：这是指违法行为严重干扰了正常的汽车维修市场秩序，对他人的合法权益造成了比较严重的危害；
- 胁迫、诱骗他人违法的；
- 对检举人、证人打击报复的，甚至打骂执法人员的；
- 屡教不改的：指违法者虽经批评教育和处罚，仍不改正，在一定时间内再次违章的。

⑦ 一事一罚原则

对违法行为当事人的同一个违法行为已由一个道路运政执法机关作出行政处罚的，其他道路运政执法机关不得重复处罚。

(4) 汽车维修违章行为的认定及处罚

- 无《汽车维修技术合格证》(或经营许可证)擅自从事经营活动的，处以 5 000 元以上 10 000 元以下的罚款。
- 维修经营者超越《汽车维修技术合格证》上核定的经营范围从事经营活动的，处以 1 000元以上 3 000 元以下的罚款。
- 伪造、倒卖《汽车维修技术合格证》的，处以 5 000 元以上 10 000 元以下的罚款。
- 维修经营者未在规定的期限内到道路运政机构办理年度审验手续的，处以 1 000 元以上 3 000 元以下的罚款。
- 维修经营者不按规定办理变更、停业、歇业手续的，处以 500 元以上 1 000 元以下的罚款。

- 维修经营者承修报废车辆、擅自改装或利用配件拼装车辆的，处以 5 000 元以上 10 000元以下的罚款。
- 维修经营者故意使用假冒、伪劣配件承修车辆的，处以 1 000 元以上 2 000 元以下的罚款，屡次发生的或情节严重并造成重大事故的，处以 5 000 元以上 10 000 元以下的罚款。
- 维修经营者采取给回扣或变相给回扣等不正当手段，故意虚报修理项目的，处以 2 000元以上 5 000 元以下的罚款。
- 维修经营者非法占用道路、公共场所等进行维修作业的，处以 500 元以上 1 000 元以下的罚款。
- 维修经营者只收费不维护或伪造、倒卖车辆维修竣工出厂合格证、结算凭证的，收缴其非法证件，并处以 2 000 元以上 5 000 元以下的罚款。
- 维修经营者不按技术标准进行维修作业或维修作业缺项漏项的，责令补做相应维修作业项目，每车次处以 500 元以上 1 000 元以下的罚款，但罚款总额最高不得超过 10 000 元。同时对质量检验员处以警告或 50 元以下的罚款。
- 维修经营者不按规定填写维修检验记录的，每车次处以 300 元以上 500 元以下的罚款，但罚款总额最高不得超过 5 000 元。
- 维修经营者承修的车辆在质量保证期内因维修质量发生停车故障的，处以 200 元以上 1 000 元以下的罚款；造成重大事故的，处以 2 000 元以上 5 000 元以下的罚款。
- 维修经营者的二级维护质量低劣，返修率超过 5%，质量监督抽查上线检测一次合格率低于 85%的，处以 1 000 元罚款，并限期整改。
- 维修经营者对车辆进行二级维护、总成修理、整车大修作业后，不按规定填写、签发汽车维修竣工出厂合格证的，每辆车处以 500 元的罚款，但罚款总额最高不得超过 5 000元。
- 维修经营者未按竣工出厂的技术要求，对二级维护、总成修理、整车大修车辆进行竣工出厂前的维修质量综合性能检测的，每辆车处以 500 元以上 1 000 元以下的罚款，但罚款总额最高不得超过 10 000 元。
- 维修经营者不按规定与托修方签订合同或不使用统一维修合同文本的，处以 100 元以上 300 元以下的罚款。
- 维修经营者不按规定悬挂统一的“汽车维修企业标志牌”的，予以警告；警告后仍不改正的，处以 300 元以上 500 元以下的罚款。
- 维修经营者不按规定明码标价的，予以警告；警告后仍不改进的，处以 100 元的罚款。
- 维修经营者违反有关规定擅自抬价、压价的，处以 500 元以上 1 000 元以下的罚款。
- 维修经营者不使用汽车维修专用票证的，处以 1 000 元以上 2 000 元以下的罚款；不按规定使用汽车维修专用票证的，处以 100 元以上 200 元以下的罚款。
- 维修经营者不按规定填写汽车维修专用票证的，处以 100 元的罚款。
- 维修经营者转让汽车维修专用票证的，收缴其非法票证，并处以 1 000 元以上 3 000 元以下的罚款；倒卖、伪造汽车维修专用票证的，处以 2 000 元以上 5 000 元以下的罚款。

- 维修经营者不按规定领取、缴销票证的，予以警告；警告后仍不改正的，处以 200 元以上 500 元以下的罚款。
- 维修经营者擅自提高车辆维修结算工时定额的，处以 2 000 元以上 5 000 元以下的罚款。
- 维修经营者安排未按有关规定取得有效资格证件的人员从事有相应资格要求维修活动的，每人次处以 100 元以上 300 元以下的罚款，但罚款总额最高不得超过 1 000元。
- 从业人员持无效上岗证件上岗的，处以 200 元的罚款。
- 未按规定对车辆进行二级维护的，在道路运输证违章记录栏上做记录，并处以 500 元的罚款。累计两次以上（含两次）未做车辆二级维护的，从第二次起，每次处以 2 000 元以上 3 000 元以下的罚款。
- 不按规定进行技术等级评定的，处以 300 元的罚款。
- 汽车综合性能检测站使用不合格或达不到标准要求的仪器、设备和计量器具进行检测的，处以 5 000 元以上 10 000 元以下的罚款。
- 汽车综合性能检测站不按技术标准进行检测或不如实提供检测结果证明的，处 2 000元以上 5 000 元以下的罚款。
- 汽车综合性能检测站未建立车辆检测技术档案的，予以警告；警告后仍不改进的，按每车次处以 100 元的罚款，但最高不得超过 10 000 元。

(5) 违章处罚适用程序

道路运政机关根据《道路运输违章处罚规定》（试行）进行违章处罚时，当事人有权对适用法律、法规、适用程序作监督。违章处罚程序包括：

① 现场取证。汽车维修经营者要自觉接受运政管理部门的检查。检查人员发现违章行为时，应及时取得违章的现场证据，其中包括当事人签认的现场笔录、见证人笔录、视听资料（照片、录像和录音资料），以及其他可提取的物证。

② 事后调查。现场无法确定违章事实或证据不足的，应进行调查，通过调查取得证据材料与调查材料。

③ 定性处理。检查人员应根据违章事实确定违章行为性质按规定权限进行处理；属于上级批准的处罚，由检查人员填写《道路运输违章处罚申报书》，并报经上级主管部门批准后，由执行处罚的机关向违章责任人送达《道路运输违章处罚决定书》。

④ 处罚执行。违章处罚决定书一经送达，处罚立即生效，当事人应遵照执行。检查人员当场决定的处罚，同样必须进行取证，填写盖有乡（镇）以上道路运政管理机关公章和运政人员签章的处罚决定书，交与当事人。

(6) 复议与诉讼

当事人对道路运政管理机关所做的处罚决定有复议权和提起行政诉讼权，对处罚决定不服的，应在处罚决定书送达后 15 天内，向作出处罚决定的上一级道路运政管理机关申请复议；复议机关处罚决定书送达 3 个月或复议决定书送达 15 天内，向人民法院提起诉讼。申请复议或提起诉讼期间，不停止对处罚的执行。逾期不起诉又不执行处罚决定的，道路运政管理机关应提请人民法院依法强制执行。

汽车维修行业是一个技术性很强的行业，为保证维修质量，在生产过程中必须有严格的技术标准、操作工艺规程和维修竣工后的检验标准。这些技术标准和规程就是汽车维修质量管理的技术依据。汽车维修技术标准可以按其功能进行分类。

## 三、汽车维修质量管理的技术标准

汽车维修行业是一个技术性很强的行业，为保证维修质量，在生产过程中必须有严格的技术标准、操作工艺规程和维修竣工后的检验标准。这些技术标准和规程就是汽车维修质量管理的技术依据。汽车维修技术标准可以按其功能进行分类。

**1. 汽车维修生产技术标准**

汽车维修生产的技术标准是保证汽车维修质量、降低物料消耗的基础性标准，是指导汽车维修生产的技术依据。其中包括通用性标准和专用性标准，其主要内容如下。

(1) 汽车大修标准

汽车大修是整车性能恢复性修理，具有工业生产的性质。为保证车辆修复后满足动力性、经济性、可靠性、安全性以及环保、节能等方面的要求，必须对整个维修生产过程中的拆卸、修理、装配、调试和检验等制定严格的技术标准。

(2) 汽车主要总成修理技术标准

汽车各总成的技术状况直接影响到整车的使用性能，在使用过程中，由于各总成的使用条件不同，磨损情况和故障规律差异很大，修理周期也不一致。因此制定各总成的修理技术标准是非常必要的，是保证汽车维修质量的基础工作。主要总成技术标准包括：发动机修理、发动机气缸体和气缸盖修理、曲轴修理、凸轮轴修理、转动轴修理、变速器修理、前桥和转向机修理、驱动桥修理、客车车身修理等技术标准。

(3) 主要车型和专用修理标准

汽车的车型复杂、种类繁多，但是一个地区或一个国家总是有几个量多面广的基本车型，其余很多车型是在基本车型的基础上改装和变型。为保证汽车维修质量并使维修企业方便，制定几个基本车型的专用修理标准是十分必要的。例如，目前我国在用车辆的主要国产车型是解放系列、东风系列、黄河系列以及奥迪、桑塔纳等，制定相应的修理技术标准有非常普遍的意义。

(4) 汽车维护技术规范

汽车维护是以保护车辆完好技术状况或工作能力为目的的作业，其主要作业内容是清洁、检查、调整、紧固、润滑等，应根据不同车型、不同使用条件确定作业的级别、作业项目和作业周期，这就产生了汽车维护技术规范。由于我国地域辽阔，地理条件、气候条件、车辆使用强度等差异很大，因此，汽车维护没有制定国家或行业统一的技术规范，而是由各地根据具体情况制定。

**2. 汽车维修质量检验标准**

汽车维修质量检验标准是指车辆或总成在修竣后的质量检验，这是保证汽车维修质量的重要保证和手段。其主要内容是汽车综合性能参数标准和主要总成及机构的性能参数标准。

(1) 汽车动力性及经济性检验标准

汽车修竣后的动力性、经济性参数是衡量汽车维修质量的主要综合性能参数。其中包括汽车底盘输出功率、发动机输出功率、传动机械效率、汽车燃料消耗等主要技术参数。这些参数综合反映汽车各总成、部件的修理质量、装配质量、调试质量。因此汽车修竣后其动力性、经济性检验标准是汽车维修质量检验标准的核心内容。

(2) 汽车安全性能检验标准

保证修竣车辆具有良好的安全性能是监督检验维修质量的重要内容之一，必须制定统一的检验标准。为使车辆在维修周期内都能满足国家规定的强制性运行技术条件的要求，汽车维修的安全检测标准不应照搬车辆运行技术条件的标准，而应略高于国家的规定。汽车安全性检验标准包括汽车制动性能、侧滑性能、转向性能和灯光性能等的参数标准。

(3) 汽车的环保标准

汽车的大量增加，使汽车在运行过程中对环境的污染日趋严重，是环境污染的主要公害之一，引起社会的普遍关注，国家已经制定了有关汽车环保方面的有关标准。汽车的主要污染源是排气中的有害气体和噪声。汽车修理是治理汽车对环境污染的重要措施之一，因此汽车维修必须把汽车排放和噪声作为质量检验的重要内容，制定出相应的质量控制标准。

**3. 现行的汽车维修国家标准和行业标准**

(1) 国家标准

国家标准是国家对本国经济技术发展有重大意义和对工农业产品、工程建设和各种计量单位所做的技术规定。它由国务院标准化行政主管部门制定。现行的汽车维修国家标准有：

| | |
|---|---|
| GB/T 5624—1985 | 汽车维修术语 |
| GB/T 3798—2005 | 汽车大修竣工出厂技术条件 |
| GB/T 3799—2005 | 汽车发动机大修竣工技术条件 |
| GB/T 5336—2005 | 大客车车身修理技术条件 |
| GB 7554—1987 | 机动车前照灯使用和光束调整技术规定 |
| GB/T 12676—1990 | 汽车制动性能试验方法 |
| GB/T 12479—1996 | 客车防尘密封性限值 |
| GB/T 12481—1996 | 客车防雨密封性限值 |
| GB 13594—1992 | 汽车防抱死制动系统性能要求和试验方法 |
| GB/T 15746.1—1995 | 汽车修理质量检查评定标准　整车大修 |
| GB/T 15746.2—1995 | 汽车修理质量检查评定标准　发动机大修 |
| GB/T 15746.3—1995 | 汽车修理质量检查评定标准　车身大修 |
| GB/T 16739.1—1997 | 汽车维修业开业条件　第一部分：一类汽车维修企业 |
| GB/T 16739.2—1997 | 汽车维修业开业条件　第二部分：二类汽车维修企业 |
| GB/T 16739.3 —1997 | 汽车维修业开业条件　第三部分：三类汽车维修业户 |
| GB/T 17349.1—1998 | 道路车辆　汽车诊断系统——词汇术语 |
| GB/T 17349.2—1998 | 道路车辆　汽车诊断系统——图形符号 |
| GB/T 17692—1999 | 汽车用发动机净功率测试方法 |
| GB 7258—2008 | 机动车运行安全技术条件 |
| GB 14761.5—1993 | 汽油车怠速污染物排放标准 |
| GB 14761.6—1993 | 柴油车自由加速烟度排放标准 |

| | |
|---|---|
| GB 14761.7—1993 | 汽车柴油机全负荷烟度排放标准 |
| GB 3845—1982 | 汽油车怠速污染物测量方法 |
| GB 1495—1979 | 机动车辆允许噪声 |
| CB 1496—1979 | 机动车辆噪声测量方法 |
| GB 4352—1984 | 载货汽车运行燃料消耗量 |
| GB 4353—1984 | 载客汽车运行燃料消耗量 |
| GB/T 18274—2000 | 汽车鼓式制动器修理技术 |
| GB/T 18343—2001 | 汽车盘式制动器修理技术 |
| GB/T 18344—2001 | 汽车维护、检测、诊断技术规范 |
| GB/T 18565—2001 | 营运车辆综合性能要求和检验方法 |
| GB/T 18285—2000 | 在用车排放污染物限值及测试方法 |

(2) 行业标准

行业标准也称部标准，是全国性各行业范围内的技术标准。由国务院有关行政主管部门制定并报国务院标准化行政主管部门备案。在公布国家标准之后，该项行业标准即行废止。现行的汽车维修行业标准有：

| | |
|---|---|
| JT/T 111—1986 | 汽车油漆涂层 |
| JT/T 198—1995 | 汽车技术等级评定标准 |
| JT/T 199—1995 | 汽车技术等级评定的检测方法 |
| JT/T 201—1995 | 汽车维护工艺规范 |
| JT 3101—1981 | 汽车修理技术标准 |
| JT/T 3120—1986 | 公路客车车身涂层技术条件 |

## 工作任务

熟悉汽车维修质量检验涉及的法律及规章，并完成以下题目。

**1. 选择题**

(1) 目前，我国直接与汽车维修有关的法律是(　　)。

A.《中华人民共和国安全生产法》

B.《中华人民共和国道路交通安全法》

C.《中华人民共和国产品质量法》

D.《中华人民共和国合同法》

(2) 国家标准、行业标准分为(　　)标准和推荐性标准。保障人体健康，人身、财产安全的标准和法律、行政法规规定强制执行的标准是(　　)标准；其他标准是推荐性标准。

A. 规范性　　B. 推荐性　　C. 强制性　　D. 一般性

(3) 汽车维修质量直接影响(　　)。

A. 道路运输的安全　　B. 人民生命和国家财产的安全

C. 公众利益　　D. 社会利益

(4) 依据《汽车维修质量管理办法》规定，承修车辆发生故障或损坏，不属于维修质量问题，经济责任由托修单位自负的是(　　)情形。

A. 托修单位自购配件，由于配件质量引起的问题

B. 出厂检验员签发了出厂合格证，质量保证期已超过

C. 托修单位驾驶员违反操作规定使用不当造成的问题

D. 无出厂合格证，但质量保证期已超过

(5) 汽车维修质量检验程序分为(　　)。

A. 自检、互检和专职检验

B. 进厂检验、零件分类检验、过程检验和出厂检验

C. 配件检验，设备、量具质量检验

D. 整车、总成、出厂检验

(6) 以下哪一项不是出厂检验的内容？(　　)

A. 车辆验收　　B. 配件检验

C. 整车检验　　D. 专项性能检测与路试

**2. 判断题**

(1)《汽车维修质量管理办法》规定车辆进厂、维修及竣工出厂，必须由专人负责质量检验，并认真填写检验单。(　　)

(2) 汽车维修厂方必须有明确的质量负责人和质量检验员。(　　)

(3) 维修作业中的质量管理分为两部分，即配件质量和技术质量。(　　)

(4) 正确执行机动车维修工时定额和收费标准不是维修质量检验员岗位职责。(　　)

(5) 自检是班组员工完成的对自己作业进行检验，不需要质量检验员参与。(　　)

(6) 技术质量管理维修过程中的技术质量是指维修人员严格按工艺、标准、要求完成维修作业的满意度。(　　)

**3. 问答题**

(1) 汽车维修企业怎么样做才能保证汽车的维修质量？

(2) 如何制定汽车维修企业的质量管理制度？

(3) 汽车维修质量管理的技术标准有哪些？

(4) 对违反汽车维修管理的行为如何处罚？

## 评价反馈

**表 2-4-1　自我评价及小组评价项目表**

| 序　号 | 评价项目 | 自我评价 | 小组评价 |
|---|---|---|---|
| 1 | 是否知晓汽车维修相关法律、法规及规章的作用？ | | |
| 2 | 是否知晓汽车维修相关法律及规章的基本内容？ | | |
| 3 | 是否知晓汽车维修质量管理职责？ | | |
| 4 | 是否熟悉汽车维修质量管理制度？ | | |
| 5 | 是否熟悉汽车维修行政处罚标准？ | | |
| 6 | 是否知晓汽车维修生产技术标准？ | | |
| 7 | 是否知晓汽车维修质量检验标准？ | | |
| 8 | 是否知晓现行的汽车维修国家标准和行业标准？ | | |
| 9 | 学习过程是否主动并能深度投入？ | | |
| 10 | 学习过程中是否具有团队精神？ | | |

参与评价的同学签名：__________　　______年______月______日

# 模块三　汽车维修质量检验的标准与方法

## 学习情境五　常用量具及仪表仪器的选用

### 情景描述

在汽车维修质量检验过程中不可避免地要用到各种量具及仪表仪器，如果选用合适不仅可以提高检验的质量，而且可以节约时间、提高工作效率。那么应该如何根据实际要求选用合适的量具及仪表仪器呢？

### 学习目标

通过本情景的学习，需要做到：

(1) 会使用各种常用量具和仪表；

(2) 会使用各种常用仪器；

(3) 能根据实际需要选用合适的量具、仪表和仪器。

### 知识准备

## 一、常用量具及其使用

汽车维修质量检验过程中常用到的量具主要有游标卡尺、千分尺、厚薄规、百分表、轮胎气压表、气缸压力表、进气歧管真空表和电液密度计等。

**1. 游标卡尺**

游标卡尺，是一种测量工件长度、内外径、深度的量具，如图 3-5-1 所示。游标卡尺由主尺和附在主尺上能滑动的游标两部分构成。主尺一般以毫米为单位，而游标上则有 10 个、20 个或 50 个分格，根据分格的不同，游标卡尺可分为十分度游标卡尺、二十分度游标卡尺、五十分度格游标卡尺等。游标卡尺的主尺和游标上分别对应有一个活动卡钳和一个固定卡钳。

使用方法：

(1) 使用前，先将工件被测表面和卡脚接触表面擦干净。

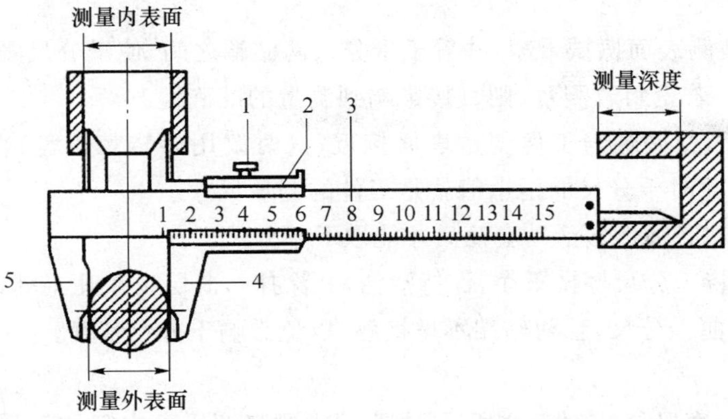


1—锁紧螺母；2—游标；3—主尺；4—活动卡钳；5—固定卡钳

图 3-5-1　游标卡尺

(2) 测量工件外径时，将活动卡钳 4 向外移动，使两卡脚间距大于工件外径，然后再慢慢地移动游标，使两卡脚与工件接触。切忌硬卡硬拉，以免影响游标卡尺的精度和读数的准确性。

(3) 测量工件内径时，将活动卡钳 4 向内移动，使两卡脚间距小于工件内径，然后再缓慢地向外移动游标，使两卡脚与工件接触。

(4) 测量时，应使游标卡尺与工件垂直，固定锁紧螺钉。测外径时，记下最小尺寸；测内径时，记下最大尺寸。

(5) 用深度游标卡尺测量工件深度时，将固定卡脚与工件被测表面平整接触，然后缓慢地移动游标，使卡脚与工件接触。移动力不宜过大，以免硬压游标而影响测量的精度和读数的准确性。

(6) 用毕，应将游标卡尺擦拭干净，并涂一薄层工业凡士林，放入卡尺盒内存放。切忌折、重压。

**2. 千分尺**

千分尺又称螺旋测微器或分厘卡，它是一种精密量具，其测量精度比游标卡尺高，且比较灵敏。千分尺按用途一般分为外径千分尺(如图 3-5-2 所示)、内径千分尺、杠杆千分尺、深度千分尺、壁厚千分尺、公法线千分尺等。外径千分尺常用 0～25 mm，25～50 mm，50～75 mm，75～100 mm，100～125 mm，125～150 mm 六种。其分度值一般为 0.01 mm。一般千分尺均附有调零的专用小扳手，测量下限不为零的千分尺，还附有用于调整零位的标准棒。

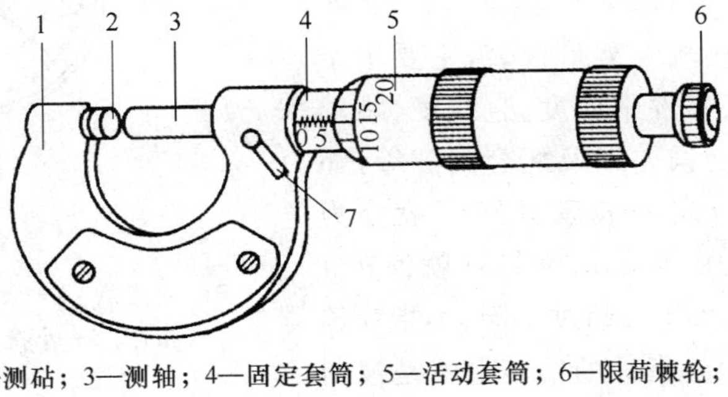


1—弓架；2—测砧；3—测轴；4—固定套筒；5—活动套筒；6—限荷棘轮；7—制动销

图 3-5-2　外径千分尺

使用方法：

(1) 将工件被测表面擦拭干净，并置于千分尺两砧端之间，使千分尺螺杆轴线与工件中心线垂直或平行。若歪斜着测量，则直接影响到测量的准确性。

(2) 旋转旋钮，使砧端与工件测量表面接近，这时改用旋转棘轮盘，直到棘轮发出“咔咔”声响时为止。此时千分尺的指示值就是工件的测量尺寸。

(3) 测量完毕，必须倒转活动套筒后才能取下千分尺。

(4) 用毕，应将千分尺擦拭干净，保持清洁，并涂抹一薄层工业凡士林，然后放入盒内保存。禁止重压、弯曲千分尺，且两砧端不得接触，以免影响千分尺精度。

**3. 厚薄规**

厚薄规又称为塞尺，如图 3-5-3 所示，主要用来测量两平面之间的间隙。厚薄规上标有厚度的尺寸值。厚薄规的规格以长度和每组片数来表示。长度常见的有 100 mm，150 mm，200 mm，300 mm 四种，每组片数有 11～17 等多种。厚薄规使用时要注意工件和塞尺片的清洁，插入工件之后，以手感到有摩擦力为合适。

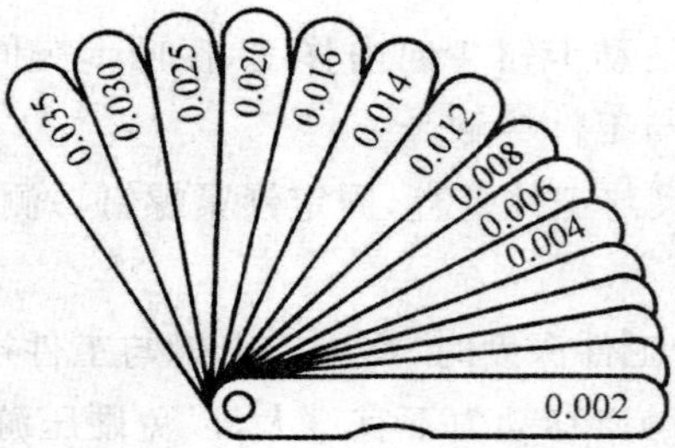


图 3-5-3 厚薄规

使用方法：

(1) 用干净的布将塞尺测量表面擦拭干净，不能在沾有油污或金属屑末的情况下进行测量，否则将直接影响测量结果的准确性。

(2) 将塞尺插入被测间隙中，来回拉动塞尺，感到稍有阻力，说明该间隙值接近塞尺上所标出的数值；如果拉动时阻力过大或过小，说明该间隙值小于或大于塞尺上所标出的数值。

**4. 百分表**

百分表是一种比较性测量仪表，主要用于测定工件的偏差值、零件平面度、直线度、跳动量、气缸圆度、圆柱度误差以及配合间隙等，如图 3-5-4 所示。百分表的表盘分度一般分为 100 格，量头每移动 0.01 mm，大指针就偏转 1 格(表示 0.01 mm)；大指针超过 1 圈，小指针偏转 1 格(表示 1 mm)。指针的偏转量就是被测零件的实际偏差或间隙值。

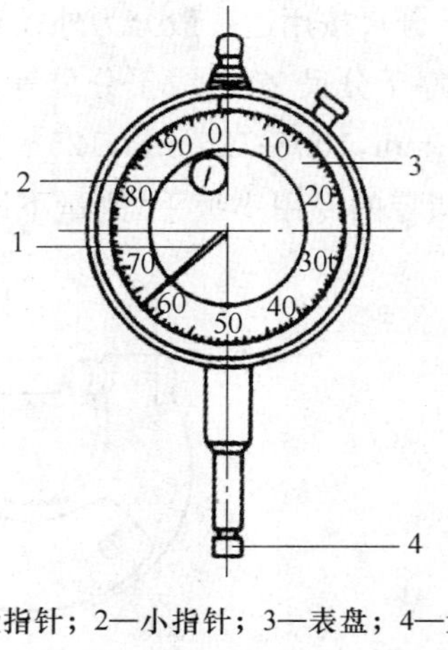


1—大指针；2—小指针；3—表盘；4—量头

图 3-5-4 百分表

使用方法：

（1）先将百分表固定在表座或支架上，以测杆端量头抵住被测工件表面，并使量头产生一定的位移（即指针存在一个预偏转值），如图 3-5-5 所示；

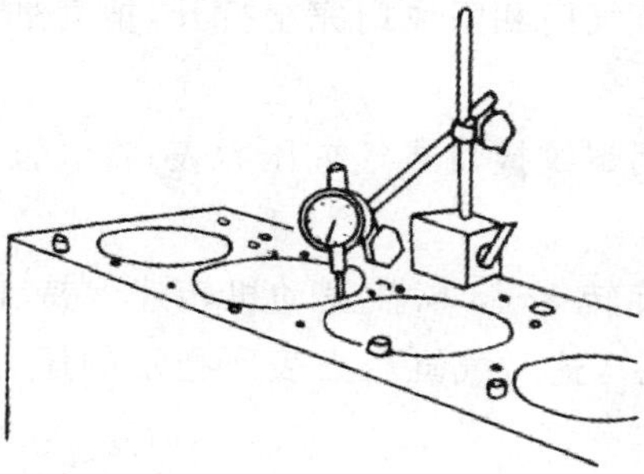

图 3-5-5　百分表的应用

（2）移动被测工件，观察百分表表盘上指针的偏转量，该偏转量即是被测工件的偏差尺寸。

**5. 轮胎气压表**

轮胎气压表是一种测量轮胎气压的表，它由表头、活塞、表体、标尺、主弹簧等组成，如图 3-5-6 所示为一种结构简单、量程较小、精度高、使用方便的轮胎气压表，适于小型车辆如微型车、摩托车等的轮胎气压测量使用。使用时将轮胎气压表测量端槽口与轮胎气门嘴对正压紧，此时轮胎气压表的指针将发生偏转，其指示值即为该轮胎的充气压力。

图 3-5-6　轮胎气压表

**6. 气缸压力表**

气缸压力表是用来检查气缸压力大小的量具，如图 3-5-7 所示。根据气缸压力大小，可以了解气门和活塞环的工作情况，确定发动机技术状况是否正常，判断动力不足的故障所在。按照测量范围的不同，气缸压力表有 0～1 MPa 和 0～2 MPa 两种。

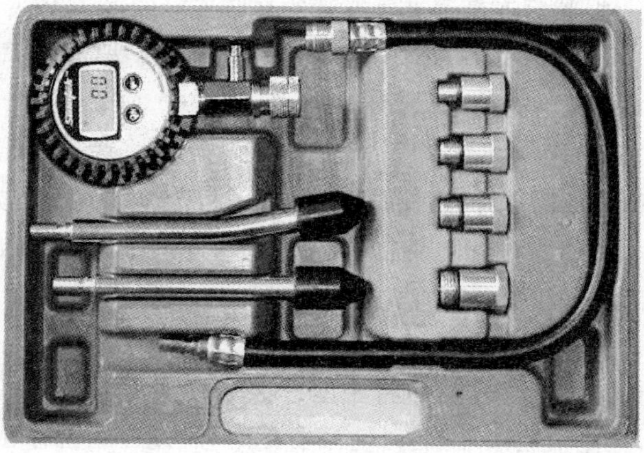

图 3-5-7　气缸压力表

使用方法：

(1) 启动发动机并运转到正常工作温度，旋下全部火花塞(汽油发动机)或喷油器(柴油发动机)；

(2) 汽油发动机必须将节气门和阻风门完全打开，把气缸压力表的锥形橡胶圈压紧在火花塞座孔上；

(3) 柴油发动机必须采用螺纹接口式气缸压力表，将气缸压力表螺纹接口旋入喷油器座孔内；

(4) 用起动机带动曲轴旋转 3～5 s，使发动机转速保持在 150～180 r/min(汽油发动机)或 500 r/min(柴油发动机)，这时气缸压力表所指示的压力值，就是该气缸的气缸压缩压力；

(5) 按下气缸压力表上的放气阀，压力表指针归零；

(6) 实际测量中应重复 3 次以上，取平均值。

**7. 进气歧管真空表**

进气歧管真空表是一种用于测试发动机进气歧管内真空度的量表，如图 3-5-8 所示，其分度盘一般分为 100 格，测量范围为 0～100 kPa。

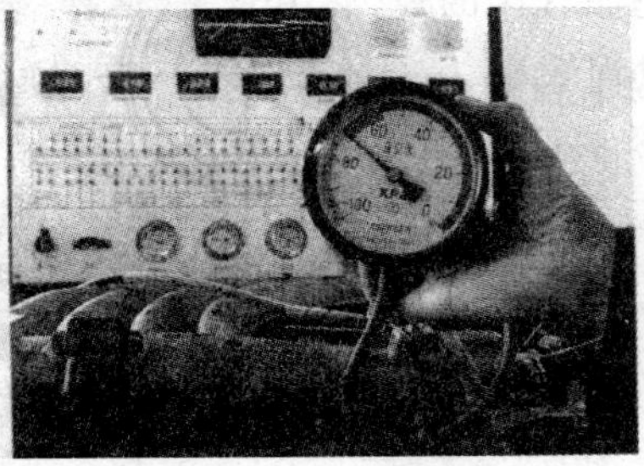

图 3-5-8　进气歧管真空表

使用方法：

(1) 将发动机运转到正常工作温度下，并对点火系进行调整，使发动机保持稳定怠速运转；

(2) 将真空表用一根胶管连接到进气歧管的真空连接的接头上；

(3) 观察真空表指针的指示值，并通过改变发动机的转速，观察真空度的变化情况，分析、判断发动机在不同工况下的技术状况。

**8. 电液密度计**

电液密度计(旧称电液比重计)是测量电池内电液密度用的仪表，如图 3-5-9 所示，它是用一根直径为 30 mm、长约 300 mm 的玻璃圆筒制成，筒的下边装有胶皮嘴，上端装有橡皮球。玻璃圆筒内装有浮子，浮子上刻有 1.10～1.50 g/mL 的密度读数。

使用方法：

先取下蓄电池上的加液孔盖，然后将密度计下端放入蓄电池内，手捏密度计上端橡皮球，慢慢放松橡皮球，把电液吸入玻璃管，使浮子浮起，通过浮子上浮位置即可读出读数，观察视线应与液面取平。

## 二、常用仪表、仪器及其使用

汽车维修质量检验除检测件检测所需的检测设备之外，还需用到一些检测仪表、仪器，主要有数字万用表、红外测温仪和解码器等。

**1. 数字万用表**

数字万用表，一种多用途电子测量仪器，一般包含安培计、电压表、欧姆计等功能，如图 3-5-10所示，是用于基本故障诊断的便携式仪器。使用前，应将 ON/OFF 开关置于 ON 位置；检查电池电压，如果电池电压不足，将显示在显示器上，这时则需更换电池。

图 3-5-9　电液密度计

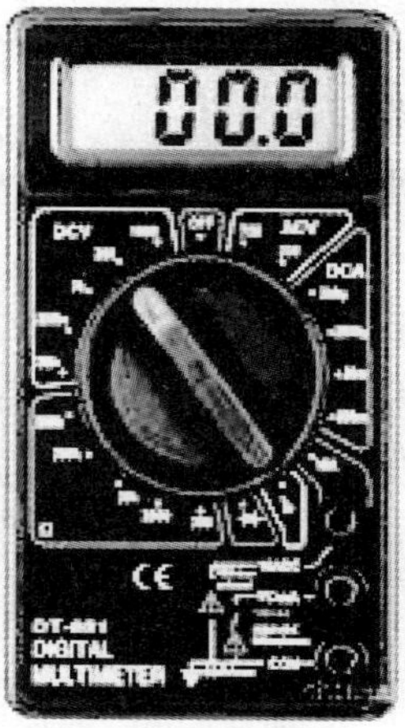


图 3-5-10　数字万用表

使用方法：

（1）直流电压测量

首先将黑表笔插入 COM 插孔，红表笔插入 V/Ω 插孔；然后将功能开关置于直流电压挡“V—”量程范围，并将测试表笔连接到待测电源（测开路电压）或负载上（测负载电压降），红表笔所接端的极性将同时显示于显示器上。

注意：如果不知被测电压范围，将功能开关置于最大量程并逐渐下降；如果显示器只显示“1.”，表示过量程，功能开关应置于更高量程。

（2）交流电压测量

首先将黑表笔插入 COM 插孔，红表笔插入 V/Ω 插孔；然后将功能开关置于交流电压挡“V～”量程范围，并将测试笔连接到待测电源或负载上，即可读出测量值。

（3）直流电流测量

首先将黑表笔插入 COM 插孔，当测量最大值为 200 mA 的电流时，红表笔插入 mA 插孔，当测量最大值为 20 A 的电流时，红表笔插入 20 A 插孔；然后将功能开关置于直流电流挡“A—”量程，并将测试表笔串联接入到待测负载上，即可读出测量值。

（4）交流电流的测量

首先将黑表笔插入 COM 插孔，当测量最大值为 200 mA 的电流时，红表笔插入 mA 插孔，当测量最大值为 20 A 的电流时，红表笔插入 20 A 插孔，然后将功能开关置于交流电流挡“A～”量程，并将测试表笔串联接入到待测电路中，即可读出测量值。

(5) 电阻测量

首先将黑表笔插入 COM 插孔，红表笔插入 V/Ω 插孔；然后将功能开关置于“Ω”量程，将测试表笔连接到待测电阻上，即可读出测量值。

(6) 电容测试

将功能开关置于电容量程“C(F)”，将电容器插入电容测试座中。注意：仪器本身已对电容挡设置了保护，故在电容测试过程中不用考虑极性及电容充放电等情况；测量电容时，将电容插入专用的电容测试座中（不要插入表笔插孔 COM、V/Ω）；测量大电容时稳定读数需要一定的时间。

(7) 二极管及蜂鸣器通断测试

将黑表笔插入 COM 插孔，红表笔插入 V/Ω 插孔；将功能开关置于二极管及蜂鸣器测试挡。

正向特性测试：把万用表的黑表笔搭触二极管的正极，红表笔搭触二极管的负极，若表针不摆到 0 值而是停在标度盘的中间，这时的阻值就是二极管的正向电阻，一般正向电阻越小越好。若正向电阻为 0 值，说明管芯短路损坏，若正向电阻接近无穷大值，说明管芯断路。

反向特性测试：把万用表的红表笔搭触二极管的正极，黑表笔搭触二极管的负极，若表针指在无穷大值或接近无穷大值，二极管就是合格的。

**2. 红外测温仪**

红外测温仪是一种非接触式测量仪器，可以快速、准确、方便地测量物体的表面温度，能可靠地测量热的、危险的或难以接触的物体表面温度，如图 3-5-11 所示。红外测温仪每秒可测若干个读数，可以直观连续地测试观察物体表面的温度变化。

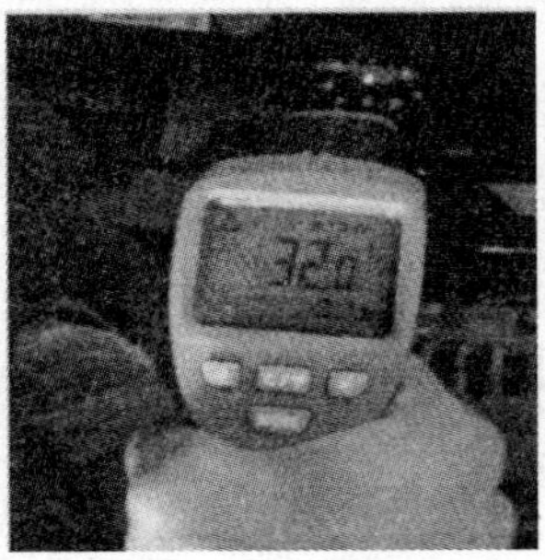

图 3-5-11 红外测温仪

汽车在运行过程中如果发生故障或有潜在的故障存在，必然引起汽车零部件表面的温度变化或突变。因此在汽车不解体的故障诊断中，通过测试汽车零部件的温度变化和突变，迅速找到汽车发生故障的部位。

(1) 红外测温仪工作原理

红外测温仪由光学系统、光电探测器、信号放大器及信号处理、显示输出等部分组成。光学系统汇集其视场内的目标红外辐射能量，视场的大小由测温仪的光学零件及位置决定。

红外能量聚焦在光电探测仪上，并转变为相应的电信号。该信号经过放大器和信号处理电路，按照仪器内部的算法和目标发射率校正后转变为被测目标的温度值。

（2）红外测温仪对汽车各系统的故障诊断

红外测温仪在对汽车进行故障诊断时，对容易产生温度突变和对温度变化敏感的零部件具有判断准确、快速、便捷的效果，主要应用如表 3-5-1 所示。

**表 3-5-1　红外测温仪在汽车检测中的运用**

| 检测的项目 | 判断故障 |
|---|---|
| 发动机气缸的工作温度 | 发动机某气缸工作不良 |
| 点火系统的点火线圈工作温度 | 点火线圈工作不良 |
| 汽车散热器和节温器、水温传感器 | 判断汽车散热器和节温器是否阻塞以及水温传感器好坏 |
| 触媒转换器、排气管 | 废气控制系统，准确检查触媒转换器，诊断检查排气管故障 |
| 空调和暖风系统 | 空调和暖风系统的性能和故障 |
| 轮胎和制动鼓（盘） | 轮胎和制动鼓（盘）的温度突变（制动拖滞） |
| 轴承、电动机 | 轴承、电动机的温度突变（间隙过小） |

（3）红外测温仪的使用注意事项

测温时，将仪器对准要测的物体，按触发器在仪器的 LCD 上读出温度数据，保证安排好距离和光斑尺寸之比和视场。注意事项如下：

- 红外测温仪不能测量内部温度；
- 不能透过玻璃进行测温，因为玻璃有很特殊的反射和透过特性，不能获得精确红外温度读数，但可通过红外窗口测温；
- 红外测温仪最好不要用于光亮的或抛光的金属表面的测温（如不锈钢、铝等）；
- 测量时要发现热点，仪器瞄准目标，然后在目标上做上下扫描，直至确定热点；
- 注意环境条件，如蒸汽、尘土、烟雾等能阻挡仪器的光学系统，影响精确测温；
- 如果测温仪突然暴露在环境温差为 20℃或更高的情况下，仪器需要调节到新的环境温度，时间大约在 20 min 内。

**3. 汽车解码器**

汽车解码器又称汽车故障诊断仪，如图 3-5-12 所示，现代汽车都是由计算机控制工作的，如果哪个电控系统有故障，此电控系统的控制计算机就会存储故障记忆，用此仪器检测就会读出相关的故障记忆，以便于快速、准确地查找故障并进行维修。汽车解码器是专业的汽车维修检测工具。

汽车解码器除了提供检测汽车故障码、清除故障码，读取数据流、元件测试、保养灯归零、读电脑版本、基本设定、匹配调整外，甚至还提供汽车故障诊断流程和电路资料，为汽车维修提供方便。而部分解码器自带了示波器功能，从而更准确地提供发动机工作参数，通过实际波形数据与标准波形数据对比分析，可使维修工作更加准确快捷。现在绝大多数解码器已经可用网络升级，甚至还有汽车字典、客户档案管理等功能。

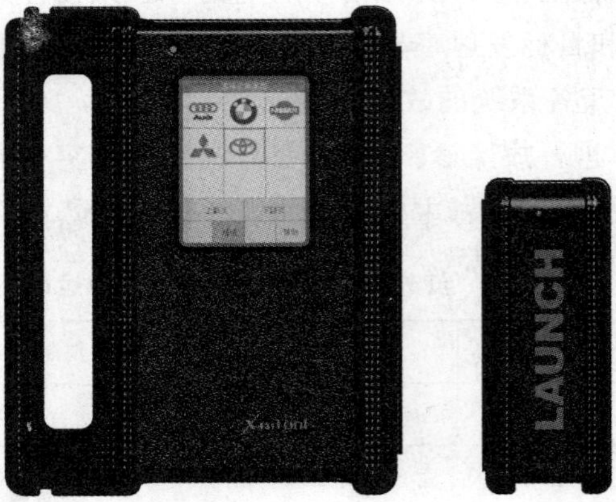


图 3-5-12　汽车解码器(X431)

## 工作任务

熟悉汽车维修质量检验过程中常见的量具和仪表仪器,并回答以下问题:

(1) 汽车维修质量检验过程中常用的量具有哪些? 各有何用途?

(2) 汽车维修质量检验过程中常用的仪表仪器有哪些?

(3) 除上述之外,还要用到哪些综合性的检测设备?

## 评价反馈

**表 3-5-2　自我评价及小组评价项目表**

| 序　号 | 评价项目 | 自我评价 | 小组评价 |
|---|---|---|---|
| 1 | 是否知晓检验中常用的量具? | | |
| 2 | 是否会正确使用常用检测量具? | | |
| 3 | 是否知晓检验中常用的仪表仪器? | | |
| 4 | 是否会正确使用常用检测仪器? | | |
| 5 | 是否知晓其他综合性检测设备? | | |
| 6 | 学习过程是否主动并能深度投入? | | |
| 7 | 学习过程中是否具有团队精神? | | |

参与评价的同学签名:____________　　　　　　　　________年______月______日

# 学习情境六　汽车维护质量检验

## 情景描述

为保证行车安全、降低事故率,汽车在使用一段时间或者行驶一定的里程之后,需要进行适当的维护。那么什么是汽车维护? 汽车维护又有哪些类型? 汽车维护时需要有哪些检验项目?

**学习目标**

通过本情景的学习，需要做到：

(1) 知道汽车维护的类型；

(2) 熟悉汽车维护作业流程；

(3) 能对汽车进行二级维护前的质量检验；

(4) 熟悉汽车二级维护过程质量检验的基本作业项目及要求；

(5) 能对汽车二级维护进行竣工检验。

**知识准备**

## 一、汽车维护的类型

### 1. 汽车维护的定义与作用

汽车在使用一段时间或里程后，由于结构、用材及制造质量等因素以及使用条件如装载质量、行驶速度、道路、气候、燃料、润滑油、润滑脂品质、驾驶技术、维护质量等的作用影响，会产生不同程度的磨损和老化，使原有零件的几何形状和尺寸发生变化，静配合松动，动配合间隙增大，润滑条件变坏，甚至发生机械损伤，车辆的动力性、经济性、排放性能等开始下降，甚至导致出现车辆故障，因此必须对汽车进行维护以使汽车保持完好的技术状况和工作能力。

汽车维护就是根据各种汽车的不同特点，不同的使用情况和技术状况变化规律，在故障发生之前，强制进行的一种作业。通过正确的维护，可以延长汽车的使用寿命、降低汽车的故障率，维持车辆完好的技术状况或工作能力，防止汽车早期损坏和在运行中发生故障，其作用主要体现在以下几个方面：

(1) 可以使汽车保持完好的技术状况和工作能力，保证出车的随时性；

(2) 可以减少燃油、润滑油和润滑脂等燃润料的消耗，节约能源；

(3) 可以延长轮胎以及零配件的使用寿命，降低使用和维修费用；

(4) 可以减少或避免故障的发生，保障人身和财产的安全；

(5) 可以降低车辆噪声，减少环境污染；

(6) 可以保证汽车装备齐全。

### 2. 汽车维护的作业内容

汽车维护一般分为三个等级：日常维护、一级维护、二级维护。

日常维护是以清洁、补给和安全检视为作业中心内容，由驾驶员进行的车辆维护作业。其作业内容主要是在每天出车前、行车中和收车后对汽车进行：

(1) 外观、发动机外表进行清洗，保持车容整洁；

(2) 各部润滑油(脂)、燃油、冷却液、制动液、各种工作介质、轮胎气压进行检视补给；

(3) 制动、转向、传动、悬挂、灯光、信号等安全部件以及发动机运转状态进行检视、校紧。

一级维护是指除日常维护作业外，以清洁、润滑、紧固为作业中心内容，并检查有关制动、操纵等安全部件，由维修企业专业人员负责执行的车辆维护作业，其具体内容主要包括：

(1) 燃油滤清器的更换，空气滤清器的清洗或更换；

(2) 散热器、油底壳、发动机前后支垫、水泵、空压机、进排气歧管、燃油喷射系统各部件连接螺栓的检查校紧；

(3) 各种油面和液位的检查；

(4) 曲轴箱通风装置外观检查；

(5) 空压机、发电机、空调机皮带检查；

(6) 底盘各总成的检查和调整；

(7) 蓄电池、灯光、仪表、信号装置检查；

(8) 四漏的检查，即全车不漏油、不漏水、不漏气和不漏电，同时检查各种防尘罩是否齐全有效。

二级维护一般以行驶里程为基本依据，除完成一级维护作业外，以检查、调整转向节、转向摇臂、制动蹄片、悬架等安全部件为主，并拆检轮胎，进行轮胎换位，检查调整发动机工作状况和排气污染控制装置等，由维修企业负责执行的车辆维护作业。

## 二、汽车维护的作业流程

### 1. 日常维护的作业流程

汽车日常维护的作业流程如下。

(1) 出车前

- 检查行车证件、牌照是否齐全，并检查随车装置、工具及备件等是否齐全带足。
- 环绕车辆一周，检视车身外表情况和各部机件完好状况，是否有漏油、漏水、漏气、漏电现象。
- 擦拭门窗玻璃、清洁车身外表，保持灯光照明装置和车辆号牌清晰。
- 检查燃油箱储油量、散热器的冷却液量、曲轴箱内机油量、制动液量(液压制动车)、蓄电池内电解液量等是否合乎要求。
- 检查发动机风扇皮带是否有老化、断裂、起毛线等现象，松紧度是否合适。
- 检查轮胎外表和气压，剔除胎间及嵌入胎纹间的杂物、小石子，轮胎气压应符合规定；还要注意带好备胎，放置要牢靠。
- 检查转向机构是否灵活，横、直拉杆等各连接部位是否有松旷。
- 检查轮毂轴承、转向节主销是否松动，轮胎、半轴、传动轴、钢板弹簧等处的螺母是否紧固。
- 检视驾驶室内各个仪表和操纵装置的完好情况，检查灯光、刮水器、室内镜、后视镜、门锁与升降器手摇柄等是否齐全有效。
- 检查方向盘、离合器、制动踏板自由行程和驻车制动器的情况是否正常，离合器踏板与制动踏板自由行程应符合正常规定值。
- 起动发动机后，检查发动机有无异响和异常气味，查看仪表工作是否正常。

- 检查车厢栏板及后门栏板是否牢固、可靠，货物的装载必须捆扎牢固、平稳安全。
- 对拖带挂车的汽车，还应检查连接装置有无裂损、松旷、变形等现象，各种辅助设施是否符合规定，以保证牵引装置安全可靠。

(2) 行驶途中

- 车辆起步后，应缓慢行驶一段距离，其间应检查离合器、转向、制动等各部分的工作性能。
- 在行驶中，应经常注意察看车上各种仪表，擦拭各种驾驶机件，察听发动机及底盘声音；如发觉操纵困难、车身跳动或颤抖、机件有异响或焦臭味时，即应停车检查进行必要的调整和修理。
- 车辆行驶涉水路段后应注意检查行车制动器的效能。
- 行驶中发动机动力突然下降，应检查是否冷却液或机油量不足引致发动机过热所致（注意水温高时不准打开水箱盖）。
- 行驶中方向盘的操纵忽然变得沉重并偏向一侧，应检查是否因其中一边轮胎泄气所致。
- 检查轮胎的外表和气压及温度，清除胎间和胎纹中的杂物。
- 检查冷却液和机油量，有无漏水、漏油，气压制动有无漏气现象。
- 检查车轮制动器有无拖滞、发咬或发热现象，驻车制动器作用是否可靠。
- 检查轮毂、制动毂（盘）、变速器、分动器和驱动桥温度有无异常。
- 检查转向、制动装置和传动轴、轮胎、钢板弹簧各连接部位是否牢固可靠。
- 检查装载和拖挂装置是否安全可靠。

(3) 收车后

- 停车后，应将驻车制动杆拉紧，并把变速杆挂入一挡或倒挡，自动变速器的汽车应挂入停车挡，以防止汽车自动滑移，发生危险。
- 熄火前，观察电流表、机油表、水温表、气压表的工作是否正常；熄火后，观察电流表是否有反向漏电的指示（若电流表指针偏向“一”侧，则说明存在漏电现象）。
- 检查有无漏油、漏水、漏气现象，视需要补充燃油、润滑油和冷却水。
- 检查轮胎气压，清除胎间及表面的杂物。
- 检查油水分离器中是否有积水和污物，注意清除干净。
- 对于气压制动装置的车辆，应将储气筒内的空气放净并关好放气开关；对于液压制动的车辆，应检查总泵制动液和液面高度。
- 检查风扇皮带和空压机皮带的松紧度以及完好情况，必要时应进行调整。
- 检查轮胎螺母和半轴螺母是否松动，并查看检查钢板弹簧总成是否有折断及 U 型螺栓是否松动。
- 在冬季，当气温低于或接近 0℃ 时，若车库内无保温设施，汽车冷却系也未加防冻液，每日用车后应将散热器和气缸水套的放水开关打开，放尽存水，并作短时间的发动，排尽余水，然后关好放水开关。
- 检查、整理随车的工具、附件，并切断电源。

• 打扫车厢和驾驶室，清洗底盘，擦拭发动机、各部附件和清洁整车外表，同时查看各部有无破损。
• 及时排除已发现的故障，为下次出车作好准备。

**2. 一、二级维护的作业流程**

一、二级维护都是由维修企业负责执行，二级维护除完成一级维护作业外，以检查、调整转向节、转向摇臂、制动蹄片、悬架等安全部件为主，并拆检轮胎，进行轮胎换位；另外，二级维护过程中要进行过程检验，并填写二级维护作业过程检验单，过程检验要贯穿于二级维护过程中，检验项目的技术要求应满足有关技术标准或规范；二级维护作业完成后，应由维修企业进行竣工检验，并填写二级维护作业竣工检验单，竣工检验合格的车辆，由维修企业填写《汽车维护竣工检验出厂合格证》，其工艺过程如图 3-6-1 所示。

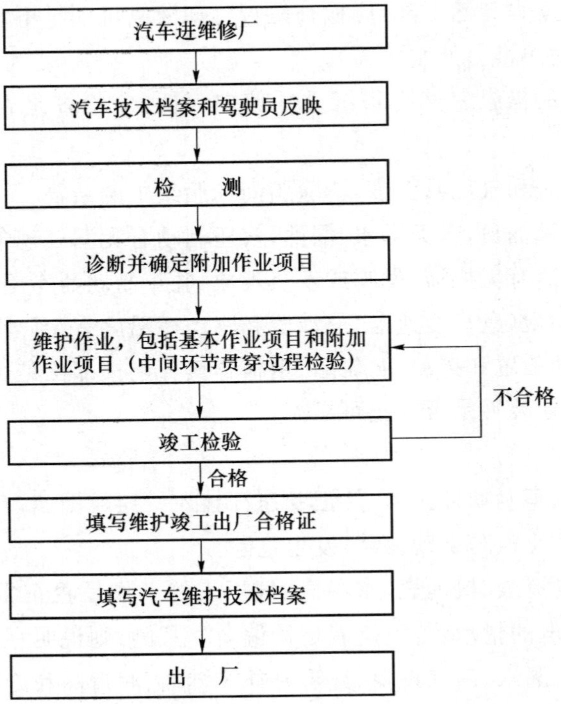


图 3-6-1　二级维护工艺过程

汽车维护实行质量保证期制度，二级维护质量保证期自签发维护竣工检验合格证之日起计算，为车辆行驶 5 000 km 或者 30 日，以先达到者为准。二级维护的作业流程如下。

(1) 汽车地面检修

• 故障代码诊断；
• 制动系统检查，包括制动系统软管检查、行车制动行程检查、驻车制动杆拉起响声检查等；
• 安全带和固定装置检查；
• 仪表盘检查，包括仪表盘外观及其灯光检查；
• 空调检查，含暖风鼓风机检查；
• 喇叭检查；

- 照明系统(功能与状况)检查,包括车内照明检查、前照灯发光强度和照射方向检查和方向指示灯/危险警告灯检查;
- 前后车窗玻璃清洗系统检查/调校,含前后雨刮片检查;
- 轮胎气压(包括备胎)检查/调校;
- 车身油漆状况检查。

(2) 汽车完全升起检修

- 发动机机油泄漏检查;
- 发动机机油和机油滤清器检查/更换;
- 变速箱油检查;
- 转向系统泄漏检查;
- 液压系统泄漏检查;
- 转向系统部件(箱、接头)检查;
- 悬架接头/密封/波纹防尘罩检查;
- 传动轴接头/密封/波纹防尘罩检查;
- 减震器/固定件检查,含弹簧支柱检查;
- 排放系统/固定件检查;
- 燃油系统泄漏/固定件检查;
- 制动管状况/固定件检查;
- 车底状况/密封剂检查;
- 轮轴轴承检查;
- 轮胎磨损状况检查;
- 制动摩擦片(状况/磨损)检查。

(3) 发动机罩下检修

- 空气滤清器检查/更换;
- 空调滤清器检查/更换;
- 火花塞或电热塞检查/更换;
- 冷却液和防冻剂检查/加注;
- 冷却液系统和冷却液软管检查;
- 制动液检查/更换;
- 液压油转向器油检查/加注;
- 车窗玻璃清洗系统检查/加注;
- 燃油滤清器检查/更换;
- 三角皮带检查/更换、正时皮带检查/更换;
- 蓄电池检查。

(4) 终检项目

- 维修后的各灯具;
- 车门锁/铰链检查/润滑;
- 车轮螺帽/螺丝检查/紧固;
- 转向盘自由转动量检查;

- 离合器/仪表盘/制动踏板终检；
- 路试；
- 汽车清洗；
- 服务手册保养信息填写/盖章。

## 三、汽车二级维护前的质量检验

**1. 汽车二级维护前的检测项目**

根据 GB/T 18344—2001《汽车维护、检测、诊断技术规范》的规定，汽车二级维护检测项目主要包括七个方面，共十三项内容。

(1) 发动机动力性能检测，包括：发动机功率和气缸压力。

确保发动机的动力性能达到良好的技术状态是汽车维护的重要内容。在二级维护前，通过不解体检测"发动机功率"和"气缸压力"等技术参数，主要判断气缸密封性和磨损状况，以及发动机工作性能，确定是否需要对影响发动机动力性的有关工作部件进行检修或更换，或进行发动机解体维护（如换活塞环、磨气门），或总成大修。

(2) 排放净化性能检测，包括：汽车排气污染物，三效催化转化装置的技术状况。

汽车排放污染物是大气污染的主要污染源之一，确保汽车排放净化性能，满足国家环境保护的要求是汽车维修业义不容辞的责任。在二级维护前，通过对汽车排放污染物的检测，掌握汽车排放净化性能是否符合有关标准，判断发动机工作状况和三效催化转化器等排放净化装置的技术状况，以确定对发动机和排放净化装置的维护作业项目。这方面的内容充分体现了排放治理 I/M 制度在汽车维护中的实施。

(3) 电控燃油喷射系统检测。

随着汽车技术的发展和环保要求的不断严格，采用电控燃油喷射系统的发动机（俗称电喷发动机）在现代汽车上得到了广泛应用。电控燃油喷射发动机结构复杂，在实际工作中不解体检测判断电控燃油喷射系统工作性能一般主要有两方面的要求：一是通过故障自诊断系统故障信息存储（故障代码）的查询和电控燃油喷射系统各部件的相关工作参数（数据流）来判断系统工作状况，确定传感器或执行元件是否需要检修；二是通过检测燃油喷射系统的工作压力，确定燃油泵、燃油压力调节器、喷油器和燃油管道等是否完好、密封、工作正常，是否需要拆检、清洗或更换。

(4) 柴油车工作性能检测，包括供油提前角、供油间隔角和喷油泵供油压力。

柴油发动机目前在国内主要配置在载货车和大客车上，在国外，轿车上配置柴油发动机已呈一定的发展趋势，因此，标准强调了对柴油车工作性能检测的要求。要求在二级维护前，通过对柴油机供油提前角、供油间隔角和喷油泵供油压力的检测，判断柴油机供油系统的工作状况，确定是否需要对喷油泵进行拆卸维护和调试，输油泵是否需要拆检，喷油器是否需要拆洗并检测喷油雾化状况。

(5) 安全性能检测，包括：制动性能和前照灯检测。

在汽车二级维护时，为保证制动性能，需要对制动器进行拆检，这是在新的以不解体为主导的维护技术规范中，特别强调要解体作业的内容。但对于制动控制系统（气压控制或液压控制系统）的技术状况，必须通过制动力、制动力平衡和制动协调时间等制动性能参数的检测来予以判断，以确定是否需要拆检维护有关部件，如液压控制系统的制动主缸、制动轮缸、制动助力器。气压控制系统的空气压缩机、制动阀、制动气室等，保证汽车制动性能。

通过对汽车前照灯的发光强度和光轴照射位置的检测，确定是否需要进行灯光调整或部件更换，保证行驶安全性。

(6) 操纵和行驶系统检测，包括：转向轮定位、车轮动平衡和操纵稳定性。

通过对前轮定位角的检测，判断汽车前轴和传动杆系是否变形，是否需要校正；主销衬套或转向节等是否损坏需要更换；通过对转向盘自由转动量的检测，判断转向器和转向轴的技术状况，确定是否需要进行转向器总成拆修；通过对车轮动不平衡量的检测和调试，找到其动不平衡产生的原因，确定车轮检修方案，确保不会因车轮不平衡质量在旋转时引起车轮的振动和摇摆，影响汽车的操纵性能，加剧轮胎的磨损；通过对操纵稳定性的路试，观察行驶时有无跑偏、转向盘发抖或摆头等现象，确定是否需要进行操纵系统拆检。

(7) 底盘传动系统技术状况检测，包括：变速器、离合器、传动轴和后桥。

检查离合器、变速器、传动轴和后桥主减速器、差速器等的技术状况，检视有无渗漏、异响、连接松脱和裂纹等。齿轮油有无过热现象，判断各总成工作是否良好，确定是否需要进行调整或总成拆修。

随着现代汽车技术的发展，汽车结构越来越复杂，新装置越来越多，技术含量越来越高，在维护前和维护过程中需要通过不解体检测来进行分析诊断的情况也越来越多。因此，汽车二级维护检测项目并不受上述给出的内容所限，在维护执行过程中应以“及时消除故障和隐患，保证汽车完好技术状态”为目标，结合实际需要进行合理安排。

**2. 汽车二级维护前检测的总体要求**

从汽车维护检测项目来看，有性能参数的检测(如发动机功率)，有系统工作状态参数的检测(如气缸压力、供油提前角、制动力和车轮定位角等)，有系统工作状况的检查(如各装置的作用、异响和操纵性能等)，还有一些总成、部件的一般检视(如密封性、连接状况等)。对不同的检测项目有不同的要求，GB/T 18344—2001《汽车维护、检测、诊断技术规范》中的第7. 3条对汽车二级维护检测诊断在总体上提出了以下两方面的要求。

(1)“对汽车二级维护检测项目进行检测时，应使用该检测项目的专用检测仪器，仪器精度须满足有关规定。”这主要是针对汽车性能技术参数的检测要求。如发动机功率、气缸压力、车轮定位角、车轮动平衡等。该要求一方面强调了一定要用仪器或设备进行检测。另一方面强调要合理选择使用符合技术要求的专用检测仪器，保证检测数据的准确性。

随着电子控制技术在汽车上的迅速普及，现代汽车的结构日益复杂化，加之《汽车运输业车辆技术管理规定》提出了“定期检测、强制维护、视情修理”的要求，大大推进了汽车不解体检测技术的发展和维修技术水平的提高。现在市场上各种引进的和国产的检测诊断设备、仪器品种繁多，修理厂在建厂或发展过程中，应按照 GB/T 18344—2001《汽车维护、检测、诊断技术规范》提出的要求，结合企业的实际需要(所维修的主要车型)进行设备配置，在使用过程中还应按照仪器设备计量管理的要求，定期进行计量检定，以确保仪器、设备的检测精度。

(2)“汽车二级维护检测项目的技术要求应参照国家有关的技术标准，或原厂要求。”检测项目的技术要求即所检测项目应达到的技术标准，这一要求明确了两个概念：

一是这里所讲的“国家有关的技术标准”，主要是指那些国家对车辆有统一要求的技术性能标准。如安全方面，对汽车制动性能(包括制动力等)的要求，国家标准 GB 7258—2008

《机动车运行安全技术条件》中有明确规定，这是公安部门对机动车安全性能实施控制的依据，也应成为维修的技术标准；又如在环境保护方面，对在用车排放污染物排放限值也有相应的国家标准规定，而且随着排放治理的不断深入，此类标准还将进一步完善。汽车排放污染是大气污染治理的主要目标，维修时应严格执行国家排放标准。

二是这里所讲的"原厂要求"，主要是指检测项目中除有国家标准统一要求的之外，其他的均应以"原厂要求"为标准，这一方面进一步明确了汽车维护的技术质量要求，体现了"恢复原厂技术状态"这一汽车二级维护的基本宗旨，另一方面也进一步强调维修企业应重视汽车维修技术资料的收集和信息管理工作，否则维修就无技术标准可依，维修质量当然也无从谈起。

**3. 附加作业项目要求**

GB/T 18344—2001《汽车维护、检测、诊断技术规范》中的第 7.3.4 条指出汽车二级维护附加作业项目确定的原则要求，具体如下：

(1)"汽车二级维护附加作业项目的确定，要根据检测结果进行。"通过仪器设备检测诊断或观察、路试所得到的结果，是汽车各部运行技术状况的真实表现，是科学的、可靠的，应作为确定附加作业项目最主要的依据。而驾驶员的某些反映受本人技术素质和判断能力的限制，有时并不准确。如驾驶员反映机油消耗量大，排气管冒蓝烟，发动机磨损了要大修，但实际情况可能是气门油封失效，机油顺着气门进入气缸烧掉了。

(2)"确定以消除汽车故障为目的的二级维护附加作业项目和作业内容，恢复汽车的正常技术状况"。这是确定附加作业深度的原则标准，充分体现了汽车二级维护的根本宗旨。若维护作业(包括附加作业)超范围不仅违背二级维护的宗旨，而且违背了《汽车运输业车辆技术管理规定》所倡导的"技术与经济相结合"的汽车维修技术管理的基本原则。

(3)"附加作业项目确定后与基本作业项目一并进行二级维护作业。"这里提出了维护作业执行的原则要求，同时也进一步表明，汽车二级维护附加作业是维护作业不可分割的一部分。在实施过程中，应通过维修合同、维修作业单、过程检验及竣工检验等来充分体现，以确保汽车二级维护基本作业项目和附加作业项目全面落实，保证维护质量。

由于二级维护附加作业项目是为了恢复汽车各部分的技术性能，是在基本作业的基础上要深入进行的作业，也可以理解为原来要强制拆检维护的内容现在视情作为附加进行的内容，因此一般为部件更换或总成附件拆修。对发动机部分，二级维护附加作业大多是围绕动力性和排放净化性能恢复的：如研磨气门、更换活塞环，解决气缸与活塞环磨损导致气缸压缩压力达不到要求，影响动力性和燃烧质量的问题；又如拆检机油泵，解决发动机润滑系统油压达不到要求，导致气门液压挺杆异响的问题。对底盘部分，二级维护的附加作业大多是围绕汽车转向、制动等安全机构，根据需要对部分总成附件进行解体维护的，如拆检、更换制动主缸和轮缸(制动器部分在基本作业中已要求解体维护)，更换前驱动轿车的驱动轴、万向节球笼等。对车身、电器部分，二级维护附加作业一般为发电机、起动机等电器附件的检修，蓄电池复充电，门窗摇机拆检，车身车架整形、检修等。

**4. 二级维护进厂检验单**

汽车二级维护前的质量检验过程中需同时填写二级维护进厂检验单，常见的二级维护进厂检验单如表 3-6-1 所示。

**表 3-6-1　二级维护进厂检验单**

<table>
<tr><td colspan="2">送修单位</td><td></td><td>车牌号</td><td></td><td>车型</td><td></td></tr>
<tr><td colspan="2">营运证号</td><td></td><td>发动机号</td><td></td><td>底盘号</td><td></td></tr>
<tr><td colspan="2">车辆档案及车主反映的车辆状况</td><td colspan="5"></td></tr>
<tr><td>序号</td><td>项 目</td><td colspan="5">检 查 情 况（有、是□√　无、否□×）</td></tr>
<tr><td>1</td><td>操纵稳定 性</td><td colspan="5">有无跑偏(有□　无□)；　有无发抖(有□　无□)；　有无摆头(有□　无□)</td></tr>
<tr><td>2</td><td>变速器</td><td colspan="5">有无泄漏(有□　无□)；　异响松脱(有□　无□)；<br>裂纹(有□　无□)；　换挡是否轻便灵活(是□　否□)</td></tr>
<tr><td>3</td><td>离合器</td><td colspan="5">有无打滑(有□　无□)；　有无发抖现象(有□　无□)；<br>分离是否彻底(是□　否□)；　结合是否平稳(是□　否□)</td></tr>
<tr><td>4</td><td>传动轴</td><td colspan="5">有无泄漏(有□　无□)；　有无异响(有□　无□)；<br>有无松脱(有□　无□)；　有无裂纹(有□　无□)</td></tr>
<tr><td>5</td><td>后桥</td><td colspan="5">主减速器有无泄漏(有□　无□)；　主减速器有无异响(有□　无□)；<br>主减速器有无过热(有□　无□)</td></tr>
<tr><td>6</td><td>轮胎状况</td><td colspan="5">有无裂损(有□　无□)；　老化、变形(有□　无□)；<br>装用是否符合要求(是□　否□)</td></tr>
<tr><td>7</td><td>前轮前束</td><td colspan="5">是否符合规定(是□　否□)</td></tr>
<tr><td>8</td><td>转向盘</td><td colspan="5">自由转动量是否符合规定(是□　否□)；是否轻便(是□　否□)；<br>有无卡滞和漏油(是□　否□)</td></tr>
<tr><td>9</td><td>车架/悬架</td><td colspan="5">有无松动(有□　无□)；有无裂纹(有□　无□)；有无断片(有□　无□)</td></tr>
<tr><td>10</td><td>转向机构</td><td colspan="5">垂臂及转向节臂有无弯曲激裂损(有□　无□)</td></tr>
<tr><td>11</td><td>发动机</td><td colspan="5">运转是否均匀及稳定(是□　否□)；发动机装备是否齐全有效(是□　否□)</td></tr>
<tr><td>12</td><td>尾气排放</td><td colspan="5">是否符合要求(是□　否□)</td></tr>
<tr><td>13</td><td>整车制动</td><td colspan="5">制动效果是否良好(是□　否□)</td></tr>
<tr><td>14</td><td>驻车制动</td><td colspan="5">制动效果是否良好(是□　否□)</td></tr>
<tr><td>15</td><td>灯　　光</td><td colspan="5">是否符合要求(是□　否□)</td></tr>
<tr><td>附加作业项目</td><td colspan="6"></td></tr>
<tr><td>检验结论</td><td colspan="3">维护厂家：(章)<br>质检员签字：(章)　年　月　日</td><td colspan="3">车主意见：</td></tr>
</table>

## 四、汽车二级维护过程质量检验

### 1. 汽车二级维护过程质量检验的目的和要求

对汽车二级维护进行过程检验的目的是实现维护过程的质量控制。GB/T 18344—2001《汽车维护、检测、诊断技术规范》中的第 7.4 条对汽车二级维护过程检验提出如下要求："二级维护过程中，要始终贯穿过程检验，并做检验记录。过程检验中各维护项目的技术要求，需满足相应的有关技术标准，或出厂说明书的有关规定。"

这一要求明确了三点：一是维护作业全过程实施跟踪检验的要求，即应在二级维护作业项目执行过程中全面地自始至终实施质量检验，包括基本作业项目和附加作业项目；二是要作检验记录，特别是对有配合间隙、调整数据或拧紧力矩等技术参数要求的作业项目，要有检验数据的记载，作为作业过程质量监督的依据，也可为汽车竣工出厂检验提供依据和参照；三是明确了过程检验的技术标准。

### 2. 汽车二级维护过程质量检验的项目及其要求

二级维护作业内容包含一级维护作业项目技术要求，应按照如表 3-6-2 所示的二级维护基本作业项目要求进行二级维护。

**表 3-6-2　二级维护基本作业项目**

| 序　号 | 维护项目 | 作业内容 | 技术要求 |
|---|---|---|---|
| 1 | 发动机润滑油、机油滤清器 | 1）更换润滑油<br>2）视情更换机油滤清器 | 1）润滑油规格性能指标符合规定<br>2）液面高度符合规定<br>3）机油滤清器密封良好，无堵塞，完好有效 |
| 2 | 检查润滑油油面高度 | 检查转向器、变速器、主减速器等润滑油规格和液面高度，不足时按要求补给 | 符合出厂规定 |
| 3 | 空气滤清器 | 清洁空气滤清器 | 空气滤清器清洁有效，安装可靠。恒温进气装置真空软管安装可靠。进气转换阀工作灵敏、准确 |
| 4 | 1）油箱及油管<br>2）燃油滤清器<br>3）燃油泵 | 1）检查接头及密封情况<br>2）清洁燃油滤器，并视情更换<br>3）检查燃油泵，必要时更换 | 1）接头无破损、渗漏，紧固可靠<br>2）燃油滤清器工作正常<br>3）燃油泵工作正常、油压符合规定 |
| 5 | 燃油蒸发控制装置 | 检查清洁，必要时更换 | 工作正常 |
| 6 | 曲轴箱通风装置 | 检查、清洁 | 清洁畅通。连接可靠，不漏气，各阀门无堵塞、卡滞现象，灵敏有效，符合规定 |

**续 表**

| 序　号 | 维护项目 | 作业内容 | 技术要求 |
|---|---|---|---|
| 7 | 散热器、膨胀箱、百叶窗、水泵、节温器、传动皮带 | 1）检查密封情况、箱盖压力阀、液面高度、水泵<br>2）检视皮带外观，调整皮带松紧度 | 1）散热器及软管无变形、破损及渗漏；箱盖接合表面良好。胶垫不老化、箱盖压力阀开启压力符合要求；水泵不漏水。无异响；节温器工作性能符合规定<br>2）皮带应无裂痕和过量磨损，表面无油污、皮带松紧度符合规定 |
| 8 | 1）进、排气歧管、消声器、排气管<br>2）气缸盖 | 1）检查、紧固，视情补焊或更换<br>2）按规定次序和扭紧力矩校紧气缸盖 | 1）无裂痕、漏气、消声器性能良好<br>2）扭紧力矩符合规定 |
| 9 | 增压器、中冷器 | 检查、清洁 | 符合规定 |
| 10 | 发动机支架 | 检查、紧固 | 连接牢固、无变形和裂缝 |
| 11 | 化油器及联动机构 | 清洁、检查、紧固 | 清洁，联动机构运动灵活，连接牢固。无漏油、气现象，工作系统和附加装置工作正常 |
| 12 | 喷油器、喷油泵 | 检查喷油器和喷油泵的作用，必要时检测喷油压力和喷油状况，视情调整供油提前角 | 1）喷油器雾化良好，无滴油、漏油现象，喷油压力符合规定<br>2）供油提前角符合规定 |
| 13 | 分电器、高压线 | 清洁、检查 | 分电器无油污，调整触点间隙在规定范围内，无松旷、漏电现象、高压线性能符合规定 |
| 14 | 火花塞 | 清洁、检查或更换火花塞，调整电极间隙 | 电极表面清洁，间隙符合规定 |
| 15 | 气门间隙 | 检查调查 | 符合规定 |
| 16 | 电控燃油喷射系统供油管路 | 检查密封状况 | 密封良好，作用正常 |
| 17 | 三效催化装置 | 检查三效催化装置的作用，必要的更换 | 作用正常 |
| 18 | 离合器 | 检查调整离合器踏板自由行程 | 离合器踏板自由行程符合规定 |

**续 表**

| 序　号 | 维护项目 | 作业内容 | 技术要求 |
|---|---|---|---|
| 19 | 前轮制动 | 1）检查前轮制动器调整臂的作用 | 作用正常 |
| | | 2）拆卸前轮毂总成、制动蹄、支承销；消洗转向节、轴承、支承销、清洁制动底板等零件 | 清洁、无油污 |
| | | 3）检查制动盘、制动凸轮轴，校紧装置螺栓 | 1）制动底板不变形，按规定力矩扭紧装置螺栓<br>2）凸轮轴转动灵活、无卡滞，转向间隙符合规定 |
| | | 4）检查转向节及螺母、保险片及油封、转向节臂，校紧装置螺栓 | 1）转向节无裂纹，螺纹完好，与螺母配合应无径向松旷，保险片作用良好，油封完好不漏油<br>2）转向节轴径与轴承的配合间隙符合要求，转向节臂装置螺栓扭紧力矩符合规定 |
| | | 5）检查内外轴承 | 液柱保持架无断裂，滚柱无脱落，无裂损和烧蚀，轴承内圈无裂损和烧蚀 |
| | | 6）检查制动蹄及支承销 | 1）制动蹄无裂损及明显变形，摩擦片不破裂，铆接可靠，摩擦片厚度符合规定<br>2）支承销无过量磨损，支承销与制动蹄承孔衬套配合间隙符合规定 |
| | | 7）检查制动蹄复位弹簧 | 复位弹簧应无明显变形，自由长度、拉力符合规定 |
| | | 8）检查前轮毂、制动鼓及轴承外座圈，校紧轮胎螺栓内螺母 | 1）轮毂无裂损<br>2）轴承外座圈无裂纹，无麻点，无烧蚀<br>3）制动鼓无裂纹，外边缘不得高出工作表面，检视孔完整，内径尺寸、圆度误差、左右内径差符合规定<br>4）轮胎螺栓齐全完好，规格一致，按规定力矩钮紧 |
| | | 9）装复前轮毂、调整前轮轴承松紧度及制动间隙 | 1）装复支承销，制动蹄支承销孔均应涂润滑脂，开口销或卡簧齐全有效<br>2）润滑轴承<br>3）制动鼓、制动片表面清洁，无油污<br>4）制动片与制动鼓的间隙应符合规定，转动无碰擦现象或声响，检视孔挡板齐全<br>5）轮毂转动灵活，用拉力计测量时可转动，且无轴向间隙<br>6）保险可靠，防尘罩、衬垫完好，螺栓垫圈齐全紧固（螺栓规格一致） |

**续 表**

| 序　号 | 维护项目 | 作业内容 | 技术要求 |
|---|---|---|---|
| 20 | 后轮制动 | 1）拆半轴、轮毂总成、制动蹄、支承销，清洗各零件及制动底板、半轴套管 | 1）轮毂通气孔畅通<br>2）各零件及制动盘、后桥套管清洁无油污 |
| | | 2）检查制动底板、制动凸轮轴，校紧连接螺栓 | 1）制动底板不变形，连接栓按规定力矩紧固<br>2）凸轮轴转动灵活，无卡滞，轴向间隙和径向间隙符合规定 |
| | | 3）检查后桥半轴套管、螺母及油封 | 1）套管无裂纹及明显松动，与螺母配合无径向松旷<br>2）油封完好，无损坏，无漏油<br>3）套管颈与轴承配合间隙符合规定 |
| | | 4）检查内外轴承 | 1）轴承保持架无断裂，滚柱不脱落，无裂损和烧蚀<br>2）轴承内座圈无裂纹、烧蚀 |
| | | 5）检查制动蹄及支承销 | 1）制动蹄无裂纹及变形，摩擦片不破损，铆接可靠，摩擦片厚度符合规定<br>2）支承销与制动蹄承孔衬套配合间隙符合规定<br>3）支承销无过量磨损 |
| | | 6）检查制动蹄复位弹簧 | 复位弹簧无变形，自由长度符合规定，拉力良好 |
| | | 7）检查后轮毂、制动鼓及轴承外座圈，检查扭紧半轴螺栓，检查轮胎螺栓，校紧内螺母 | 1）轮毂无裂损<br>2）轴承外座圈不松动，无损坏<br>3）制动鼓无裂纹，内径、圈度误差、左右内径差符合规定，外边缘不得高出工作表面，制动鼓检视孔完整<br>4）半轴螺栓齐全有效 |
| | | 8）检查半轴 | 半轴无明显变曲，不磨套管，无裂纹，花键无过量磨损或扭曲变形 |
| | | 9）装复后轮毂，调整制动间隙 | 1）装复支承销、制动蹄片时，承孔均应涂润滑脂，开口销或卡簧齐全可靠<br>2）润滑轴承<br>3）套管轴颈表面应涂机油后再装上轴承<br>4）制动蹄片、制动鼓表面应清洁，无油污<br>5）制动蹄片与制动鼓的间隙应符合规定，转动无碰擦现象和声响，检视孔挡板齐全紧固<br>6）轮毂转动灵活，拉力符合规定<br>7）锁紧螺母按规定力矩扭紧 |
| 21 | 转向器、转向传动机构 | 1）检查转向器传动机构的工作状况和密封性，校紧各部螺栓<br>2）检查调整转向盘自由转动量 | 转向盘自由转动量符合规定，转向轻便、灵活，无卡滞和漏油现象。垂臂及转向节臂无弯曲及裂损，各部螺栓连接可靠 |

**续 表**

| 序　号 | 维护项目 | 作业内容 | 技术要求 |
|---|---|---|---|
| 22 | 前束 | 调整 | 符合规定 |
| 23 | 变速器、差速器 | 检查密封状况和操纵机构，清洁通气孔 | 密封良好、通气孔畅通，操纵机构作用正常，无异响、跳动、乱挡现象 |
| 24 | 传动轴、传动轴承支架、中间轴承 | 1）检查防尘罩<br>2）检查传动轴万向节工作状况<br>3）检查传动轴承支架<br>4）检查中间轴承间隙 | 1）防尘罩不得有裂纹、损坏，卡箍可靠，支架无松动<br>2）万向节不松旷，无卡滞，无异响<br>3）传动轴承支架无松动<br>4）中间轴承间隙符合规定 |
| 25 | 空气压缩机、储气筒 | 清洁，校紧 | 清洁、连接可靠，无漏气，安全阀工作正常 |
| 26 | 制动阀、制动管路、制动踏板 | 1）检查制动踏板自由行程<br>2）检查紧固制动阀和管路接头<br>3）液压制动检查制动管路内是否有气 | 1）制动踏板自由行程符合规定<br>2）制动阀和管路接头连接可靠，无漏气<br>3）液压制动管路内无气 |
| 27 | 驻车制动 | 检查驻车制动性能，检查驻车制动器自由行程 | 符合规定、作用正常 |
| 28 | 悬架 | 检查、紧固，视情补焊、校正 | 不松动，无裂纹，无断片，按规定扭紧力矩紧固螺栓 |
| 29 | 轮胎（包括备胎） | 检查紧固，补气，进行轮胎换位、磨损严重时更换轮胎 | 气压符合规定，清洁，无裂损、老化、变形，气门嘴完好，轮胎螺栓紧固，轮胎的装用符合规定 |
| 30 | 发电机、发电机调节器、起动机 | 清洁、润滑 | 符合规定 |
| | 蓄电池 | 检查，清洁，补给 | 清洁、安装牢固，电解液液面符合规定 |
| 31 | 前照灯、仪表、喇叭、刮水器、全车电器线路 | 检查、调整，必要时修理或更换 | 1）前照灯、喇叭、各仪表及信号装置功能齐全、有效，符合规定<br>2）刮水器电机运转无异常，连动杆连接可靠<br>3）全车线路整齐，连接可靠，绝缘良好 |
| 32 | 车身、车架、安全带 | 检查、紧固 | 性能可靠，工作良好，无变形、断裂、脱焊，连续螺栓、铆钉紧固 |
| 33 | 内装饰 | 检查、紧固 | 设备完好，无松动 |
| 34 | 空调装置 | 检查空调系统工作状况、密封状态 | 1）制冷系统密封，制冷效果良好<br>2）暖气装置工作正常 |
| 35 | 润滑 | 全车加注润滑脂的部位全部润滑 | 注油嘴齐全有效，润滑良好 |

注：技术要求栏中的“符合规定”指符合实际应用中在有关技术规定或技术要求。

### 3. 汽车二级维护过程检验单

汽车二级维护过程质量检验过程中需同时填写二级维护过程检验单，常见的二级维护过程检验单如表 3-6-3 所示。

**表 3-6-3　二级维护过程检验单**

| 送修单位 | | 车牌号 | | 车型 | |
|---|---|---|---|---|---|
| 营运证号 | | 发动机号 | | 底盘号 | |

| 序号 | 检查项目 | 检 查 情 况　（有、是□√　无、否□×） |
|---|---|---|
| 1 | 整车 | 整车是否周正(是□　否□)；车窗、车门是否开启方便(是□　否□)；<br>车身漆面是否完好(是□　否□) |
| 2 | 发动机 | 气缸压力是否符合规定(是□　否□)；<br>润滑油是否符合要求(是□　否□)；机油滤清器是否完好有效(是□　否□)；<br>空气滤清器是否完好有效(是□　否□)；油箱油管有无破损、渗漏(有□　无□)；<br>燃油滤清器是否完好有效(是□　否□)；燃油泵是否完好有效(是□　否□)；<br>曲轴通风箱是否清洁畅通(是□　否□)；进、排歧管是否有裂痕、漏气(是□　否□)；<br>消声器性能是否良好(是□　否□)；发动机支架连接是否牢固可靠(是□　否□)；<br>喷油器是否完好有效(是□　否□)；火花塞是否符合规定(是□　否□)；<br>气门间隙是否符合规定(是□　否□)；催化装置是否作用正常(是□　否□) |
| 3 | 电气系统 | 电气系统是否工作正常可靠(是□　否□) |
| 4 | 离合器 | 踏板自由行程是否符合要求(是□　否□)；弹簧压力是否符合规定(是□　否□)；<br>摩擦片是否符合要求(是□　否□) |
| 5 | 传动系 | 变速器工作情况是否良好(是□　否□)；差速器工作情况是否良好(是□　否□) |
| | | 万向节工作情况是否良好(是□　否□)；<br>中间轴承支架及间隙是否符合要求(是□　否□) |
| 6 | 转向系 | 转向盘自由转动量是否符合要求(是□　否□)；<br>横直拉杆、转向节及节臂工作情况是否良好(是□　否□)；<br>四轮定位是否符合要求(是□　否□) |
| 7 | 制动系 | 驻车制动摩擦片厚度是否符合要求(是□　否□)；<br>驻车制动器自由行程是否符合要求(是□　否□)；<br>制动踏板自由行程是否符合要求(是□　否□) |
| | | 转向轴制动蹄片厚度是否符合要求(是□　否□)；<br>转向轴制动盘厚度是否符合要求(是□　否□)；<br>制动器工作情况是否良好(是□　否□) |
| | | 非转向轴制动器工作情况是否良好(是□　否□)；<br>非转向轴制动蹄片厚度是否符合要求(是□　否□)；<br>非转向轴制动盘厚度是否符合要求(是□　否□) |
| 8 | 行驶系 | 轮胎动平衡量是否符合要求(是□　否□)；<br>轮胎胎冠花纹深度是否符合要求(是□　否□) |
| 9 | 其他 | |

**续表**

| 小修情况记录 | | 更换主要零部件记录 | | | |
|---|---|---|---|---|---|
| 项目 | 修理情况摘要 | 名称 | 规格 | 数量 | 产地 |
| | | | | | |
| | | | | | |
| | | | | | |
| 备　注 | | | 检验员(签字):<br>年　月　日 | | |

## 五、汽车二级维护竣工检验

汽车二级维护竣工检验,是汽车维修企业对承修车辆在二级维护过程中作业项目维护质量的一次综合检验,是控制车辆维修质量,杜绝不合格车辆出厂的一个重要环节。汽车二级维护竣工检验应由专职检验员和通过专业检测线来完成。检验人员应熟悉车辆二级维护的作业内容、作业过程及维护车辆的技术要求。掌握国家、行业及地方的有关技术标准和检测方法,并能对汽车二级维护竣工检验(包括人工检查、道路试验和检测线检验等)的结果进行分析,指导维修人员进行调整修理,能够正确填写有关的技术资料。

**1. 汽车二级维护竣工人工检查**

汽车二级维护竣工人工检查是汽车二级维护竣工检验中不可缺少的一个重要部分,是用检测仪器和设备对维护车辆的维修质量和性能进行定量检测的补充。人工检查大部分是定性检视,但对某些有定量要求的项目也应借助一般工、量具进行必要的测量。根据人工检查和测量的结果,对照国家、行业或地方的有关标准限值,可以得出正确的人工检查的结论。

(1) 整车及外观人工检查

按 GB/T 18344—2001《汽车维护、检测、诊断技术规范》的规定,整车及外观检查的主要内容有清洁、面漆、车身对称、紧固、润滑、密封及电路、前照灯、信号灯、仪表灯、刮水器、后视镜等装置。

① 汽车清洁、面漆、润滑和密封检查

车辆清洁的检查:二级维护竣工的车辆外表应清洁无泥垢、尘土,各总成件外部及底盘下方应无油污;空气滤清器芯、燃油滤清器(芯)和机油滤清器(芯)应清洁干净。

车辆面漆的检查:汽车外表面的油漆应无气泡、开裂或漆膜脱落现象;补漆腻子应平整,补漆颜色应与原色基本一致。

车辆润滑的检查:汽车二级维护按规定应对发动机、变速器、转向器、减速器等总成件的润滑油进行检查、补充或更换;各总成件的润滑油量应达到规定的液面高度;对水泵、风扇、转向节销和销孔、传动轴万向节轴承和花键、车轮制动器凸轮轴、钢板弹簧支撑销和支撑滑块等部位的润滑点,应加注新的润滑脂;润滑脂注油嘴应齐全有效,安装方向应正确。

车辆密封的检查:汽车二级维护竣工后的密封检查,除了对该车的车门、车窗、客车车身、货车车厢等部位的密封性能进行检视以外,主要是对汽车各总成件或连接管路的漏水、漏油、漏气情况进行检查。要求在发动机运转及停车时，散热器、水泵、气缸体、气缸盖、暖风装置及所连接部位均不得有明显渗漏水现象。在储气筒气压达到额定值时，或踩下制动踏板后，各制动管路、泵阀不得有漏气、漏油现象。在汽车连续运行 10 km，停车 5 min 后，发动机、变速器、减速器等部位不得有明显渗漏油现象。

② 车体周正及紧固检查

车体周正检查：GB 7258—2008《机动车运行安全技术条件》国家标准中规定"车体应周正，车体外缘左右对称部位高度差不得大于 40 mm"。此项检查应将被检车停放在一纵横向坡度均不大于 1%的平整场地上，轮胎气压正常，在离地高 1.5 m 内用专用标尺测量外缘左右对称部位的离地高度，其对称部位的离地高度值之差不得大于 40 mm。

紧固件检查：车辆零部件的连接，特别是车辆运行中高速旋转部件的连接，对行车安全至关重要。例如，车轮与轮毂的连接，传动系统的连接等，如果在装配时不能按规定力矩紧固，在经过一段时间运行后，可能会使连接件逐渐松动，导致脱落，造成机件事故，甚至带来严重的交通事故。因此对二级维护竣工车辆连接件的紧固情况，应首先重点检查转动部件的连接螺栓是否紧固，其次对车辆外部连接螺栓（如车身连接、驾驶室与车架连接、发动机支架螺栓、钢板弹簧 U 型螺栓、制动底板紧固螺栓、制动凸轮、制动蹄铁支架等连接部位的紧固情况）进行检查。要求各部位螺栓连接件上的弹簧垫圈、平垫圈或防松垫圈、开口销等齐全有效，并按原车的使用说明书或有关技术文件的规定力矩拧紧。对原车使用说明书或有关技术文件没有规定的，应按一般螺纹紧固件的拧紧力矩拧紧。

③ 照明与信号装置检查

汽车的照明与信号装置包括：前照灯、前位灯、后位灯、雾灯、示廓灯、制动灯、转向信号灯（前转向信号灯、后转向信号灯、侧转向信号灯）、后牌照灯、倒车灯、挂车标志灯、后反射器等。要求各灯具安装牢靠、齐全、有效，所有灯的开关应安装牢固，开关自如。

要检查双丝灯泡的接法是否正确。转向信号灯与制动信号灯的灯丝发光强度应高于同泡中另一根灯丝的发光强度。汽车前照灯内的远、近光灯丝接法也必须两边同步，不得反接。对四灯制的车辆，远、近光双光束的灯泡应装于汽车前部的外侧，远光单光束灯泡应装于内侧。前照灯总成的配光性能应符合 GB 4599—2007《汽车用灯丝灯泡前照灯》规定的要求。转向信号灯和应急信号灯的闪光频率应为(1.5±0.5)Hz，启动时间不大于 1.5 s。

(2) 转向系人工检查

转向机构应操纵轻便、转向灵活，无摆振、路感不灵或其他异常现象，车轮转到极限位置时，不得与其他部件有摩擦现象。转向系人工检查的主要内容有：转向器、转向节、转向节臂、转向摇臂、横拉杆、直拉杆及球销、转向助力装置、转向盘自由转动量等。

转向器总成的检查：转向器总成安装应牢固，润滑油量应符合要求，转向器轴、轴承、齿轮等应转动自如，不得有松旷、窜动或干摩擦现象；

转向节臂总成的检查：转向节销及销孔应加注润滑脂，转向时不得有松旷或跳动现象。转向节臂的螺栓连接应牢固，开口销齐全有效；

转向系拉杆总成的检查：转向系横、直拉杆球座及球销应无裂纹和损伤，润滑良好，拉动拉杆时球销不得松旷或跳动，各拉杆不准拼接或烧焊；

转向盘自由转动量的检查：测量转向盘自由转动量时，汽车应保持直线向前的状态，将转向轮置于平坦、干燥和清洁的硬质路面上，将检测仪器安装到转向盘上，转动转向盘至一侧有阻力时止，再转至另一侧有阻力时止，测量出其间的最大自由转动量。转向盘自由转动量的最大允许值为：20°(最大设计车速大于或等于 100 km/h 的机动车)或 30°(最大设计车速小于 100 km/h 的机动车)。

转向助力装置的检查：转向助力装置应连接紧固，液压油量应符合规定，不得有渗、漏油现象。当发动机不工作时，依靠驾驶员的力量，应能转动转向盘。

转向轮最大转向角的检查：转向轮的最大转向角是指汽车转向时内轮所能转过的最大角度。转向轮的最大转向角应符合原厂的技术要求。检查时将保持直线行驶的车辆开上转向角测量仪，调整转盘角度指针零点，然后拔去转盘锁销，转动转向盘到一侧的极限位置，保持转向轮不动，记录内外轮转盘指针指示的角度值；然后再将转向盘转到另一侧的极限位置，记录下内外轮转盘指针指示的角度值，两内轮的转角值即为转向轮的最大转向角。

车轮前束的检查：车轮前束值应符合原厂的技术规定。人工检查时，应首先选好被测车轮上的测量点(不同厂牌车型车辆的测量点位置是不同的，有的在胎面中心，有的在胎侧突出点上，还有的在轮辋边缘处)，然后用专用前束尺进行测量。对非独立悬架车轮，可用千斤顶顶起车桥进行检测；对独立悬架车轮只能落在地面上进行检测或用四轮定位仪检测。测读数据时，前束尺应保持水平并与车轮轴线保持同一高度，以避免产生测读误差。

(3) 行驶系人工检查

行驶系人工检查的主要内容有车轮和轮胎、悬架、车架、车桥等。

① 车轮和轮胎的检查

- 轮胎的表面磨损：轿车和挂车轮胎胎冠上花纹深度不得小于 1.6 mm，其他机动车转向轮轮胎的胎冠花纹深度不得小于 3.2 mm，其余轮胎胎冠花纹深度不得小于1.6 mm；
- 轮胎胎面不得因局部磨损而暴露出轮胎帘布层，轮胎的胎面和胎壁上不得有长度超过 25 mm 或深度足以暴露出轮胎帘布层的破裂或割伤；
- 同一轴上轮胎型号和花纹应相同，轮胎型号应符合车辆出厂时的规定；
- 汽车转向轮不得装用翻新的轮胎；
- 轮胎负荷不应超过该轮胎的额定负荷，轮胎的充气压力应符合该轮胎承受负荷时规定的压力；
- 轮胎的动平衡量应符合有关规定；
- 车轮螺母和螺栓应齐全完整，并应按规定力矩紧固；
- 车轮总成的横向摆动量和径向跳动量：总质量小于或等于 4.5 t 的汽车不得大于 5 mm，其他车辆不得大于 8 mm。

② 悬架的检查

悬架主要由弹性元件、减振器和导向机构三部分组成。它们分别起缓冲、减振和导向作用，但三者的共同任务则是传力。所以为保障运行安全，对二级维护竣工出厂的车辆必须检查的项目包括：钢板弹簧或螺旋弹簧不得有裂纹和折断现象，其弹簧形式和规格应符合产品使用说明书中的规定，钢板弹簧中心螺栓和 U 型螺栓连接应牢固；装有减振器的车辆，减振器不得有漏油现象，其安装应牢固、有效。

③ 车架和车桥的检查

车架不得有锈蚀、变形、裂纹和折断，螺栓和铆钉不得松动或缺少；拖车钩、备胎架应齐全，无裂纹变形，连接牢固；前后车桥(轴)不得有变形、裂纹和移位。左右轴距差不得大于轴距的 1.5/1 000；车桥与车架或悬架之间的各种拉杆和导杆不得变形，各接头和衬套不得松旷、窜动。

(4) 车身与车厢人工检查

车身与车厢人工检查的主要内容包括客车车身、货车车厢、车门、车窗等。

① 车身、车厢和驾驶室的检查

车身、车厢和驾驶室不得有断裂或明显变形，车身、车厢和驾驶室与车架的连接螺栓应齐全并连接牢固；客车车身与地板应密合，地板与坐椅应具有足够的强度，坐椅与扶手应安装牢固可靠；货车车厢栏板和底板应平整，开合接缝处间隙不得大于 5 mm，栏板的站桩和挂钩应齐全有效；车身外部和内部都不应有任何可能使人致伤的尖锐突起物；驾驶室内饰物必须保证驾驶员的前方视野和侧方视野不受干扰；驾驶员座位两侧的窗玻璃不允许张贴遮阳膜，其他车窗玻璃不允许张贴妨碍驾驶员视野的附加物及镜面反光遮阳膜。

② 卧铺客车的检查

中级、中级以上车长大于或等于 9 m 的营运客车和卧铺客车，车身顶部不得设置行李架。其他客车需设置车外顶行李架时，其顶架载荷按每个乘客 10 kg 行李核定，且行李架长度不得超过车长的 1/3。

③ 车门和车窗的检查

车门和车窗应启闭轻便，不得有自行开启或关闭现象。门锁应牢固可靠；门窗玻璃应齐全完好，玻璃升降器应齐全有效；前风窗玻璃不准采用全钢化玻璃和有机玻璃；前风窗玻璃的刮水器应能正常工作，刮水器电动机关闭时刮水片应能自动返回至初始位置。

**2. 汽车二级维护竣工路试检验**

汽车二级维护竣工的人工检查，仅仅是对竣工车辆进行的静态检查。汽车发动机的运转情况，离合器、变速器、减速器、转向系统、制动性能及整车滑行性能的好坏，还必须经过汽车路试检验后才可确认。

(1) 发动机工作状态路试检验

发动机工作状态路试检验的内容包括发动机起动性能、怠速和加速性能、无外载测功和发动机异响等。

① 起动性能的检查

发动机应有良好的起动性能，应能由驾驶员在驾驶座位上起动，当汽油发动机在不低于 −5℃，柴油发动机在不低于 5℃ 的条件下，用起动机起动时，应在 3 次中至少有一次可在5 s 内起动。在做重复起动试验时，每次间隔 2 min。

② 怠速和加速性能的检查

怠速为发动机最低稳定转速，转速值应符合原厂的技术要求。当发动机工作温度正常后，怠速运转应平稳无抖动现象。在运行中，发动机从怠速向低速、中速、高速变换时，转速应能随节气门开度的增大而升高，各工况之间应平滑过渡。急加速时，发动机转速应提升迅速，不得有“回火”“放炮”“断火”或“爆震”现象。

③ 发动机无外载测功的检查

汽车维修企业在检验发动机最大输出功率时，大部分采用的是无负荷测功仪。检测时，应使发动机处于正常工作温度，怠速运转稳定后，连接好检测用传感器，急速踩下加速踏板使节气门至全开位置，反复检测 3 次，取最大值（其最大输出功率不得小于额定功率的 80%。

④ 发动机异响的检查

当发动机温度正常、运转稳定后，应该在不同的路况和工况下都没有任何异常响声。发动机异响种类有机械异响、燃烧异响、空气动力异响和电磁振动异响等。

机械异响是由发动机运动摩擦副的配合间隙过大或损坏造成的。常见部位的间隙有轴瓦间隙、销孔间隙、配缸间隙、齿轮间隙和气门间隙等。发动机机械异响可用发动机异响诊断仪来检查，或人工借助于发动机的转速、负荷、温度、润滑油压力的变化和短路点火电压来诊断。

燃烧异响是由可燃混合气在发动机燃烧室内的不正常燃烧造成的。常见的现象有“回火”“放炮”或“爆震”等。燃烧异响常随着发动机转速突然升高而增大，主要原因是点火时间过早、过迟和可燃混合气过稀、过浓及燃油品质较差等。当适当改变点火提前角或混合气浓度时，异响有所减弱或消失。若是因燃油品质较差而引起的“爆震”，则应选用正确的燃油牌号。

空气动力异响由发动机进、排气口气流和运转中的风扇气流运动造成或是气缸磨损、混合气泄漏在曲轴箱内形成的窜气响声。

电磁振动异响是由发动机附件上某些电磁元件，在磁场的交替变化下造成的，常发生在发电机、起动机或各种继电器上。主要原因有电磁元件老化或磁极、线圈松动等。

(2) 传动系工作状态路试检验

传动系的路试检验内容应包括离合器、变速器、传动轴、主减速器和差速器等。

① 离合器的检查

离合器踏板的自由行程应符合原厂规定。踩下和放松离合器踏板时，应有明显的空行程和工作行程的区别。车辆起步时，缓慢抬起离合器踏板至完全接合，整个过程中应无抖动或异响。车辆运行中，在加速、减速或上坡时，离合器应无打滑、振动或异响。离合器分离应迅速彻底，接合应平顺。

② 变速器的检查

变速器变速杆的挡位位置应感觉清楚。传动杆件的连接应牢固，自锁、互锁装置有效，换挡操作方便，行驶中不得有乱挡、脱挡现象。变速器齿轮在运转中不得有不正常响声。自动变速器车辆升、降挡应正常。

③ 传动轴的检查

传动轴的装配应符合等角速传动的规定，传动轴上的平衡块或平衡配重的相对位置应正确。万向节与中间支架及中间轴承等的装配应无松旷，行驶中不得有振动或异常响声。

④ 主减速器和差速器的检查

主减速器齿轮和差速器齿轮的啮合间隙和齿轮轴承的预紧度应符合原厂的技术要求，不得有松旷或窜动，驱动桥在行驶中油温应正常，无异常响声。

(3) 转向系工作状态路试检验

汽车转向系在二级维护竣工路试检验中，主要检验内容有转向操纵轻便性、操纵稳定性和机动灵活性等。

① 转向轮自动回正

汽车应具有稳定的直线行驶能力，汽车转向轮在转向后应能自动回正。汽车在行驶中转向轮应无偏驶、跳跃和摆振现象。

② 转向盘转向操纵力

转向系各部件及杆件的球销连接处应运动灵活，不得有阻滞或跳动现象，汽车的行驶方向应随着转向盘的转动而平稳改变。转向时施加于转向盘外缘处的最大切向力对一般车辆应不大于 150 N，对装有转向助力器的客车应不大于 120 N。当转向助力器失效时，转向力应不大于 490 N。路试检验方法为：汽车空载，在平坦、硬实、干燥和清洁的硬路面上，以 10 km/h的速度在 5 s 之内沿螺旋线从直线行驶过渡到直径为 24 m 的圆周上行驶，其间施加于转向盘外缘的最大切向力应不大于上述规定值。原地检测方法为：将汽车转向轮置于转角盘上，转动转向盘使转向轮达到原厂规定的最大转角，在全过程中用转向测力仪测得的转动转向盘的操纵力不得大于 120 N。

③ 操纵稳定性

汽车在转弯处加速行驶时，转向系应具有适度的不足转向特性，以使车辆具有正常的操纵稳定性。检查时由检验员转动转向盘至一定角度并维持不变，使汽车由低速逐渐加速行驶，此时汽车的行驶转弯半径应逐步变大。

另外，汽车的转向轮在转向过程中不得与车架、车桥、车身和各种拉杆、管路等有碰擦现象。

(4) 制动性能路试检验

汽车制动性能路试检验包括：汽车制动时的制动距离、制动加速度、制动稳定性和制动协调时间。汽车修理厂在二级维护竣工检验中，一般只检验制动踏板的自由行程、路试制动距离、制动稳定性和驻车制动性能等。

① 制动踏板自由行程的检查

汽车制动踏板的自由行程应符合原厂的技术要求。当踩下制动踏板，行车制动达到规定的制动效能时，踏板总行程不得超过全行程的 3/4；制动器装有自动间隙调节装置的车辆的踏板总行程不得超过全行程的 4/5；座位数小于或等于 9 的载客汽车踏板行程不得超过 120 mm，其他车辆不得超过 150 mm。对液压制动系统，在第一脚踏到底时制动力就应能达到最大值。

② 路试制动距离的检查

汽车路试制动性能应在平坦、硬实、清洁、干燥、轮胎与路面间的附着系数不小于 0.7 的水泥或沥青路面上进行。试车路面长度应足够长。制动时发动机与传动系统应脱离。

路试制动距离（汽车在规定的初速度下急踩制动踏板时，从脚接触制动踏板时开始到汽车停住时止汽车所驶过的距离）时的汽车初速度、制动距离长度的技术要求应符合 GB 7258—2008 的规定，如表 3-6-4 所示。当对空载路试结果有质疑时，可用满载路试的结果作为最终检验结果。路试时可采用非接触式速度计，直接测取制动距离、制动协调时间和充分发出的制动加速度等。

表 3-6-4 制动距离和制动稳定性要求

| 机动车类型 | 制动初速度 km·$h^{-1}$ | 满载检验制动距离要求 m | 空载检验制动距离要求 m | 试验通道宽度 m |
|---|---|---|---|---|
| 三轮汽车 | 20 | ≤5.0 | | 2.5 |
| 乘用车 | 50 | ≤20.0 | ≤19.0 | 2.5 |
| 总质量不大于 3 500 kg 的低速货车 | 30 | ≤9.0 | ≤8.0 | 2.5 |
| 其他总质量不大于 3 500 kg 的汽车 | 50 | ≤22.0 | ≤21.0 | 2.5 |
| 其他汽车、汽车列车 | 30 | ≤10.0 | ≤9.0 | 3.0 |

装有 ABS 制动系统的车辆，当车速高于 10 km/h 时，系统的报警灯应熄灭；在规定的初速度下急踩制动时，车轮应在无抱死状态下迅速停下来，且同一轴左右轮制动器的制动动作应一致，车辆无跑偏现象。制动完毕，放松制动踏板后，应能迅速解除车轮制动，不得影响汽车的再次起步。

③ 路试制动稳定性

路试紧急制动时，汽车应能按原行驶方向迅速减速并停止，不能有侧滑、甩尾或跑偏现象。具体检测方法为：根据不同车辆按照表 3-6-4 的要求，在试车道上画出一条宽度为 2.5 m或 3.0 m 的限制线，再将汽车在试车道线内加速至表 3-6-4 规定的初速度，保持汽车直线行驶方向不变，然后作紧急制动，此时车身外缘部位不得触及或超出宽度限制线，否则为不合格。

④ 路试驻车制动性能

在空载状态下，驻车制动装置应能保证机动车在坡度为 20%（对总质量为整备质量的 1.2 倍以下的机动车为 15%）、轮胎与路面间的附着系数不小于 0.7 的坡道上正、反两个方向保持固定不动，其时间不应小于 5 min。对于允许挂接挂车的汽车，其驻车制动装置必须能使汽车列车在满载状态下能停在坡度为 12%的坡道（坡道上轮胎与路面间的附着系数不应小于 0.7）上。

汽车驻车制动的操纵装置必须留有足够的储备行程，一般应在操纵装置全行程的 2/3 以内达到规定的制动性能。驻车制动机构有自动调节装置的，允许在操纵装置全行程的3/4 以内达到规定的制动性能。棘轮式驻车制动操纵装置，允许来回拉动驻车操纵杆 3 次以内达到规定的制动性能。

施加于操纵装置上的力：手操纵时，对于座位数小于或等于 9 的载客汽车应不大于 400 N，其他车辆应不大于 600 N；脚操纵时，对于座位数小于或等于 9 的载客汽车应不大于 500 N，其他车辆应不大于 700 N。

(5) 滑行性能路试检验

整车滑行性能的路试检验，应选择在平坦（纵向坡度不大于 1%）、干燥和清洁的硬路面上，风速不大于 3 m/s。受检车应空载，门窗关闭，轮胎气压正常。当被检车的行驶车速高于 30 km/h 后，置变速器于空挡，让车辆滑行，待车速降至 30 km/h 时，用速度计或第五轮仪开始测量，其间不准移动转向盘，直到车辆停止，记录其间的滑行距离，至少往返各检测一次，其往返滑行距离的平均值应符合表 3-6-5 的规定。

**表 3-6-5　整车滑行性能的路试往返滑行距离的平均值**

| 汽车整备质量($m$)/kg | 双轴驱动车轮滑行距离/m | 单轴驱动车轮滑行距离/m |
|---|---|---|
| $m<1\,000$ | ≥104 | ≥130 |
| $1\,000\leqslant m\leqslant 4\,000$ | ≥120 | ≥160 |
| $4\,000<m\leqslant 5\,000$ | ≥144 | ≥180 |
| $5\,000<m\leqslant 8\,000$ | ≥184 | ≥203 |
| $8\,000<m\leqslant 11\,000$ | ≥200 | ≥250 |
| $m>11\,000$ | ≥214 | ≥270 |

**3. 汽车二级维护竣工综合性能检测**

根据交通运输部 2001 年第 4 号部令《关于修改〈道路运输车辆维护管理规定〉的决定》中关于“二级维护竣工检测主要是对二级维护及其附加作业项目的作业质量进行检测评定，由汽车综合性能检测站按标准进行，出具的检测报告，作为维修企业的质量检验员签发出厂合格证的依据之一”的条文，汽车二级维护的竣工出厂检验应由当地道路运政管理机构认定资质的汽车综合性能检测站来执行。

汽车综合性能检测是指在不解体的情况下，对车辆的安全性(制动、侧滑、前照灯、转向等)、动力性(发动机输出功率、汽车底盘输出功率)、可靠性(异响、磨损、变形、裂纹等)及噪声和废气排放等技术状况，通过检测线的仪器、设备来进行台架检测，并由计算机打印出准确、公正的检测报告。检测结论的合格与否，是汽车维修企业能否签发车辆二级维护竣工出厂合格证的依据之一，也是汽车维修行业管理部门考核汽车维修企业年度维修质量的依据之一。所以汽车维修企业在对车辆按期进行二级维护作业竣工以后，必须将被维护的车辆送到当地道路运政管理机构认定资质的汽车综合性能检测站，按国家或行业的有关技术标准进行竣工检验。

(1) 送检前的准备

① 车辆准备。送检车辆应在汽车修理厂内完成规定的二级维护作业内容及附加作业项目，配齐应配的附件，经本厂专职检验人员的检查和路试检验合格，将车辆外表、底盘、轮胎等清洁干净以后才能送检。

② 资料准备。车辆送检时应带齐车辆维修合同书、进厂检验单、附加作业项目表、维护过程检验单、厂内竣工检验单和《车辆技术档案》等。

③ 证件准备。送检时应向汽车综合性能检测站提供“机动车行驶证”、“道路运输证”，以及道路运政管理部门要求的表格或证明等。

(2) 综合性能检测流程

① 车辆进场。送检车进入汽车综合性能检测站以后，停放在指定的待检区域。

② 登记缴费。汽车维修企业的总检验员携带“机动车行驶证”、“道路运输证”、“车辆技

术档案”及有关表格或证明到检测站业务厅办理申请检测的登记、缴费手续。

③ 车辆外观检查。汽车维修企业总检验员将被检车移交给检测站的检测员，并协助检测人员做好车辆外观检查工作。

④ 上线检测。检测站的引车员将外观检查合格的车辆开上检测线进行不解体的综合性能检测。上线检测的主要项目及流程一般为：底盘间隙检查＋排放污染物检测＋车速表检测＋轴重、制动检测＋转向轮侧滑检测＋悬架振动检测＋前照灯、喇叭声级检测＋发动机输出功率＋底盘输出功率、滑行性能检测＋燃油消耗检测＋转向性能、车轮定位检测＋车厢密封性能检测等。检测过程由计算机自动控制并自动采集数据，引车员根据显示屏提示进行操作。车辆下线后，计算机自动打印出检测结果并判断其是否符合标准限值。

⑤ 出具检测报告。汽车维修企业总检验员领取检测报告。检测结论合格的，可以签发车辆二级维护竣工出厂合格证；如果不合格，汽车维修企业应针对不合格项目进行调整或修理，经人工检查、路试检验合格后，再申请上线复检，直至合格为止。

**4. 汽车二级维护竣工检验单**

汽车二级维护竣工后，需填写二级维护竣工检验单，常见的二级维护竣工检验单如表 3-6-6 所示。

**表 3-6-6　二级维护竣工检验单**

| | | | | | |
|---|---|---|---|---|---|
| 车牌号码 | | 车型 | | 发动机号码 | |
| 车架号或 VIN 号码 | | | | 送检时间 | |
| 二级维护竣工检验项目及要求 | | | | | |
| 序号 | 检验部位 | 检验项目 | 技术要求 | 检验方法 | 检验结果 |
| 1 | 整车 | 1 清洁 | 汽车外部、各总成外部、三滤应清洁 | 检视 | |
| | | 2 面漆 | 车身面漆、腻子无脱落现象，补漆颜色应与原色基本一致 | 检视 | |
| | | 3 对称 | 车体应周正，左右对称 | 汽车平置检查 | |
| | | 4 紧固 | 各总成外部螺栓、螺母按规定力矩扭紧，锁销齐全有效 | 检查 | |
| | | 5 润滑 | 发动机、变速器、转向器、减速器润滑符合规定，各通气孔畅通。各部润滑点润滑脂加注符合要求，润滑脂嘴齐全有效，安装位置正确 | 检视 | |
| | | 6 密封及电器 | 全车无油、水、气泄漏，密封良好，电器装置工作可靠，绝缘良好 | 检视 | |
| | | 7 前照灯、信号、仪表、刮水器、后视镜等装置 | 稳固、齐全、有效，符合有关规定 | 检视 | |

**续 表**

| 序号 | 检验部位 | 检验项目 | 技术要求 | 检验方法 | 检验结果 |
|---|---|---|---|---|---|
| 2 | 发动机 | 1 发动机工作状况 | 发动机能正常起动，低、中、高速运转均匀及稳定，水温正常，加速性能良好，无断缸、回火、放炮等现象，发动机运转稳定后应无异响 | 路试 | |
| | | 2 发动机功率 | 无负荷功率不小于额定值的 80% | 检测 | |
| | | 3 发动机装备 | 齐全有效 | 检视 | |
| 3 | 离合器 | 1 踏板自由行程 | 符合原厂规定 | 检 测 | |
| | | 2 离合情况 | 按合平稳，分离彻底，无打滑、抖动及异响 | 路试 | |
| 4 | 转向系 | 1 转向盘最大转动量 | 符合规定 | 检查 | |
| | | 2 横直拉杆装置 | 球头销不松旷，各部螺栓螺母紧固，锁止可靠 | 检查 | |
| | | 3 转向机构 | 操作轻便、转动灵活，无摆振、跑偏等现象，车轮转到极限位置时，不得与其他部件有碰擦现象 | 路试 | |
| | | 4 前束及最大转向角 | 符合规定 | 检测 | |
| | | 5 侧滑 | 符合 GB 7258 中的有关规定 | 检测 | |
| 5 | 传动系 | 变速器、传动轴、主减速器 | 变速器操纵灵活，不跳挡，不乱挡。变速器传动轴、主减速器各部无异响，传动轴装配正确 | 路试 | |
| 6 | 行驶系 | 1 轮胎 | 轮胎磨损应在规定范围内，同轴轮胎应为相同的规格和花纹，转向轮不得使用翻新轮胎，轮胎气压符合规定，后轮辋孔与制动鼓观察孔对齐 | 检查 | |
| | | 2 钢板弹簧 | 钢板弹簧无断裂、位移、缺片 U 型螺栓紧固，前后钢板支架无裂纹及变形 | 检查 | |
| | | 3 减震器 | 稳固有效 | 路试 | |

## 工作任务

熟悉汽车二级维护的流程及作业内容，并回答以下问题：

(1) 汽车维护有哪些类型？

(2) 汽车各级维护的作业要求是什么？

(3) 汽车二级维护前要做哪些质量检验？

(4) 汽车二级维护过程中的质量检验包括哪些内容？

(5) 汽车二级维护竣工后需要做哪些检验？

(6) 汽车二级维护整个过程中需要填写哪些表格？

## 评价反馈

表 3-6-7　自我评价及小组评价项目表

| 序　号 | 评价项目 | 自我评价 | 小组评价 |
|---|---|---|---|
| 1 | 是否知晓汽车维护的类型？ | | |
| 2 | 是否知晓汽车维护的作业要求？ | | |
| 3 | 是否知晓汽车各级维护的作业流程？ | | |
| 4 | 是否熟悉汽车维护中用到的主要标准及规范？ | | |
| 5 | 是否能够填写汽车二级维护进厂检验单？ | | |
| 6 | 是否能够填写汽车二级维护过程检验单？ | | |
| 7 | 是否能够填写汽车二级维护竣工检验单？ | | |
| 8 | 学习过程是否主动并能深度投入？ | | |
| 9 | 学习过程中是否具有团队精神？ | | |

参与评价的同学签名：____________　　　　____年____月____日

# 学习情境七　汽车修理质量检验

## 情景描述

汽车在使用过程中，可能会由于驾驶员操作失误、道路交通事故或者零部件本身的质量等问题而产生故障，从而影响了汽车的正常行驶。此时需要到专门的售后服务中心、特约维修站或者综合性修理厂进行修理。作为从事汽车维修的你，如何才能保证汽车的修理质量呢？

## 学习目标

通过本情景的学习，需要做到：

(1) 熟悉汽车修理的基本知识；

(2) 能够对修理之前的汽车进行质量检验；

(3) 熟悉汽车修理过程中的质量检验；

(4) 能对修理竣工的汽车进行竣工质量检验；

## 知识准备

## 一、汽车修理的基本知识

我国现行的汽车修理制度为视情修理制度，它是建立在车辆定期检测制度和车辆状态检测维护制度基础上的一种修理制度。

**1. 汽车修理的类型**

我国目前的汽车修理按作业范围分为车辆大修、总成大修、车辆小修和零件修理等四种类型。

（1）车辆大修

车辆大修是新车或经过大修后的车辆，在行驶一定里程（或时间）后，经过检测诊断和技术鉴定，用修理或更换车辆零部件（包括基础件）的方法，以恢复汽车的动力性、经济性和可靠性，保证车辆完好技术状况和工作能力为目的，使车辆完全或者接近完全恢复车辆使用寿命的恢复性修理。

车辆大修是一种对汽车进行完善的全面性修理，需将汽车全部零件拆散、清洗、检查，然后对零件进行更换、修复和装配。因此，必须严格按照汽车修理技术规范进行修理，以保证车辆及其部件的修理质量。

（2）总成大修

总成大修是总成经过一定使用里程（或时间）后，基础件和主要零件破裂磨损、变形，需要拆散进行彻底修理或更换，以恢复其完好技术状况和使用寿命的恢复性修理。总成大修是车辆大修的基础，因此总成是否需要大修，也就间接地决定了车辆是否需要大修。

（3）车辆小修

车辆小修是用修理或更换个别零件的方法，保证或恢复车辆工作能力的运行性修理。其目的在于消除车辆运行中发生的临时故障和发现的隐患及局部损伤。由于故障的发生具有随机性，因此车辆小修作业一般不易事先计划，但又必须及时进行，否则，将影响汽车正常运行。车辆小修又分为四种类型：计划性小修、临时性小修、事故性小修和责任性小修。

（4）零件修理

零件修理是对因磨损、变形、损伤等不能继续使用的零件进行的修理，是恢复汽车的零件性能和使用寿命的作业。零件修理在保证恢复零件性能和使用寿命的同时，应遵循经济合理的原则。它是修旧利废，节约原材料和能源，降低汽车维修费用的重要措施。

**2. 汽车修理作业的基本方法**

汽车修理作业的基本方法分为就车修理法和总成互换修理法两种。

（1）就车修理法

就车修理法是指汽车在修理过程中，从车上拆下的总成、组合件、零件，除换用新零件外，原车的其他总成、组合件、零件经修理后仍装回原车，这种修理方法称为就车修理法。

由于各总成、组合件、零件的损坏程度不同，修理工作量和所需修复的时间也各不相同，因而经常影响修理装配工作的连续性，且修理周期较长。对修理车型复杂、送修单位不一的小型修理厂大多采用这种方法。

（2）总成互换修理法

总成互换修理法是指汽车在修理过程中，除车架或客车车身应原件修复外，其余需修总成(或组合件)都可用周转总成(或组合件)代用。也就是说,只要车架或车身修复后,就可用其他互换总成来装配汽车,换下的总成另行安排修理,修竣后补充到周转总成库,以备下次使用。这种修理方法称为总成互换修理法。这种修理方法由于利用了周转总成(或组合件),可以保证修理工作的连续性,缩短停厂车日,并可对总成组织专业化修理,提高修理质量。它适用于车型单一、送修单位较集中的大型修理厂。

**3. 汽车大修时的修理工艺过程**

汽车修理可分成许多工艺作业,按规定顺序完成这些作业的过程称为工艺过程。由于修理的基本方法不同,其工艺过程也不相同。

(1) 就车修理时的大修工艺过程

汽车经验收并进行外部清洗后,拆成总成,然后再拆成零件,并加以清洗。零件经检验后区分为可用的、不可用的和需修的三类,可用的零件送去配套库,需修的零件送到零件修理车间,修复后再送到配套库,当一辆车的零部件配套齐全后,送总成装配车间进行总成装配和试验,最后将试验合格的总成,进行总装,并以路试调整消除缺陷后,进行外表喷漆等作业后交车。采用就车修理时的汽车大修工艺过程如图 3-7-1 所示。

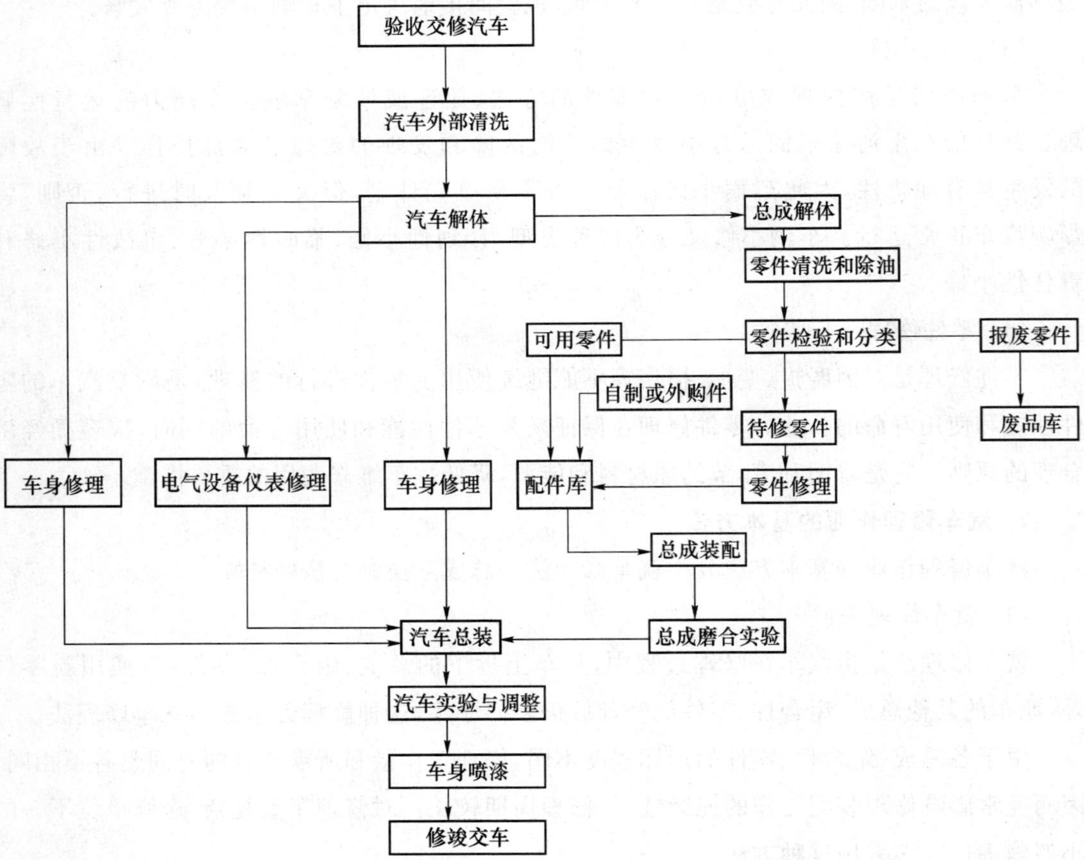


图 3-7-1　就车修理时的汽车大修工艺过程

(2) 总成互换修理时的大修工艺过程

采用总成互换修理法时,其大修工艺过程如图 3-7-2 所示,汽车大修时将验收并经外部清洗的汽车拆成总成,修理汽车的车架,然后用备用总成库的周转总成、部件和组合件装配成汽车,而拆下的总成经拆、检和分类修理后,进行总成装配和试验,合格的修竣总成交备用总成库,以备其他车辆修理时使用。

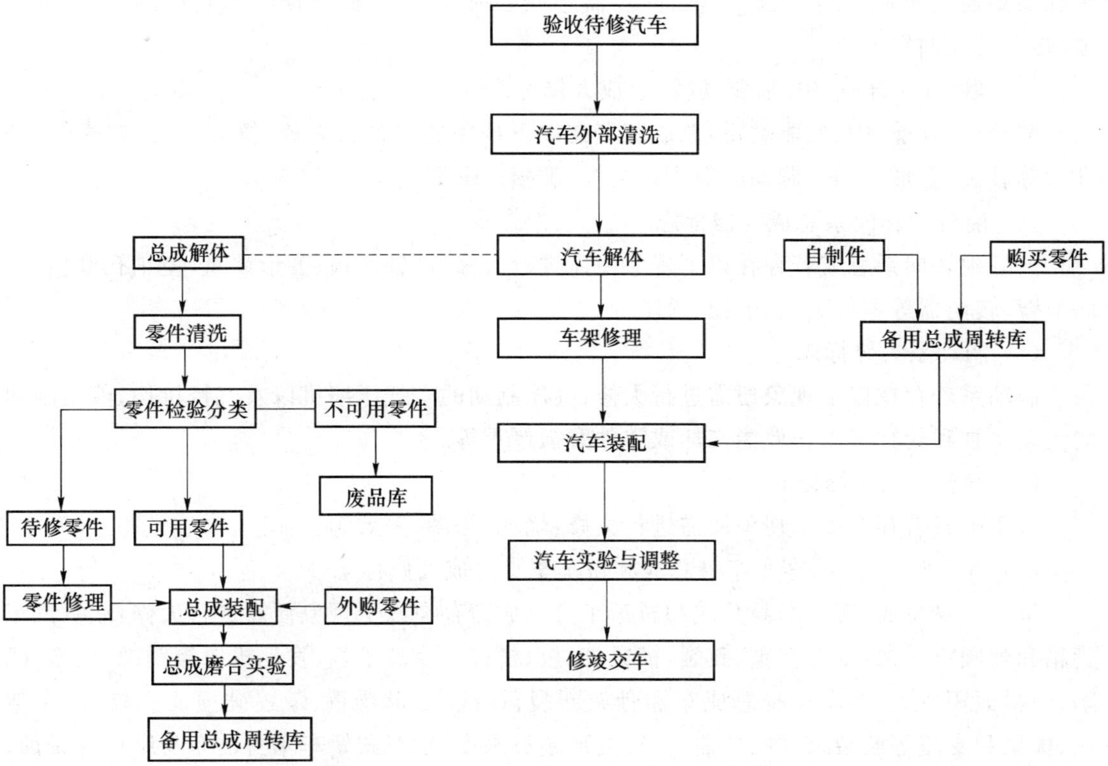


图 3-7-2　总成互换修理时的汽车大修工艺过程

**4. 汽车整车大修送修标志**

(1) 载货汽车大修送修标志。发动机附离合器总成和车架总成中,任何一个总成需要大修,同时,前桥附转向器总成、变速器附传动轴总成、后桥(包括中桥)总成、车身总成等总成中有一个总成或一个总成以上需要大修,即可组织大修。

(2) 客车大修送修标志。客车以车厢为主,而发动机附离合器等总成中又有一个总成需要大修,即可组织大修。

(3) 挂车大修送修标志。挂车车架(包括转盘)、前轴、后轴、货箱四个主要总成中,若车架和其他任何一个总成需要大修,即可组织大修;客车牵引的半挂车和铰接式大客车,按照汽车大修的标志与牵引车同时进厂大修。

**5. 汽车总成大修送修标志**

(1) 发动机附离合器总成大修标志

发动机附离合器总成若存在以下现象便需进行大修:气缸磨损已超过极限,其圆柱度误差已达到0.175～0.250 mm,或圆度误差已达到0.050～0.063 mm(以其中磨损量最大的一个气缸为准);最大功率或气缸压力比标准降低25%以上;燃油和润滑油消耗量显著增加;零部件严重磨损或损坏造成异响。

(2) 变速器和分动器总成附传动轴总成大修标志

变速器和分动器总成附传动轴总成若存在以下现象便需进行大修:壳体破裂、变形,轴承孔磨损超过极限,变速齿轮及轴、同步器恶性磨损或损坏,需要彻底修复;万向节严重磨损,传动轴弯曲等。

(3) 驱动桥(含前、中、后驱动桥)总成大修标志

驱动桥(含前、中、后驱动桥)总成若存在以下现象便需进行大修:桥壳、差速器壳、半轴套管等破裂、变形,齿轮、制动鼓等零件磨损、破损严重等。

(4) 前桥附转向系总成大修标志

前桥附转向系总成若存在以下现象便需进行大修:前轴裂损、变形严重,主销孔磨损,转向节臂、转向器等零件破裂、磨损、松旷等。

(5) 制动系大修标志

制动系若存在以下现象便需进行大修:气压制动的空气压缩机以及气控机构,液压制动的制动主缸和轮缸等工作效能变坏或零件磨损严重等。

(6) 汽车电气大修标志

汽车电气若存在以下现象便需进行大修:烧坏、松动、失效等。

(7) 货车车身总成、客车车身总成和轿车车身总成大修标志

货车车身总成、客车车身总成和轿车车身总成若存在以下现象便需进行大修:载货汽车货箱和驾驶室锈蚀、变形严重、破裂,横梁、底板、栏板以及翼子板、发动机罩等锈蚀、变形、凹陷、破损面积较大;客车车身总成车厢骨架断裂、锈蚀、变形严重、蒙皮破损面积较大;车架纵、横梁和支座等断裂、锈蚀、弯曲,扭转变形超过限度;承载式轿车车身的车身结构件锈蚀、变形严重或顶盖、后翼子板等车身覆盖件出现大面积损伤。

## 二、汽车整车大修质量检验

### 1. 汽车整车大修之前的质量检验

汽车修理之前的质量检验即汽车进厂检验,送修车辆的进厂检验是进厂检验员代表厂方验收待修车辆,可由质量检验部门的专职检验员配合前台业务人员完成,也可直接由前台业务人员兼任。其目的是为了检查送修车辆的装备残缺情况和鉴定送修车辆的实际技术状况,从而为汽车维修提供详尽的纲目和清单,确保汽车维修过程的顺利进行。

进厂检验的主要内容有:审视和查核驾驶员的报修项目,查阅该车技术档案和上次维修技术资料;清点汽车进厂时的装备残缺情况,做好送修车辆的进厂交接(填写汽车维修接车单,如表3-7-1所示),办理进厂交接手续;检测和诊断送修车辆在进厂维修前的实际技术状况(填写汽车大修进厂检验单,如表3-7-2所示),以确定汽车维修项目、附加修理作业及其维修方法,并由此签订《汽车维修合同》(如表3-7-3所示)等。

**表 3-7-1　汽车维修接车单**

年　月　日　　　　　　　　　　　　　　　　　NO.

| | | | |
|---|---|---|---|
| 托修单位 | | | |
| 车号 | | 车型 | |
| 进厂时间 | | 交车时间 | |
| 接车人 | | 结算方式 | |
| 发动机号 | | 维修类别 | |
| VIN 码 | | | |

外观确认：

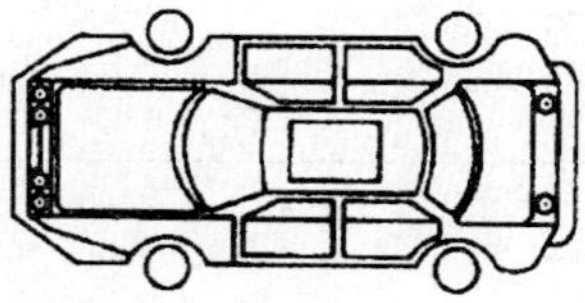

备注：　刮伤一　凹陷○　破裂△

备　注：

客户认签：……………………

电　话：……………………

| | |
|---|---|
| 证号 | 行驶证□　附加费□　保险证□<br>路费证□　油　卡□　钥　匙□ |
| 室内 | 点烟器□　CD 音响□　内视镜□　后视镜□　座套□ |
| 玻璃 | 前□　后□　左□　右□　烟缸□ |
| 灯具 | 前左灯□　前右灯□　后左灯□　后右灯□ |
| 标志 | 牌照□　前□　后□　左□　右□ |
| 轮盖 | 前左□　前右□　后左□　后右□ |
| 附件 | 刮水器□　天线□　左倒镜□　右倒镜□　脚垫□ |

| | | | | | |
|---|---|---|---|---|---|
| 随车工具 | 备胎□　工具□　千斤顶□<br>其他（　　　　） | 公里数 | | 油料 | F　E |

轮胎螺钉紧固：　　　　签名：

声名：1. 我厂工单所列的修理项目，客户已确认并愿意支付有关项目更换的零件款及修理费。

2. 事故车、车壳翻新、拆装前后风窗玻璃、如有损坏，我厂概不赔偿。

3. 客户自带配件，我公司按 10% 收取管理费。

4. 车内贵重物品请客户自行带走，如有遗失，恕不负责。

机修项目：

1 ……………………

2 ……………………

3 ……………………

4 ……………………

5 ……………………

主修：　完成时间：

电气项目：

1 ……………………

2 ……………………

3 ……………………

4 ……………………

主修：　完成时间：

钣金项目：

1 ……………………

2 ……………………

3 ……………………

4 ……………………

主修：　完成时间：

涂装项目：

1 ……………………

2 ……………………

3 ……………………

4 ……………………

主修：　完成时间：

检验状况：

总检：　竣工______日______时

| | |
|---|---|
| 预计材料费： | 万　千　百　拾　元 |
| 预计工时费： | 万　千　百　拾　元 |
| 合　　计： | 万　千　百　拾　元 |

地址：　　　　　　服务热线：　　　　　　传真：

**表 3-7-2　汽车大修进厂检验单**

| | | | |
|---|---|---|---|
| 进厂日期 | | 进厂编号 | |
| 厂牌车型 | | 牌照号码 | |
| 发动机型号及号码 | | 车架号码 | |
| 送修单位 | | 单位地址 | |
| 联系电话 | | 送修人 | |
| 用户报修项目及车况介绍 | 此车是驶入或拖入：________总行驶里程：________ km<br>已进行过整车大修________次　发动机大修________次<br>进厂前主要问题是________此次要求________ | | |
| 检查发现的主要问题及重点修理部位 | | | |

整车装备及附属设施(完整"√"缺少"○"损坏"×")

| | 检验项目 | 检验结果 | 检验项目 | 检验结果 | 检验项目 | 检验结果 |
|---|---|---|---|---|---|---|
| 车内附属设备 | 收(录)音机 | | 点烟器 | | 电风扇 | |
| | CD机 | | 座套 | | 转向盘套 | |
| | 天线 | | 坐(靠)垫 | | 遮阳板 | |
| | 电视、音响 | | 脚垫 | | 防盗锁 | |
| | 车载电话 | | 前后标 | | 仪表盘 | |
| | 钥匙 | | 饰物 | | 随车工具 | |
| 底盘部分 | 离合器 | | 转向机构 | | 前、后桥 | |
| | 手动变速器 | | 转向操纵机构 | | 横拉杆 | |
| | 传动轴 | | 转向传动机构 | | 减振器 | |
| | 驱动桥 | | 车架及车身 | | 制动系 | |
| | 分动器 | | 内外蒙皮 | | 手制动系 | |
| 电气 | 灯光 | | 暖风马达 | | | |
| | 仪表 | | 防盗系统 | | | |
| | 电气线路 | | 低压报警器 | | | |
| 其他 | 驾驶室 | | 内外装饰 | | | |
| | 客车车厢 | | 油漆涂层 | | | |
| | 门窗玻璃 | | 备胎 | | | |

备注：

进厂检验员签字：

**表 3-7-3　汽车维修合同**

合同编号：

×××市机动车维修合同

甲方(托修方)：____________________乙方(承修方)：________________________

根据《中华人民共和国合同法》、《×××市机动车维修业管理条例》等法律、法规的规定，甲乙双方在平等、自愿、公平、诚实信用的基础上，就机动车维修事宜达成协议如下：

一、托修车辆基本信息：

| 车牌号码 | 车辆类型 | 厂牌型号 | 颜色 | 发动机号 | VIN 代码/车架号 | 上牌照日期 | 行驶里程 |
|---|---|---|---|---|---|---|---|
| | | | | | | | |

二、维修类别与项目：

乙方应当对承修车辆进行维修前诊断检验，提出需要维修的类别和项目，填写《×××市汽车维修行业车辆维修预检交接单》、《×××市汽车维修行业车辆维修委托书》；若是事故车辆，须填写《×××市汽车维修行业事故车辆修理(拖车、拆检、委托定损、修复)委托书》。

三、维修配件材料：

乙方使用的维修配件应当附有产品质量检验合格证明，并粘贴配件经销质保凭证；若甲方自备配件的，乙方应当查验配件产品质量合格证明和配件经销质保凭证。

| | |
|---|---|
| 车辆维修需更换的配件由承修方提供 | 原厂配件□、副厂配件□、修复配件□ |
| 车辆维修需更换的配件由托修方提供 | 原厂配件□、副厂配件□、修复配件□ |
| 承、托修双方混合提供配件应另附清单说明 | |

四、维修预算金额(概算费用)：

1. 工时定额和结算收费执行标准：

经向行业管理部门备案后的机动车生产厂家公布的标准□　　《×××省汽车维修行业工时定额和收费标准》□

经向行业管理部门备案后的企业自行制定的标准□

工时单价__________元。

2. 维修预算费用：__________元，其中：工时费__________元；材料费__________元。

五、接车、交车日期：

| | | | | | | | |
|---|---|---|---|---|---|---|---|
| 接车日期 | 年　月　日 | 接车地点 | | 交车日期 | 年　月　日 | 交车地点 | |

六、验收方式及验收标准：

| | |
|---|---|
| 验收方式 | 托修方当场验收并签字确认□ |
| 验收标准 | 经竣工检验符合：国家标准□、地方标准□、原厂标准□ |

七、质量保证期：

| | |
|---|---|
| 质量保证期 | 二级维护□、总成修理□、整车修理□<br>质量保证期为：车辆行驶________公里或者________日<br>国家标准：整车修理或总成修理质量保证期为车辆行驶 20 000 公里或者 100 日；二级维护质量保证期为车辆行驶 5 000 公里或者 30 日(质量保证期中行驶里程和日期指标，以先达到者为准) |

**续 表**

八、结算方式：

人民币现金结算□　　　　转账支票结算□　　　　其他方式□

九、其他约定：

| | | | |
|---|---|---|---|
| 维修过程中追加维修项目 | | | |
| 追加维修工时费和材料费 | | 延长维修期限(天) | |
| | | 客户确认签字 | |

十、承、托修方在本合同履行过程中如发生争议，双方可协商解决或向辖区机动车维修行业管理部门申请调解；协商或调解解决不成的，1. 向×××仲裁委员会申请仲裁。□

2. 依法向人民法院起诉。□

十一、本合同正本一式两份，承、托修双方各执一份。本合同经承、托修双方签章后生效。

| | |
|---|---|
| 托修方(签章)：<br>法人代表或受委托人(签字)：<br>电话：<br>地址：<br>签约日期：　　年　　月　　日 | 承修方(签章)：<br>法人代表或受委托人(签字)：<br>电话：<br>地址：<br>签约日期：　　年　　月　　日 |

具体检验项目如下。

(1) 汽车外部检视

- 检视汽车的完整性，看装备是否齐全，外部有无损伤或渗漏；
- 查看基础件，如气缸体、变速器体、前桥、后桥、承载式车身或车架有无明显裂纹和变形；
- 检查悬挂机构、转向、传动、制动等安全机构是否松旷、变形、缺损；
- 检查轮胎的磨损程度及有无异常磨损现象，如有应查明原因；
- 检查车身及其附件、门窗玻璃、坐椅、靠背等有无缺漏或损坏。

(2) 汽车行驶检验

- 检查发动机运行情况，听有无异常响声，起动发动机，检查有无异响。检查各级运转速度是否稳定，排气是否有异常现象，机油压力和冷却液温度是否正常。
- 检查汽车起步情况，起步前查看各仪表的工作是否正常，转动转向盘检查游动间隙，检查离合器和制动踏板的自由行程，检查驻车制动器工作行程和储备行程，检查离合器是否有异响；汽车起步时检查离合器是否有打滑、发抖和分离不彻底现象，变速器是否挂挡困难或发响。
- 检查汽车在行驶中的情况，让汽车在不同工况下行驶，倾听发动机和传动系统有无异响，观察变速器是否有跳挡、变速杆发抖等现象；通过加速、减速运行，检查传动轴有无异响；检查汽车行驶时有无跑偏现象，制动时是否出现制动失灵或跑偏；检查转弯时转向机构是否灵活轻便，后桥是否有异响。

• 再次检查有无漏油、漏水和漏气等现象，并检查各总成温度是否正常。

(3) 汽车大修进厂检验单

应将外部检视和汽车行驶检验检查结果记录在汽车大修进厂检验单(如表 3-7-2 所示)中，除了外部检视和汽车行驶检验外还应利用经验和必要的诊断、检测技术对托修车辆进行全面、细致、认真的检验，确定维修方案，并完成汽车大修进厂检验单。

汽车大修进厂检验单应包括下列内容：进厂日期、进厂编号、厂牌车型、牌照号码、车架号码、发动机型号及号码、托修单位、送修车辆状态、里程表记录、托修方报修情况、车辆装备及附属设施情况、检验日期、承修方处理意见、检验员签字。检验单中字迹应清晰，项目齐全、完整，填写真实、正确。

**2. 汽车整车大修过程中的质量检验**

汽车修理过程中的质量检验可分为：汽车修理过程中的零件分类检验、汽车修理过程中的修理工艺监督检验、汽车修理过程中关键工序的质量检验与总成验收等。

(1) 零件分类检验

零件分类检验是汽车修理过程中的重要工序，因为它直接影响着汽车的修理质量和修理成本，它是指在汽车全部解体(整车拆成总成、总成拆成零件)并清洗后，为了便于移工配料和安排具体修理计划，由专职核料人员(或主修人)根据零件的损伤程度和零件分类检验规范，将所有零件分为可用、可修和可换三类。零件分类检验的主要依据是汽车修理技术规范中所规定的“大修允许”和“使用极限”。凡零件损伤尚在使用允许范围之内的则视为可用件；凡零件损伤超过使用允许值但仍可修复使用的则视为可修件；凡零件损伤严重已经无法修复，或者修复成本太高的则视为可换件(报废件)。

(2) 汽车修理工艺监督检验

汽车修理工艺监督检验是指从汽车解体、修理、装配，直到汽车维修竣工出厂全过程中的质量检验与质量监督。汽车修理过程检验是汽车修理质量保证中的最重要的环节，汽车修理企业若能抓好汽车修理过程检验，则汽车修理竣工出厂检验可以适当简化。

在我国汽车修理行业中，汽车修理过程中的质量检验与质量监督目前普遍采用三级质量检验的质量保证制度，即工位自检、工序互检和专职检验。

(3) 汽车修理过程中的检验项目

如上所述，汽车修理过程中的检验是质量控制的重要环节，其内容多、技术含量大。常见的检验项目如表 3-7-4 所示。

**表 3-7-4　汽车修理过程中的常见检验项目**

| 主要总成 | 检验项目 | | |
|---|---|---|---|
| 发动机零部件检验 | 1. 零件检验与分类 | (1) 零件的缺陷检验 | |
| | | (2) 零件的磨损与变形检验 | |
| | 2. 气缸体和气缸盖的检验 | (1) 气缸体和气缸盖变形检验 | |
| | | (2) 气缸体和气缸盖裂纹检验 | |
| | | (3) 气缸盖燃烧室容积测量 | |
| | | (4) 气缸的检验 | ① 气缸的磨损检验 |
| | | | ② 气缸修理后的技术状况检验 |
| | | (5) 气缸体和气缸盖螺纹孔的检验 | |
| | 3. 活塞连杆组的检验 | (1) 活塞的检验 | ① 活塞表面裂纹、划痕检验 |
| | | | ② 活塞环槽、销孔的磨损检验 |
| | | (2) 活塞环的检验 | ① 活塞环弹力检验 |
| | | | ② 活塞环偏光度检验 |
| | | | ③ 活塞环端隙检验 |
| | | | ④ 活塞环侧隙检验 |
| | | | ⑤ 活塞环背隙检验 |
| | | (3) 连杆的检验 | ① 连杆的探伤 |
| | | | ② 连杆弯曲、扭曲变形检验 |
| | | | ③ 连杆大小端轴承孔轴线相互位置误差的检验 |
| | | (4) 活塞连杆组装后的检验 | ① 活塞裙部椭圆的检测 |
| | | | ② 活塞裙部轴线对连杆大端孔轴线垂直度的检查 |
| | | | ③ 活塞连杆组质量检验 |
| | 4. 曲轴及轴承的检验 | (1) 曲轴常见的损伤及检验 | ① 曲轴轴颈的磨损和检验 |
| | | | ② 曲轴的变形和检验 |
| | | (2) 曲轴修后检验 | ① 曲轴飞轮凸缘的检验 |
| | | | ② 曲轴连杆轴颈回转半径的检验 |
| | | | ③ 曲轴的平衡检验 |
| | | (3) 曲轴轴承的检验 | ① 轴承常见损伤和检验 |
| | | | ② 轴承的选配和技术要求 |
| | | (4) 飞轮的检验 | ① 飞轮齿圈磨损检验 |
| | | | ② 飞轮与离合器接触工作面的磨损、擦伤检验 |
| | 5. 配气机构主要零件检验 | (1) 气门组零件检验 | ① 气门的损伤检验 |
| | | | ② 气门导管的磨损和检验 |
| | | | ③ 气门座的损伤检验 |
| | | | ④ 气门弹簧的检验 |
| | | (2) 气门传动组零件的检验 | ① 凸轮轴的损伤变形检验 |
| | | | ② 气门挺杆的检验 |
| | | | ③ 链轮、链条和齿形带的检验 |

**续 表**

<table>
<tr><th>主要总成</th><th colspan="3">检验项目</th></tr>
<tr><td rowspan="9">发动机零部件检验</td><td rowspan="5">6. 冷却、润滑系主要零部件检验</td><td rowspan="3">(1) 冷却系主要零部件检验</td><td>① 散热器的检验</td></tr>
<tr><td>② 节温器的检验</td></tr>
<tr><td>③ 水泵的检验</td></tr>
<tr><td rowspan="2">(2) 润滑系主要零部件检验</td><td>① 机油泵检验</td></tr>
<tr><td>② 机油滤清器的装配检验</td></tr>
<tr><td rowspan="4">7. 燃油供给系的检验</td><td rowspan="2">(1) 汽油机燃油系主要零部件检验</td><td>① 电喷发动机供油系统检验</td></tr>
<tr><td>② 化油器发动机供油系统检验</td></tr>
<tr><td rowspan="2">(2)柴油机供油系统主要零部件检验</td><td>① 喷油泵的柱塞偶件磨损检验</td></tr>
<tr><td>② 喷油泵的喷油试验</td></tr>
<tr><td rowspan="35">底盘主要零部件检验</td><td rowspan="2">1. 离合器检验</td><td colspan="2">(1) 离合器主要零部件检验</td></tr>
<tr><td colspan="2">(2) 离合器装配的检验</td></tr>
<tr><td rowspan="14">2. 变速器检验</td><td rowspan="4">(1) 变速器主要零部件检验</td><td>① 变速器壳体与上盖的检验</td></tr>
<tr><td>② 变速器轴、齿轮、轴承的检验</td></tr>
<tr><td>③ 同步器的检验</td></tr>
<tr><td>④ 分动器的检验</td></tr>
<tr><td rowspan="2">(2) 变速器装配后检验</td><td>① 各轴跳动及轴向间隙检验</td></tr>
<tr><td>② 各齿轮啮合间隙、端隙和啮合印痕的检验</td></tr>
<tr><td rowspan="3">(3) 手动变速器的磨合与试验</td><td>① 脱挡或跳挡检验</td></tr>
<tr><td>② 操纵机构可靠性检验</td></tr>
<tr><td>③ 异响、抖动、漏油和过热检验</td></tr>
<tr><td rowspan="5">(4) 自动液力变速器的性能检验</td><td>① 一般检查</td></tr>
<tr><td>② 道路试验</td></tr>
<tr><td>③ 失速试验</td></tr>
<tr><td>④ 油压试验</td></tr>
<tr><td>⑤ 延时试验</td></tr>
<tr><td rowspan="8">3. 万向传动装置检验</td><td rowspan="5">(1) 主要零部件的检验</td><td>① 传动轴损伤、弯曲检验</td></tr>
<tr><td>② 花键轴损伤和花键损伤检验</td></tr>
<tr><td>③ 万向节的损伤、磨损检验</td></tr>
<tr><td>④ 十字轴的损伤、磨损检验</td></tr>
<tr><td>⑤ 中间支撑及轴承的损伤、磨损检验</td></tr>
<tr><td rowspan="3">(2) 装配后的检验</td><td>① 轴向间隙检验</td></tr>
<tr><td>② 等速性检验</td></tr>
<tr><td>③ 传动轴总成动平衡检验</td></tr>
<tr><td rowspan="3">4. 驱动桥检验</td><td colspan="2">(1) 主要零部件检验</td></tr>
<tr><td colspan="2">(2) 驱动桥装配过程中的检验</td></tr>
<tr><td colspan="2">(3) 驱动桥的磨合与试验</td></tr>
<tr><td rowspan="3">5. 转向桥检验</td><td colspan="2">(1) 主要零部件检验</td></tr>
<tr><td colspan="2">(2) 转向桥与转向桥系装配后的检验</td></tr>
<tr><td colspan="2">(3) 转向动力装置的检验</td></tr>
<tr><td rowspan="5">6. 制动系检验</td><td rowspan="4">(1) 主要零部件的检验</td><td>① 制动鼓、制动盘的磨损变形检验</td></tr>
<tr><td>② 制动蹄片的磨损变形检验</td></tr>
<tr><td>③ 驻车制动盘的检验</td></tr>
<tr><td>④ 制动传动装置的检验</td></tr>
<tr><td colspan="2">(2) 制动系的装配检验</td></tr>
</table>

续表

| 主要总成 | 检验项目 | |
|---|---|---|
| 电气及电子设备的检验 | 1. 蓄电池的检验 | |
| | 2. 发电机的检验 | |
| | 3. 起动机检验 | |
| | 4. 照明、信号设备检验 | |
| | 5. 仪表、辅助设备检验 | |
| | 6. 电子控制系统检验 | ① 各种传感器的检验 |
| | | ② 主要工作件的检验 |
| | | ③ 修复后的工作状态测试 |
| 车身的检验 | 1. 载货汽车车架、驾驶室、货厢的损伤检验 | |
| | 2. 客车车身的检验 | |
| | 3. 轿车车身的检验 | |
| | 4. 车身涂装检验 | |

**3. 汽车整车大修竣工质量检验**

(1) 汽车修理竣工出厂检验

汽车修理竣工出厂检验属于成品检验,它是按汽车修理质量要求的动力性、可靠性、安全性、经济性和环保性进行的综合性检验,以确保汽车修理的最终质量。汽车修理竣工出厂检验应由专职总检验员负责,以代表用户验收车辆。汽车修理竣工出厂检验可分初检、复检和路试三个阶段。初检通常由车间检验人员负责,初检中所发现的问题只作为汽车修理过程中的收尾问题,由车间检验人员及调度人员督促完成。完成后进行复检,复检中所发现的问题即作为汽车修理过程中的质量问题,应责令主修人或主修班组返工。最后的复检及路试由出厂质量检验人员会同用户共同进行。竣工车辆的路试检验可分为路试前、路试中、路试后三个检验验收阶段,其工艺流程如图 3-7-3 所示。

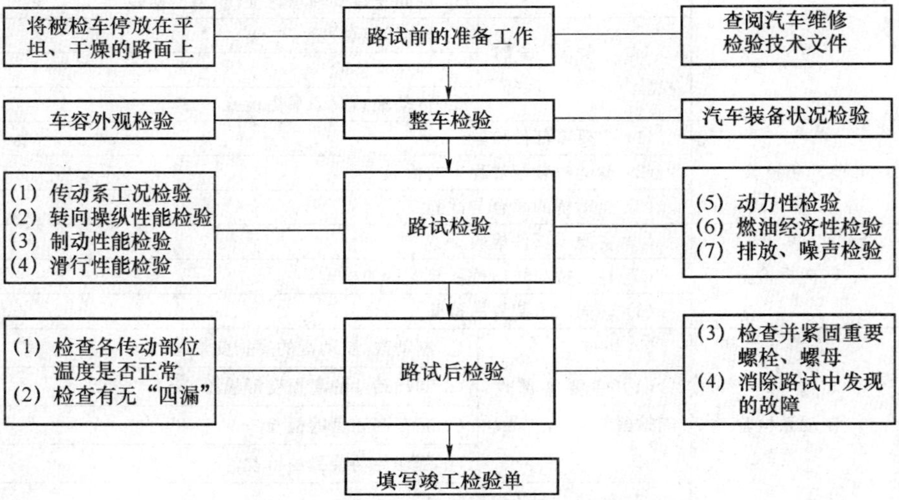


图 3-7-3　汽车路试检验工艺流程

(2) 路试前检验

在汽车路试前，在静态下进行车辆外观检查和发动机空载检验。内容包括：

- 汽车外观是否整洁，整车各总成和附件应符合规定技术条件，如装备是否齐全良好，各部连接是否牢固，装配是否齐全正确，散热器、发动机、驾驶室等各连接支撑、坐垫以及后视镜、门锁等是否按规定装配齐全、完整、锁止可靠；各种注油嘴是否装配齐全有效，各润滑部位是否润滑正常等。
- 油、水、气、电是否加足，有无“四漏”现象。
- 发动机空转试验，是否起动容易、怠速平稳；在各种转速下发动机运转有无异响、油电路是否有故障，工作温度及机油压力是否正常。
- 仪表开关、电气设备，包括各种管路、线路和接头是否安装正确和卡固良好，各种灯光信号标志是否齐全有效，反应是否灵敏。
- 轮胎气压是否压常。

(3) 路试中检验

路试中检验主要是检查整车在各种行驶工况下（如起步、加减速、换挡和滑行以及紧急制动等），其加速性能、滑行性能、制动性能是否良好，发动机及底盘各部是否有异响，操纵机构是否灵敏轻便，百公里耗油是否超耗，噪声和废气排放是否超标等。

(4) 路试后的检验和验收

汽车在路试检验后，应复检在路试中所发现的异常现象（如异响和异热），并由主修人负责排除经路试检测所发现的缺陷和不足。在排除故障、重新调试并复检合格后，由出厂检验员作出明确的质量鉴定，否则应重新检验汽车各部的修理及装配质量，并按汽车修理竣工检验规定重新检验。最后应使车辆外观整洁，机件齐全可靠，操纵灵活轻便，动力性和经济性良好，技术性能达到规定指标，使用户满意。在竣工检验和验收后，应由总检验员填好出厂检验记录，签发《竣工检验出厂合格证》，并收集该汽车在修理过程中发生的所有原始记录及技术资料（如进厂检验记录及交接清单、派工调度记录、工时及材料消耗记录、修理过程记载、总成装配测试记录及验收记录、出厂检验记录等），签发《汽车出厂合格证》并在向车方交车时（应有车方或用户指定的第三方代表参加验收）代表厂方办理车辆出厂交接手续。

(5) 汽车修理竣工出厂验收标准

汽车修理竣工出厂检验是汽车修理竣工后对汽车修理质量的综合考核，也是鉴定汽车技术状况的重要环节。不管汽车进厂时其车况和残缺如何，也不管汽车修理过程是如何进行的，汽车修理出厂竣工检验只能按照汽车修理类别所规定的作业项目及所应达到的技术要求和质量标准来验收车辆。

凡经过汽车大修作业的汽车或总成，应根据国家标准 GB/T 3798.1—2005《汽车大修竣工出厂技术条件第 1 部分：载客汽车》、GB/T 3798.2—2005《汽车大修竣工出厂技术条件第 2 部分：载货汽车》、GB/T 3799.1—2005《商用汽车发动机大修竣工出厂技术条件第 1 部分：汽油发动机》、GB/ T3799.2—2005《商用汽车发动机大修竣工出厂技术条件第 2 部分：柴油发动机》和 GB7258—2008《机动车运行安全技术条件》等进行汽车维修竣工出厂验收。凡未经过汽车大修作业的汽车或总成，应按 GB7258—2008《机动车运行安全技术条件》和

GB/T 18344—2001《汽车维护、检测、诊断技术规范》的规定进行汽车维修竣工出厂验收。

(6) 汽车整车大修竣工技术要求

① 基本要求

- 整车外观应整洁、完好、周正，附属设施及装备应齐全、有效。
- 主要结构参数符合原设计规定，由修理改变的整备质量，应不超过新车出厂额定值的3%；左右轴距差不得大于原设计轴距的1%。
- 各部运行温度正常，各处无漏油、漏水、漏电、漏气现象。
- 各仪表运行正常，指示正确。
- 发动机、底盘等各总成均应按原设计规定喷(涂)漆。
- 润滑及其他工作介质的使用要求：各注油嘴应装配齐全、功能有效，各总成应按原设计规定加足润滑剂；动力转向装置、变速器、分动器、主减速器、液力传动装置、发动机冷却系统、气压制动防冻装置、液压制动装置、空调冷媒、风窗清洗装置等均应按原设计要求，加注规定品质与数量的介质。
- 各总成与车架连接部位的支撑坐垫应齐全，固定可靠。
- 全车所有螺栓、螺母应装配齐全，锁止可靠；关键部位螺栓、螺母的拧紧顺序和拧紧力矩应符合原制造厂的维修技术要求；一般紧固件应牢固可靠，不得有松动、缺损现象；一次性锁止螺栓不得重复使用。
- 各铆接件的接合面应贴合紧密；铆钉应充满钉孔、无松动；铆钉头不应有裂纹、缺损或残缺现象，不得用螺栓连接代替铆接。
- 各焊接部位应按规定焊接，焊缝应平整、光滑，不应有夹渣、裂纹等焊接缺陷。
- 影响汽车行驶安全的转向系、制动系和行驶系的关键零部件，不得使用修复件。
- 对载客汽车悬挂减振系统的大修作业，不应改变其原车的平顺性能指标。

② 各总成机构要求

发动机要求见“汽车发动机大修竣工技术要求”相关内容。

转向操纵机构：

- 转向盘应转动灵活、操纵轻便、无异响、无偏重或卡滞现象。
- 转向机构各部件在汽车转向过程中不得与其他部件相干涉。
- 转向盘应能自动回正，具有稳定的直线行驶能力。
- 在平坦的道路上行驶不得有摆振或其他异常现象，曲线行驶时不得出现过度转向。
- 转向盘的最大自由转动量从中间位置向左或向右的转角：对最大设计车速不小于100 km/h的机动车不得大于20°，对三轮汽车不得大于45°，对其他机动车不得大于30°。
- 汽车的车轮定位应符合该车有关技术条件，车轮定位值应在产品使用说明书中标明。
- 对前轴采用非独立悬架的汽车，其转向轮的横向侧滑量，用侧滑台检验时应不大于±5 m/km。
- 车轮定位、最大转向角应符合原设计规定；转向节及臂，转向横、直拉杆及球销应无裂纹和损伤，且球销不得松旷，横、直拉杆不得拼焊；

传动机构：

- 离合器接合平稳、分离彻底、操作轻便、工作可靠，不得有异响、打滑或发抖现象，踏板力不大于 300 N。
- 离合器踏板的自由行程、有效行程应符合原设计规定，动作时不应与其他非相关件发生干涉，放松后踏板应能迅速回位。
- 衬套与轴的配合应符合原制造厂维修技术要求；手动变速器及分动器应换挡轻便、准确可靠。
- 互锁和自锁装置有效，不得有乱挡和自行跳挡现象；运行中无异响，正常工况下不过热。
- 自动变速器的操纵装置位于除 P 挡（驻车挡）、N 挡（空挡）外的任何挡位，发动机均应不能起动。
- 当位于 P 挡时，应有驻车锁止功能。
- 车辆行驶中能按规定的换挡点进行升、降挡；换挡平顺、不打滑，无冲击、无异响。
- 正常工况下不过热。
- 传动轴及中间轴承应工作正常，无松旷、抖动、异响及过热现象。
- 装备有缓速器的车辆，缓速器应作用正常有效，缓速率应符合原设计要求。
- 主减速器、差速器和轮边减速器应工作正常，无异响，正常工况下不过热。

行走机构：

- 车轮总成的横向摆动量和径向圆跳动量：对总质量不大于 3 500 kg 的汽车不应大于 5 mm，其他机动车不应大于 8 mm。
- 最大设计车速不小于 100 km/h 的汽车，车轮应进行动平衡试验，其动不平衡质量应不大于 10 g。
- 汽车装用的轮胎应与其最大设计车速相适应。
- 轮胎胎冠和胎侧不得有足以暴露出轮胎帘布层的破裂或割伤。
- 转向节与衬套的配合及轮毂轴承预紧度应符合原制造厂维修技术要求。
- 对非独立悬架式车辆，转向节与衬套的配合、轴颈与轴承的配合，以轴承预紧度调整应符合原制造厂维修技术要求，无异响，正常工况下不发热。减振器、钢板弹簧作用良好、有效，无异响，各部连接杆件不松旷。
- 独立悬架式车辆，转向节上下球销不松旷；轴承与轴颈的配合，轴承预紧度调整应符合原制造厂维修技术要求，无异响，正常工况下不发热。
- 减振弹簧、扭杆弹簧、气囊弹簧、减振器等作用正常有效，无异响。
- 各部连接杆件衬套、球销、垫片齐全不松旷。

制动机构：

- 汽车在行驶中无自行制动现象。
- 采用气压制动的汽车，制动系统的装备及其性能应符合 GB 7258—2008《机动车运行安全技术条件》中的有关规定。

- 制动系装备的比例阀、限压阀、感载阀、惯性阀或制动防抱死装置，应工作正常有效。
- 装有排气制动的柴油车，当排气制动装置关闭 3/4 行程时，联动机构应使喷油泵完全停止供油，而当排气制动装置开启时，又能正常供油。
- 制动踏板的自由行程、有效行程应符合原设计规定。制动踏板动作时不应与其他非相关件发生干涉，放松后踏板应能迅速回位。衬套与轴的配合应符合原制造厂维修技术要求。
- 采用液压制动的汽车踏板行程应符合 GB 7258—2008《机动车运行安全技术条件》中的有关规定。
- 驻车制动操纵杆的有效行程应符合原设计规定，动作时不应与其他非相关件发生干涉。
- 衬套与轴的配合应符合原制造厂维修技术要求。

车身、车架、驾驶室：

- 载客汽车车身应符合 GB/T5336—2005《大客车车身修理技术条件》的规定；车身、保险杠及翼子板左右对称，各对称部位离地面的高度差不大于 10 mm。
- 载货汽车车架纵梁上平面及侧面的纵向直线度公差，在任意 1 000 mm 长度上为 3 mm，在全长上为其长度的 1‰；车架总成左、右纵梁上平面应在同一平面内，其平面度公差为被测平面长度的 1.5‰。
- 车架分段（前钢板前支架销孔轴线—前钢板后支架销孔轴线—后钢板前支架销孔轴线—后钢板后支架销孔轴线）检查，各段对角线长度差不大于 5 mm。
- 驾驶室、货厢应平整完好，无变形、裂损、锈蚀等缺陷，货厢边板、铰链应铰接牢固、启闭灵活。
- 驾驶室总成采用翻转机构的，行驶中应无异响，减振有效，翻转轻便灵活，翻转角度符合原设计规定，定位及锁止机构可靠、完整、有效，隔热隔振措施有效，符合原设计规定。
- 驾驶室坐椅可调节部位应调节灵活，锁止有效。
- 驾驶室、货厢、保险杠及翼子板左右对称；各对称部位离地面的高度差：货厢不大于 20 mm，其他不大于 10 mm。
- 货厢边板和底板应平整完好，左、右边板应平行，其高度差不大于 10 mm，边板关闭后，各边缝隙不应超过 5 mm，货厢铰链支架及锁钩应按原设计修配齐全、有效。
- 备胎架安装牢固可靠、操纵灵活。
- 发动机罩应无裂损变形，盖合严密，附件齐全有效、灵活可靠、支撑牢固。
- 后视镜成像清晰、调节灵活，支架无裂损及锈蚀、安装牢固；刮水器工作可靠，有效刮水面达到原设计要求。
- 内、外装饰件外观应平顺贴合，紧固件整齐牢固；电镀、铝质装饰件应光亮，无锈斑、脱层、划痕。
- 可开启式门窗应开闭轻便、关闭严密、锁止可靠、合缝均匀，不松旷，门把、玻璃升降器齐全完好、灵活有效。

- 门窗玻璃应符合国家标准的有关规定。
- 门窗及防尘、防雨密封设施应齐全、完好。

照明和信号装置及其他电气设备：

- 全车电气线路应布置合理、连接正确。
- 线束包扎良好、牢固可靠，线束通过孔洞处应有防护设施，且距离排气管不小于 300 m。
- 导线规格及线色符合规定，接头牢固、良好。
- 熔丝、熔断线及继电器的使用应符合原设计规定。
- 裸露的电气接头及电气开关应距燃油箱的加油口和通气口 200 mm 以上。
- 灯光、信号、电气设备及其控制装置应齐全有效，各元器件性能良好，工作正常，符合原设计要求。
- 前照灯光束的照射位置和发光强度应符合国家标准有关条款的规定。
- 装备有空调系统的载客汽车空调性能应符合原设计要求。
- 装备有其他与制动、行车安全有关的电子控制系统元器件的载客汽车，应按原设计装备齐全，监控有效、正常。
- 电子控制装置（ECU）应无故障码显示。
- 蓄电池外观应整洁、安装牢固，桩头完好，正负极标志分明，桩卡头及搭铁线连接牢实。
- 电解液密度、液面高度及电压差应符合规定。

③ 主要性能指标要求

- 动力性：台架测试汽车额定转矩转速下的驱动轮输出功率应符合 GB 7258—2008《机动车运行安全技术条件》中有关条款的规定。
- 经济性：汽车大修走合期满后，每百公里燃料消耗量不得大于该车型原设计规定的相应车速等速百公里燃料消耗量的 105%。
- 排放性能：各种排放控制装置应齐全、有效，汽车的排放指标应符合国家标准的要求。
- 制动性能：试验台或道路检验制动性能，应符合 GB 7258—2008《机动车运行安全技术条件》中有关条款的规定；制动系装有比例阀、限压阀、感载阀、惯性阀或制动防抱死装置的，在试验台上达不到规定制动力的车辆，应以满载路试的检验结果为准；装用 ABS 的汽车制动性能应符合国家标准的规定。
- 其他如滑行性能、转向轻便性、汽车噪声、喇叭声级等均应符合国家标准的有关要求。

（7）汽车大修竣工出厂检验单

汽车大修竣工出厂检验单应包括下列内容：进厂编号、托修单位、承修单位、发动机型号及号码、装备及装备检验、性能检验、检验结果、检验员签字及日期等，如表 3-7-5 所示，检验单中字迹应清晰，项目齐全、完整，填写真实、正确。检验项目、要求、方法、名词术语和计量单位应符合国家及行业有关标准及相关车辆修理技术文件的有关规定。

**表 3-7-5　汽车大修竣工出厂检验单**

| 进厂编号 | | 厂牌车型 | | 牌照号码 | |
|---|---|---|---|---|---|
| 发动机型号及号码 | | 车架号码 | | 竣工日期 | |

| 检验项目 | 检验结果 | 检验项目 | 检验结果 |
|---|---|---|---|
| 一、整车外观和装配 | | 倒车灯、牌照灯 | |
| 涂装 | | 雾灯、报警灯 | |
| 钣金及整形 | | 仪表、信号及仪表灯 | |
| 门、窗、罩、盖 | | 洗涤器 | |
| 各部玻璃 | | 电气线路 | |
| 升降器 | | 蓄电池 | |
| 刮水器 | | 发电机 | |
| 遮阳板 | | 调节器 | |
| 内、外装饰 | | 起动机 | |
| 后、侧视镜 | | 继电器 | |
| 坐椅及靠垫 | | | |
| 室内装饰 | | 二、汽车运行性能 | |
| 各部润滑与加注作业 | | 发动机 | |
| 驾驶室 | | 离合器 | |
| 客(货)车身 | | 手动变速器 | |
| 车架、保险杠 | | 自动变速器 | |
| 悬架、弹簧 | | 分动器 | |
| 减振器 | | 传动轴 | |
| 保险杠及拖钩 | | 主减速器 | |
| 备胎及支架 | | 差速器 | |
| 轮胎与气压 | | 转向盘 | |
| 排气管、消声器 | | | |
| 油箱架、防护网 | | 三、路试后的检查 | |
| 离合器踏板 | | 发动机运转状态及异响 | |
| 制动踏板 | | 制动液 | |
| 节气门操纵 | | 轮毂 | |
| 驻车制动及有效行程 | | 变速器壳 | |
| 传动轴及中间支撑 | | 驱动桥壳 | |
| 转向机支架 | | 差速器壳 | |
| 转向摇臂、横直拉杆 | | 传动轴中间轴承 | |
| 转向助力装置 | | 螺栓、螺母连接 | |
| 前照灯、小灯 | | 各总成油液高度 | |
| 制动灯、转向灯 | | 四漏检查 | |
| 顶灯、示位灯 | | 各部异响 | |

备注：

竣工检验员签字：　　　　　　　　　　　　　　　　　　　年　　月　　日

**续 表**

| 底盘各部位检验结果 | | | | |
| --- | --- | --- | --- | --- |
| 检验内容及结果 | 检验内容及结果 | | | |
| 汽车左右轴距、差/mm<br>左：　右：　差： | 喇叭声级/dB： | | | |
| 保险杠左右离地高度、差/mm<br>左：　右：　差： | 车轮动平衡质量/g： | | | |
| 翼子板左右离地高度、差/mm<br>左：　右：　差： | 轮胎花纹深度/mm： | | | |
| 驾驶室左右离地高度、差/mm<br>左：　右：　差： | 离合器踏板力/N： | | | |
| 车厢左右离地高度、差/mm<br>左：　右：　差： | 制动踏板力/N： | | | |
| 车门关闭后缝隙/mm： | 最小转弯半径/mm： | | | |
| 转向盘自由转动量/(°)： | 前轮侧滑量/$(m\cdot km^{-1})$： | | | |
| 前轮定位： | 制动距离/m： | | | |
| 主销内倾角： | | | | |
| 主销外倾角： | 制动力/N： | | | |
| 车轮外倾角： | | | | |
| 车轮前束角： | 制动力平衡： | | | |
| 离合器踏板自由行程/mm： | 驻车制动： | | | |
| 制动踏板自由行程/mm： | 柴油车/$R_b$：<br>(1)　(2)　(3)　平均值 | | | |
| 前照灯发光强度/cd：<br>左：　　右：<br>前照灯照射位置/mm：<br>左灯左/右偏　　右灯左/右偏<br>左灯上/下偏　　右灯上/下偏 | 汽油车 | | | |
| | 怠速 | | 高怠速 | |
| | CO(%) | HC($\times10^{-6}$) | CO(%) | HC($\times10^{-6}$) |
| | | | | |
| 备注： | | | | |

竣工检验员签字：　　　　　　　　　　　　　　　　　　　　年_____月_____日

## 三、汽车发动机大修质量检验

### 1. 汽车发动机大修之前的质量检验

汽车发动机总成的基础件和主要零部件磨损、变形和产生裂纹，将使发动机的技术性能下降，故障率增加，因此，应将发动机解体，镗磨气缸、磨削曲轴或更换发动机损伤零件等，恢复其技术状况。现在轿车发动机在进行大修工作时，一般以更换零件为主，这样既能保证大修质量，延长质保里程，又缩短了发动机大修时间。

根据视情修理的原则，为防止提前大修造成浪费，在决定进行发动机大修之前应进行如下检查工作，进一步确定发动机是否需要大修，以及发动机的技术状况。

(1) 测量气缸压力

气缸压力的大小与发动机的功率密切相关。将气缸压力的测量结果与标准值进行比较，便可判断出气缸与活塞的磨损情况、气门密封性的好坏以及气缸垫是否损坏等。气缸压力达不到标准值的75%时，应进行发动机大修。

(2) 测量发动机功率

发动机功率直接反映发动机的动力性，可使用无负荷测功仪或发动机综合检测仪检查。检测条件为：发动机温度在80℃以上，点火系、供油系正常。当功率测量值小于额定值的75%时，应进行发动机大修。具体测量方法应参照测量设备的使用说明。

(3) 检查发动机异响

发动机有异常声响表明发动机有故障，可用异响检测仪检查或人工判断。根据发动机异响产生的部位、工况及温度对异响的影响，异响的声调、频率、声质和强度等，确定故障原因。发动机典型异响包括：曲轴主轴承异响、连杆轴承异响、活塞敲缸异响、活塞销异响、气门异响等。一般异响检测仪均带有示波器，具有显示发动机异响振动波形的功能。

(4) 测量进气管真空度

进气管内的真空度随节气门开度的大小而变化。根据进气管真空度的大小可判断发动机的技术状况，确定故障部位。进气管真空度可用指针式真空表测量。把真空表的软管接到进气管的测试接口上，使发动机怠速运转，观察真空表指针的读数与其摆动区间便可确定发动机工作状况。例如，在接近标准大气压的地区测量发动机的真空度时，指针若稳定地指示64 kPa～71 kPa，则表明怠速状况良好；指针断续移动，表示气门黏结；指针快速摆动为气门导管松动；指针指示50 kPa，表示气门正时太迟；指示12 kPa表明进气歧管或节气门体漏气。

注意：进气管真空度还与测量地点的海拔高度有关，海拔越高，进气管真空度越低。海拔每升高500 m，真空度降低约3.3～4.0 kPa。

(5) 检查气缸漏气量

气缸的漏气量可用于对气缸密封性进行检测。检测时，发动机不运转，活塞处于压缩行程上止点，把具有一定压力的压缩空气从火花塞或喷油器孔充入气缸，通过压力的变化即可检测气缸的密封性。气缸漏气量检测标准应根据发动机种类、缸径、磨损情况等因素通过试验确定。气缸漏气率检测标准可参考表3-7-6。当气缸漏气率达到30%～40%时，若能确认进排气门、气缸衬垫、气缸盖等处均不漏气，则说明气缸活塞摩擦副的磨损临近极限值，需要更换活塞环或者镗缸。

**表3-7-6 气缸漏气率参考值**

| 气缸密封状况 | 仪器读数值/(%) |
|---|---|
| 良好 | 0～10 |
| 一般 | 10～20 |
| 较差 | 20～30 |
| 换活塞环或镗缸 | 30～40 |

(6) 发动机大修进厂检验单

在对发动机进行全面、细致、认真的检验之后，确定维修方案，并填写发动机大修进厂检验单。发动机大修进厂检验单应包括下列内容：进厂编号、发动机型号及号码、进厂日期、托修单位、托修方报修情况、发动机附件状况、发动机运转情况、检验日期、承修方处理意见、检验员签字等，如表 3-7-7 所示。

**表 3-7-7 发动机大修进厂检验单**

| | | | |
|---|---|---|---|
| 进厂日期 | | 进厂编号 | |
| 厂牌车型 | | 车牌照号码 | |
| 发动机型号 | | 发动机号码 | |
| 送修单位 | | 单位地址 | |
| 联系电话 | | 送修人 | |
| 用户报修项目及发动机现状 | 维修前此发动机是随车驶入或拖入及单独运抵<br>总行驶里程________km<br>已进行发动机大修______次<br>进厂前主要问题是________________<br>此次要求______ | | |
| 发动机主要修理问题及重点修理部位 | | | |

发动机外观及装备（ 完整“○”，缺少“△”，损坏“×”，不检查“--”）

| 检验项目 | 检验结果 | 检验项目 | 检验结果 |
|---|---|---|---|
| 空气滤清器 | | 各传感器 | |
| 燃油滤清器 | | 机油散热器及管道 | |
| 机油滤清器 | | 加机油口盖 | |
| 化油器、喷油器（电控） | | 机油尺、放油塞 | |
| 机油泵 | | 水泵 | |
| 燃油泵 | | 风扇电机 | |
| 气缸体、气缸盖 | | 风扇皮带 | |
| 进、排气歧管 | | 风扇叶 | |
| 起动机 | | 排气管、消声器 | |
| 发电机 | | 尾气净化器 | |
| 火花塞 | | 油管、真空管 | |
| 分电器 | | 增压器 | |
| 电控系统 | | 调速器 | |
| 点火线圈 | | 喷油泵 | |

备注：

进厂检验员：______ 年______月______日

**2. 汽车发动机大修过程质量检验**

发动机大修过程中主要对气缸体、气缸盖、气缸套、进排气歧管、活塞、曲轴、曲轴轴承、连杆轴承、凸轮轴、凸轮轴轴承、气门、气门导管、正时皮带（齿轮）等进行检验。

(1) 气缸体的检验

① 技术标准

一般发动机气缸圆度、圆柱度技术标准为：汽油机的圆度允许误差为 0.05 mm，圆柱度允许误差为 0.175 mm；柴油机的圆度允许误差为 0.063 mm，圆柱度允许误差为 0.25 mm。

以桑塔纳 2000 型轿车为例，气缸磨损后的尺寸与标准尺寸的差值应不大于 0.08 mm；气缸体上平面的平面度误差应不大于 0.10 mm。气缸修理尺寸分为 3 级，各级加大的尺寸分别为＋0.25 mm，＋0.50 mm，＋1.00 mm，发动机气缸体上、下平面的平行度误差在整个平面不大于 0.05 mm。

② 气缸体变形的检验

检查方法同气缸盖，气缸体上平面的平面度误差，在整个平面上不应大于 0.05 mm，局部不平可用刮研法修复。

③ 气缸体裂纹的检验

气缸体裂纹是采取水压试验或气压试验检验的，方法如下：将气缸盖、气缸体和气缸垫按要求装合在一起，将水压机水管接在气缸体进水口处，并将其他水口封住，用水压机将水压入水套，压力为 0.3～0.4 MPa 时保持 5 min，气缸体表面、燃烧室等部位无水珠出现，表明无裂纹。如有水珠出现，即表明出现水珠的位置有裂纹。气缸体的裂纹凡导致漏水、漏油、漏气时，一般应予以更换。

④ 气缸体主轴承座孔与凸轮轴轴承座孔的检验

主轴承座孔的检验：将轴承座孔擦拭干净，装上主轴承盖并按规定力矩拧紧，先检测座孔圆度及圆柱度误差。用内径千分尺或内径百分表沿圆周测量 3～5 点，沿轴线方向测量 2 处，在轴承盖接缝处两边各 10 mm 范围内不作要求。

主轴承座孔的圆度及圆柱度误差对于铸铁气缸体不大于 0.01 mm，对于铝合金气缸体不大于 0.015 mm。如果主轴承座孔圆度及圆柱度超差，会使轴瓦配合变松，轴承与轴颈的间隙增大，曲轴的弯曲应力增大，会缩短发动机的使用寿命。

检测主轴承座孔的同轴度误差时，首先清洗主轴承座孔，再将直径小于主轴承座孔孔径最小尺寸的标准心轴放入，然后从中间开始逐个将轴承盖装上。按规定力矩拧紧轴承盖螺栓，一边拧紧螺栓一边转动心轴，找出各轴承座孔的同轴度误差。

对下置式凸轮轴配气机构，还要检测凸轮轴轴承座孔。具体方法如下：先将凸轮轴轴承座孔清洗干净，然后仔细观察凸轮轴轴承的磨损情况。如果发现有单边磨损现象，说明凸轮轴轴承座孔的同轴度误差过大，应检查轴承座孔的同轴度误差；如果偏磨不严重，可用修正轴瓦的方法解决，一般情况下不用重新镗削凸轮轴轴承孔。

⑤ 气缸磨损的检验

测量发动机气缸磨损程度，主要是确定气缸磨损后的圆度和圆柱度误差。根据气缸的磨损程度，确定发动机是否需要大修以及确定气缸的修理尺寸。由发动机气缸磨损规律可知，一般发动机前后两缸磨损最为严重。因此，测量气缸磨损量时可重点测量前后两缸或“缸肩”较深的气缸。测量气缸磨损量通常使用内径百分表，测量方法如下：

• 根据气缸直径选择相应尺寸的测量接杆，并将其固定在内径百分表杆的下端。接杆固定好后与测头的总长度应与被测气缸的尺寸相适应。

- 校正内径百分表的尺寸。将千分尺校正到被测气缸的内径标准尺寸，再将内径百分表校准到千分尺的尺寸，并使伸缩杆有 1～2 mm 的压缩行程，旋转表盘，使表针对准零位。
- 用干净软布擦净缸套表面，把内径百分表测头一端先压入气缸上部后，再使接杆一端进入气缸内前后摆动，测量第一道活塞环在上止点位置时所对应的气缸内径。通常是分别测量平行和垂直于曲轴轴线方向的气缸磨损量，如图 3-7-4 所示。
- 将内径百分表下移，用同样的方法测量气缸中部和下部的磨损量。气缸中部指的是上、下止点中间的位置，气缸下部指的是距离气缸下边缘 10 mm 左右处。

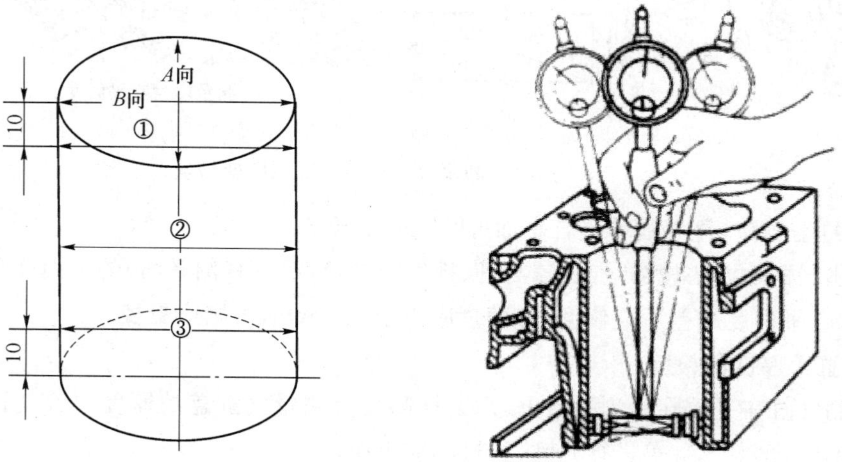


图 3-7-4　气缸磨损测量的位置

为了保证测量准确，内径百分表测头与气缸轴线要保持垂直。寻找垂直位置的方法是：将测头放入气缸后，一手握住表杆下部靠近缸体平面的地方，稍稍摆动表杆，当内径百分表指针指示最大值时，即表示测头与气缸轴线相垂直。

圆度误差可用两点法测量，同一断面不同方向上最大与最小直径之差值的一半为圆度误差。圆柱度误差也用两点法测量，其数值是被测气缸表面任意方向所测得的最大最小直径之差值的一半。当气缸的圆度和圆柱度误差超过标准规定时，应进行镗缸修理。

(2) 气缸盖的检验

① 技术标准

气缸盖应无裂纹，气缸盖下平面的平面度误差，每 50 mm×50 mm 的范围内不得大于 0.05 mm，整个平面的平面度误差不得大于 0.20 mm。

以桑塔纳轿车 AFE 发动机为例，其气缸盖下平面最大平面度误差不得大于 0.10 mm，修理后气缸盖厚度不得低于 132.6 mm。

轿车发动机燃烧室容积，一般规定不得小于公称容积的 95%。同一气缸盖各燃烧室之间容积的差值约为公称容积的 1%～2%。

② 气缸盖的变形检验

气缸盖的变形主要表现为翘曲，其变形程度可通过检测气缸盖下平面的平面度误差获得，若气缸盖过度变形应更换。检测方法是，将所测缸盖倒放在检测平台上，将直尺或刀口形直尺沿两条对角线和纵轴线贴靠在缸盖下平面上，在直尺或刀口形直尺与缸盖下平面间的缝隙处插入塞尺，所测数值即为缸盖的变形量，如图 3-7-5 所示。

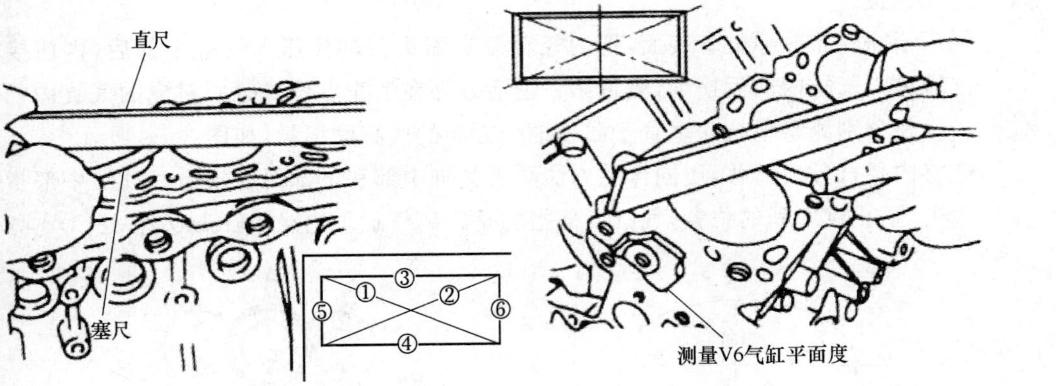


图 3-7-5　用直尺和塞尺检查气缸盖平面变形量

③ 气缸盖与进、排气歧管接合平面(侧平面)的检验

用上述同样的方法检测，气缸盖与进、排气歧管接合平面(侧平面)的平面度误差不应大于 0.05 mm，平面度超差后应修磨，修磨量应小于 1.0 mm，否则应更换。

④ 气缸盖厚度的检验

将待测气缸盖平放在检测平台上，用游标高度尺测量气缸盖的厚度。若气缸盖厚度仍在规定范围内，可对气缸盖进行修磨，若过小应更换。

⑤ 气缸盖裂纹的检验

气缸盖裂纹的检验同气缸体裂纹的检验。

⑥ 燃烧室容积的测量

装上气缸盖上的全部火花塞，并将待测气缸盖倒放在检测平台上，使其保持水平。用量杯向燃烧室注入 80%的煤油和 20%的机油的混合液。加入量约为燃烧室容积的 95%时，停止加注。用中间带有圆孔的玻璃板盖在燃烧室平面上。再用注射器或滴管注入混合油，直至液面与玻璃板相接触。总注入量即为燃烧室容积，若活塞顶部有凹坑，还应测量凹坑的容积。

(3) 活塞连杆组的检验

活塞连杆组由活塞、活塞环、活塞销和连杆组等机件组成。

① 技术标准

同一台发动机应选用同一厂牌、同一组的活塞，以使活塞材料、性能、质量和尺寸一致。同一组活塞直径差不得大于 0.020～0.025 mm，各缸活塞的质量差不超过 3%；桑塔纳轿车连杆大头与曲柄臂间隙标准值为 0.08～0.24 mm，极限值为 0.37 mm；连杆弯曲度、扭曲度不大于 0.05 mm/100 mm；常温下，桑塔纳轿车发动机活塞销与连杆衬套间隙为 0.003～0.008 mm，接触面积在 75%以上；活塞销压入连杆衬套时，应使其与连杆小头孔有 0.06～0.10 mm 的过盈量。

② 活塞的检验

活塞直径的检验：活塞裙部直径的测量应根据各发动机技术说明书中所述的方法进行。如丰田厂的部分发动机，其测量部位是距活塞裙部下端向上一定距离处，并与活塞销孔轴线垂直，如图 3-7-6 所示。活塞顶部直径的测量部位为距活塞顶部一定尺寸处，并与活塞销孔轴线垂直，如图 3-7-7 所示。测量值相对标准尺寸的偏差不得超过 0.04 mm。

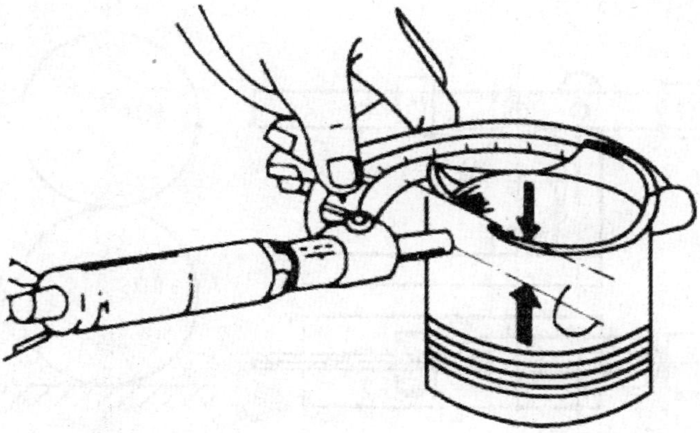

图 3-7-6　活塞裙部直径的测量

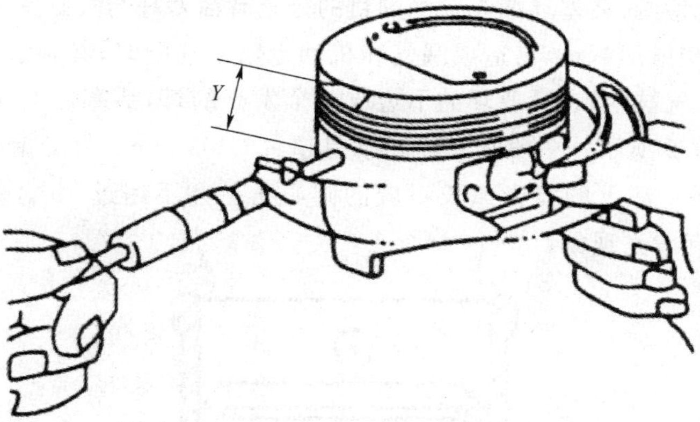


图 3-7-7　活塞顶部直径的测量

配缸间隙的检验：活塞与气缸壁之间的间隙称为配缸间隙，此间隙应符合标准。检测时可用百分表测量气缸的直径，用千分尺测量活塞的直径，两者之差即为配缸间隙。也可将活塞(不装活塞环)放入气缸中，用塞尺测量其间隙值。

③ 活塞销的选配检验

发动机大修时，活塞销必须随活塞一起更换。应选择标准尺寸的活塞销，以便给小修留修配的余量。一般活塞销按最小处尺寸分组，每组相差 0.002 5 mm；活塞销除标准尺寸外，还有四级加大的修理尺寸；一般活塞销的质量相差在 10 g 范围内。

④ 活塞环的检验

在选配活塞环时，一般进行活塞环的弹力检测、漏光检测以及端隙、侧隙和背隙检测。

活塞环的弹力检测：活塞环与气缸内壁之间应有一定的压力，使环的周围均匀地压在气缸壁上。活塞环弹力过大，将增加摩擦损耗；弹力过小，不能起到良好的密封作用，会引起气缸漏气、窜油。检测时，将活塞环放在弹力检测器上，把活塞环的开口间隙放置在水平位置，移动检测器上的量块，当把活塞环开口间隙压缩至标准数值时，弹力应符合各机型的规定要求，如图 3-7-8 所示。

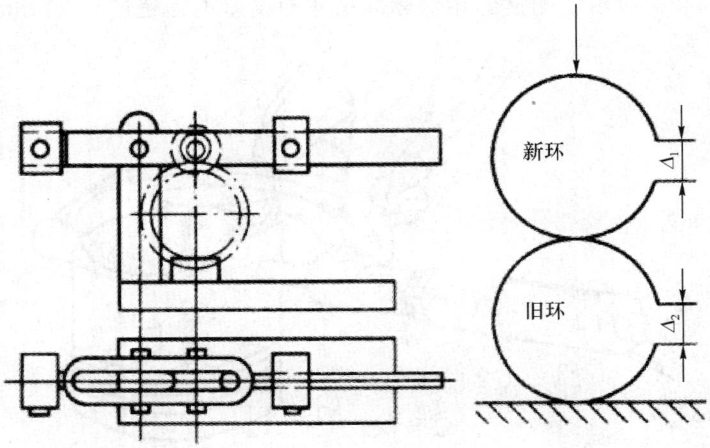


图 3-7-8　活塞环的弹力检测

活塞环的漏光检测：活塞环漏光检测的目的是查看活塞环与气缸壁的贴合情况，漏光度过大，活塞环局部接触面积小，易造成漏气和机油上窜。选配时，必须进行漏光检查。检查时将活塞环平放在气缸内，在活塞环的下边放一个发亮的灯，活塞环上面放一块盖板，盖住环的内圆，如图 3-7-9 所示。一般漏光缝隙不得超过 0.03 mm。每处漏光弧长对应的圆心角不得大于 25°，同一环上的漏光弧长对应的圆心角总和不超过 45°。在环端开口处左右 30°范围内不允许有漏光现象。

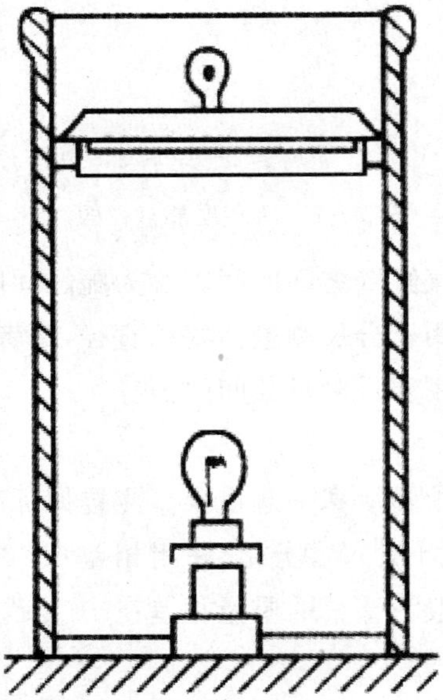

图 3-7-9　活塞环漏光的检测

活塞环的端隙检测：活塞环端隙是指将活塞环置于磨好的气缸内，在环的开口处呈现的间隙。端隙过大，将影响气缸的密封性；端隙过小，将使活塞环的运动状态不正常。活塞环端隙的检查方法是：将活塞环放入气缸，用活塞顶部将环推进气缸筒内，使活塞环的平面与气缸口面平行，然后按图 3-7-10 所示的方法，用塞尺测量环的端隙。若端隙大于规定，应另选活塞环；若小于规定，应对环口一端加以锉削。锉削时应注意只能锉削一端环口。环口应平整，并应边锉边测量。然后去掉毛刺，以防止刮伤气缸。

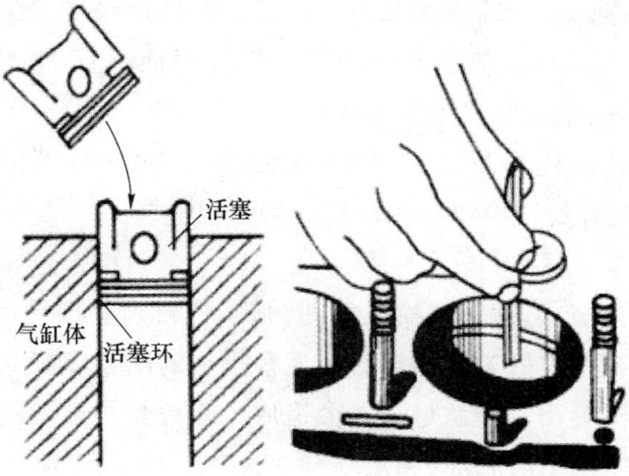


图 3-7-10　活塞环端隙的检测

活塞环的侧隙检测：活塞环侧隙，即活塞环在环槽内的上下间隙。侧隙过大将影响活塞环的密封作用；过小则可能使活塞环卡死在环槽内，造成拉缸事故。检查时，将活塞环放入环槽内，用塞尺按如图 3-7-11 所示的方法测量。其经验方法是：活塞环在环槽内，能沿环槽转动自如，且无松旷感觉为宜。侧隙过大或过小，均需重新选配。

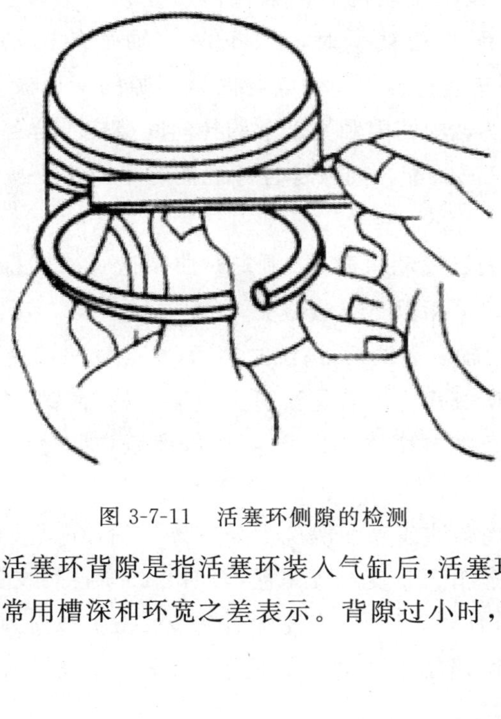

图 3-7-11　活塞环侧隙的检测

活塞环的背隙检测：活塞环背隙是指活塞环装入气缸后，活塞环背面与环槽底部之间的间隙。为了方便测量，通常用槽深和环宽之差表示。背隙过小时，可加深外槽，以防活塞环卡死。

⑤ 连杆的检验

连杆的外观检查:连杆体、轴承盖等不得有裂纹和损伤,必要时采用磁粉探伤仪器检测连杆的裂纹;轴承盖与轴承座应密合,接合面无损伤,定位槽应完整无损;用塞尺检查连杆大头两端面与曲柄臂间隙,应符合规定,否则应予以更换;检查连杆螺栓及螺母,如螺母有损伤(两个牙以上),螺栓有裂痕或有明显缺陷,螺栓长度方向变形,螺栓、螺母相互配合间隙过大,有明显松旷现象,应更换螺栓及螺母。

连杆变形的检验:连杆变形的检测在连杆检测仪上进行,连杆检测仪的测量工具是一个带有 V 形架的三点规,三点规上的三个点共面并与 V 形面垂直,下面两点距离为 100 mm,上测点与两下测点连线的垂直距离也是 100 mm。

连杆的选配要求:连杆应尽量成组更换,需要单只更换时,须保证连杆质量差不大于 3 g;连杆、连杆螺栓及螺母的结构要与发动机的型号相适应。

⑥ 连杆衬套的选择

在修理过程中,如活塞、活塞销已换成新件,则连杆衬套必须同时更换。更换连杆衬套必须在连杆经过检查、校正之后进行。衬套与连杆小头的配合应有 0.10～0.20 mm 的过盈量,以保证衬套工作时不转动。过盈量过大会造成压入衬套困难,甚至压坏衬套。衬套通过测量衬套过盈量来选择,测量时,分别测量连杆小头内径和新衬套外径,其差值就是衬套的过盈量。

(4) 曲轴与曲轴轴承的检验

① 技术标准

曲轴轴颈表面不允许有横向裂纹。对于轴向裂纹,其深度如在轴颈修理尺寸以内,可通过磨削磨掉,否则应予以报废;发动机曲轴轴颈圆度、圆柱度误差大于 0.025 mm 时,应按修理尺寸磨修;桑塔纳、捷达轿车发动机曲轴轴颈修理分为三级修理尺寸,每 0.25 mm 为一级;桑塔纳、捷达轿车选配曲轴轴承时,上、下两片轴瓦的两端应高于接合面 0.03～0.04 mm;桑塔纳、捷达轿车连杆轴承盖侧面与曲柄间隙的使用极限为 0.37 mm,否则须更换连杆;轿车发动机曲轴的轴向间隙和主轴承的径向间隙应符合各机型规定;轴瓦与轴颈接触均匀,接触面积不少于 75%,配合间隙符合各机型规定。

② 曲轴的检验

曲轴裂纹的检验:凡大修发动机时,必须先对曲轴进行磁粉探伤检查或超声波探伤检查.无磁粉探伤等设备时可采用以下方法检测。

(a) 锤击法:先去除曲轴表面油污,清洗并擦净,将曲轴两端搁置在木制的曲轴架上,用小锤子轻击每道曲柄臂,听其声音。若是清脆尖锐连贯的“锵锵”声,表明无裂纹;若是短促而不连贯的“噗噗”声,则可能有裂纹。此时,可用放大镜在此处仔细观察,有线状油渍的地方,就是裂纹所在部位。

(b) 粉渍法:将曲轴用柴油或煤油清洗干净并擦干后,在其表面均匀涂上一层滑石粉,然后用小锤轻击曲柄臂,若滑石粉变成黄褐色,表明有油渍自裂纹处渗出。曲轴裂纹发生在非受力部位或裂纹不会延伸时,可予以修复。曲轴裂纹发生在受力部位时,应换用新件。

曲轴轴颈磨损的检验:曲轴轴颈磨损的检验,通常是用千分尺测量轴颈的实际直径尺寸，经过计算，得出最大的圆度和圆柱度误差值，与规定要求值比较，从而判定是否需要磨修及磨修的尺寸。磨修后的曲轴，各轴颈的圆度、圆柱度误差不得大于 0.005 mm，表面粗糙度 $Ra$ 值不得大于 0.32 μm。检测方法为：先用千分尺在油孔两侧测量，然后旋转 90°再测量，测量位置如图 3-7-12 所示。

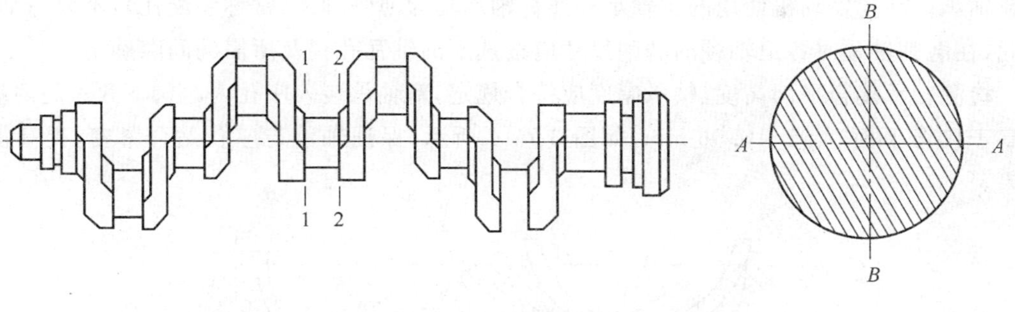


图 3-7-12　曲轴轴颈检测

(a) 圆度误差：用千分尺在轴颈同一横断面进行多点测量，先在油孔一侧量取一个直径尺寸，再将曲轴转动 90°，保持在同一横断面上，再量出一个直径尺寸，最大值与最小值之差的一半，即为圆度误差。

(b) 圆柱度误差：用千分尺在轴颈轴线前、后两个横断面上进行多点测量，然后取两个横断面中最大直径值与最小直径值之差的一半即为圆柱度误差；圆度、圆柱度误差大于 0.025 mm时，应按修理尺寸磨修曲轴。目视可见的擦伤、起槽、毛糙、疤痕及烧伤等，均需磨修。

(c) 曲轴变形的检验。发动机大修时，若曲轴弯曲变形量大于 0.10 mm，必须先校正后再磨修，以防磨修量过大而缩短曲轴的使用寿命。弯曲变形量小于 0.10 mm 时，可结合磨修曲轴予以校正。曲轴弯曲变形的检测方法为：先将曲轴的第一道主轴颈和最后一道主轴颈用 V 形架支撑在检测平板上；以曲轴正时齿轮轴颈和飞轮凸缘外圆为基准，校正水平后，用百分表的测头抵在中间主轴颈表面，如图 3-7-13 所示；转动曲轴一周，百分表指针的最大与最小读数之差，即为中间主轴颈对两端主轴颈的径向圆跳动误差（通常也用指针的最大与最小读数之差值的一半作为直线度误差或弯曲值）。

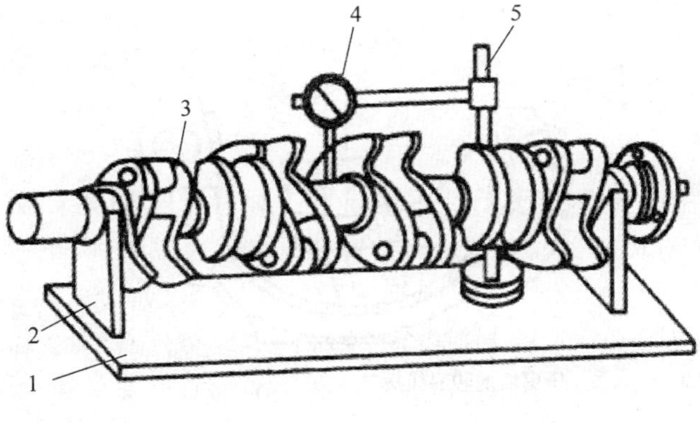


1—平板；2—V形架；3—曲轴；4—百分表；5—百分表架

图 3-7-13　曲轴弯曲变形的检测

③ 轴承的选配检验

发动机大修时,应更换全部轴承。轴承的选配包括选择合适内径的轴承以及检测轴承的高出量、自由弹开量、横向装配标记(凸点)、轴承钢背表面质量等内容。

选配轴承内径尺寸:曲轴主轴承根据轴颈的修理尺寸选配,应选用与轴颈修理级别相同的新轴承。现代发动机使用的主轴承和连杆轴承均为薄壁轴瓦(常称装配瓦),不允许刮配。因此,在磨削轴颈时各道轴颈的磨削尺寸应按选配的轴瓦孔径及所需的间隙确定。

检测轴承接合平面高度:轴承厚度应符合规定,新轴承装入座孔内,上、下两片的两端均应高于接合平面 0.03～0.06 mm,如图 3-7-14 所示,保证轴承与座孔贴合紧密,提高散热效果。

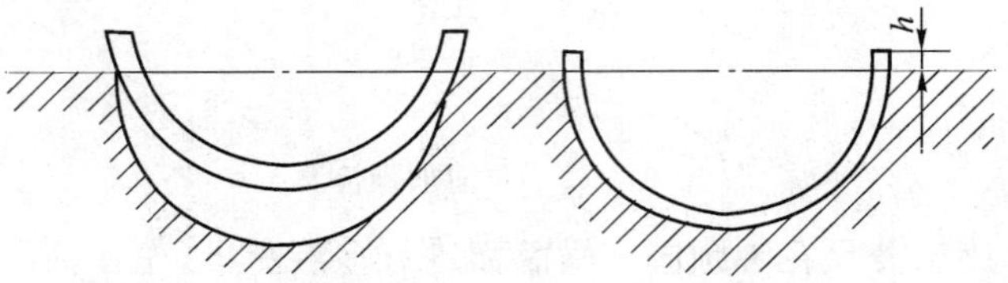


图 3-7-14　轴承装入座孔的要求

检测轴承钢背表面质量:定位凸点完整,轴承背面光滑无斑点,表面粗糙度 $Ra$ 值不得大于 1.25 μm。轴承定位凸点是轴承在座孔内圆周方向和轴向的定位结构,凸点损伤将会导致轴承窜位。如凸点过低,可用尖冲头冲至合适的高度。

检测轴承弹开量(即弹性合适):要求轴承弹性合适无哑声,把新选用的轴承放入轴承座孔后,要求新轴承的曲率半径大于轴承孔的曲率半径,以保证轴承装入后与轴承座紧密贴合。将轴承装进轴承座孔时,应感觉吃力,如轻轻地就能装入,表明轴承弹力不足。

④ 连杆轴承径向间隙的检验

用专用塑料线规或压铅丝法测量轴承径向间隙,如图 3-7-15 所示,先拆下连杆轴承盖,清洗轴承和连杆轴颈;然后将塑料线规(或铅丝)沿轴向放置在连杆轴颈或轴承上;装上连杆轴承盖,以规定的力矩拧紧,此时不得转动曲轴;拆下连杆轴承盖;将轴承盖与轴颈间被压扁的塑料线规(或铅丝)取出,将其压扁的宽度与附带不同宽度色标的塑料线规标尺相比较,就可得出连杆轴承的径向间隙值。

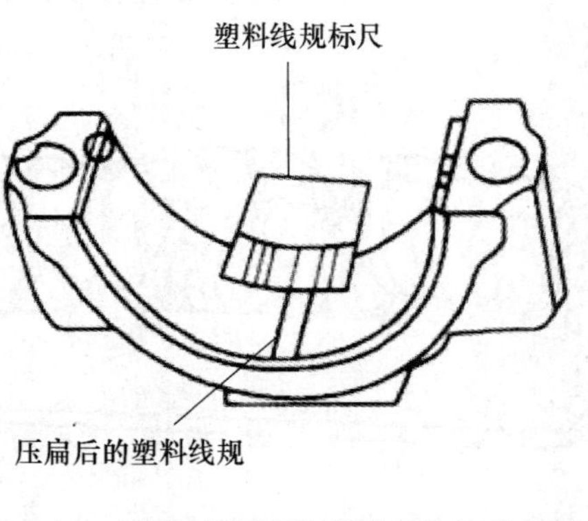


图 3-7-15　用专用塑料线规测量轴承径向间隙

⑤ 连杆轴向间隙的检验

将连杆轴承盖按正常的顺序装配在曲轴上，用塞尺测量连杆轴承盖的侧面与曲柄之间的间隙，最大应不超过使用极限，否则应更换连杆总成。

⑥ 曲轴轴承径向间隙的检验

用专用塑料线规或铅丝法测：首先拆下曲轴轴承盖，清洗并擦净曲轴轴承和曲轴轴颈；根据轴承宽度，沿轴向在曲轴轴颈与轴承之间放上等长的塑料线规（或铅丝）；安装轴承盖，以规定力矩拧紧，不得转动曲轴；拆下轴承盖，将轴承与轴颈间被压扁的塑料线规取出，将其压扁的宽度与附带不同宽度色标的塑料线规标尺相比较，就可得出曲轴轴承的径向间隙值。

⑦ 曲轴轴向间隙的检验

一般曲轴轴向间隙为 0.05～0.20 mm，使用极限为 0.35 mm。轴向间隙过大会引起气缸、主轴承和连杆轴承的异常磨损，甚至黏结咬死。曲轴轴向间隙的检查方法：

(a) 塞尺法：用撬棒在轴承座和曲柄臂间撬动，把曲轴挤向后端，用规定厚度的塞尺插进曲柄臂与止推垫片之间测量。

(b) 百分表法：检查曲轴轴向间隙时，可在曲轴前端面安装一个百分表，如图 3-7-16 所示，然后将曲轴后移至极限位置。将百分表调整为零，再将曲轴前移至极限位置，此时读出百分表上的读数，即为曲轴轴向间隙值。若此间隙值超标，则应更换曲轴止推垫片。

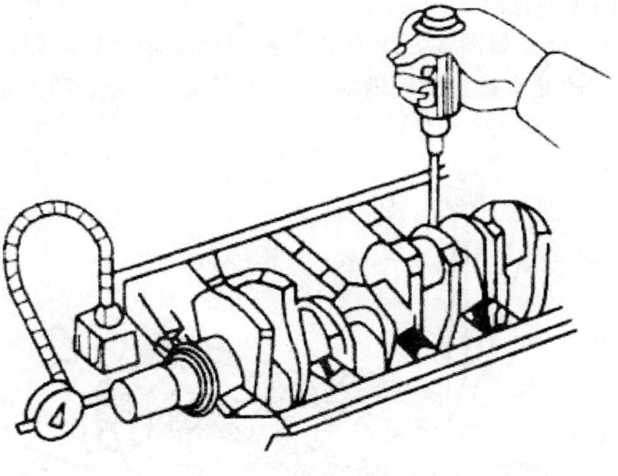

图 3-7-16　曲轴轴向间隙的检测

(5) 凸轮轴的检验

凸轮轴是气门传动组的主要机件，凸轮轴的主要损伤有凸轮轴弯曲、凸轮磨损和擦伤、轴颈磨损等。

① 技术标准

一般凸轮轴轴颈与轴承的配合间隙为 0.03～0.07 mm，使用极限不超过 0.15 mm；凸轮轴径向圆跳动量应不大于 0.03 mm；凸轮轴轴向间隙通常为 0.08～0.20 mm，桑塔纳轿车凸轮轴轴向间隙使用极限为 0.15 mm；凸轮轴同步带轮拧紧力矩为 80 N·m，凸轮轴轴承盖螺栓拧紧力矩为 20 N·m。

② 凸轮的检验

凸轮擦伤和疲劳剥落一般可目视发现，其表面有严重的擦伤、拉毛、麻点时，应更换凸轮轴;凸轮的磨损可通过千分尺或专门的仪器测量凸轮的高度来检查。

凸轮最大升程的检测,用千分尺测量凸轮顶尖最大高度值和底部的基圆直径值,两者之差即为凸轮的实际升程。检查凸轮磨损时,也可用样板或凸轮磨损检验仪进行检验。当凸轮最大升程减小值大于 0.40 mm 或凸轮表面累积磨损量超过 0.80 mm 时,应更换凸轮轴。

③ 凸轮轴弯曲的检验

凸轮轴弯曲的检查方法:将凸轮轴支撑在车床两顶尖间或将凸轮轴两端轴颈放在 V 形架上,用百分表的测头抵在中间轴颈上测量。转动凸轮轴一周,径向圆跳动量应不大于 0.03 mm;若百分表的测量值在 0.05～0.10 mm 范围内,可以结合凸轮轴轴颈磨修加以修整;若百分表的测量值大于 0.10 mm,可用冷压法校正,校正后中间各轴颈的弯曲度应不大于 0.03 mm。

④ 凸轮轴轴颈的检验和轴承的更换

凸轮轴轴颈的磨损可通过用千分尺测量轴颈的圆度和圆柱度误差来检查,如超过规定值,应按修理尺寸磨削轴颈并选用相配的凸轮轴轴承。轴颈磨损严重时应予以更换。

凸轮轴轴颈与轴承的配合间隙一般为 0.03～0.07 mm,使用极限不超过 0.15 mm。如超过使用极限,应更换轴承。因为凸轮轴上经常作用着气门弹簧的强大压力,所以一旦间隙增加,将引起配气相位失常。

⑤ 凸轮轴轴向间隙的检验

凸轮轴的轴向间隙检查如图 3-7-17 所示。测量凸轮轴轴向间隙时,先拆去液压挺杆,装好轴承盖,使百分表的测头抵住凸轮轴端,推拉凸轮轴,百分表的测量值即为凸轮轴的轴向间隙。

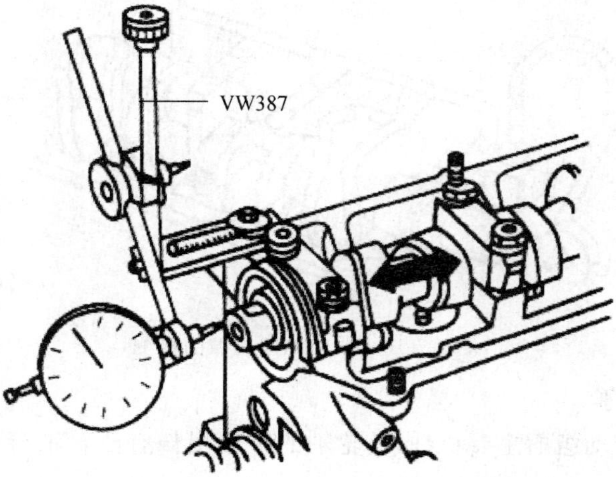


图 3-7-17 凸轮轴轴向间隙检查

(6) 气门与气门导管的检验

① 技术标准

气门头部边缘的厚度,进气门应不小于 0.50～1.00 mm,排气门应不小于 0.70～1.30 mm;桑塔纳轿车发动机进气门不得小于 0.60 mm,排气门不得小于 1.10 mm;

气门杆直径磨损量不超过 0.05 mm(轿车)或 0.10 mm(载货车);气门杆弯曲量不得大于 0.06 mm,桑塔纳轿车发动机气门杆弯曲量不得大于 0.05 mm;

进气门杆在导管中晃动量的最大允许值为 0.10 mm，排气门杆在导管中晃动量的最大允许值为 0.13 mm；

桑塔纳轿车发动机的进、排气门锥面角为 45°，座圈工作面宽度进气门为 2.0 mm，排气门为 2.4 mm。

② 气门的检验

气门的主要损伤有气门工作锥面磨损和烧蚀、气门杆磨损、气门杆端面磨损、气门杆弯曲变形等。凡是气门出现裂纹、烧蚀较严重，气门顶部边缘的厚度小于 0.50 mm 或气门头歪斜严重不能修复，均应换用新气门。

- 气门工作锥面的检验：观察气门的工作锥面，若变宽、起槽、烧蚀出现斑点或用手指能摸出磨损台阶，应用气门光磨机光磨气门的工作锥面(注意气门锥角的大小)；
- 气门杆磨损的检验：用千分尺测量气门杆直径，如图 3-7-18 所示。若磨损量超过 0.05 mm(轿车)或 0.10 mm(载货车)，或用手触摸有明显阶梯感觉，应更换气门；

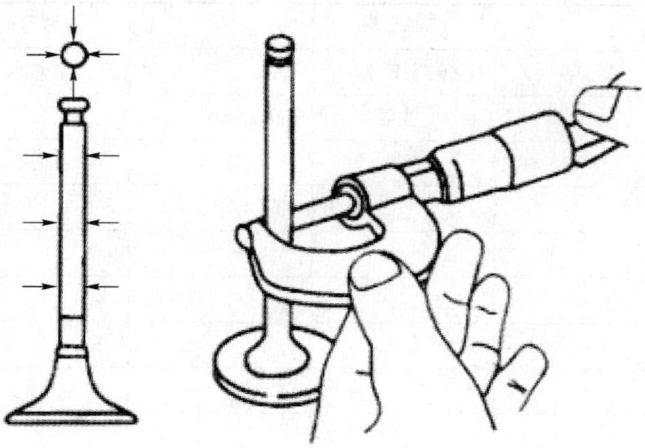

图 3-7-18　气门杆磨损的检验

- 气门杆端面磨损的检验。气门杆端面若有凹陷，应磨平，但气门全长不得减小 0.50 mm。轴向磨损量大于规定值时应予以更换。若轴向磨损量未超过极限值，而杆端面出现不平、疤痕，可用气门光磨机修磨；
- 气门杆弯曲的检验：如图 3-7-19 所示，将气门架在检测台上，转动气门杆一圈，百分表的测量值不得大于 0.06 mm，否则应更换气门或在平板上进行冷压校直。

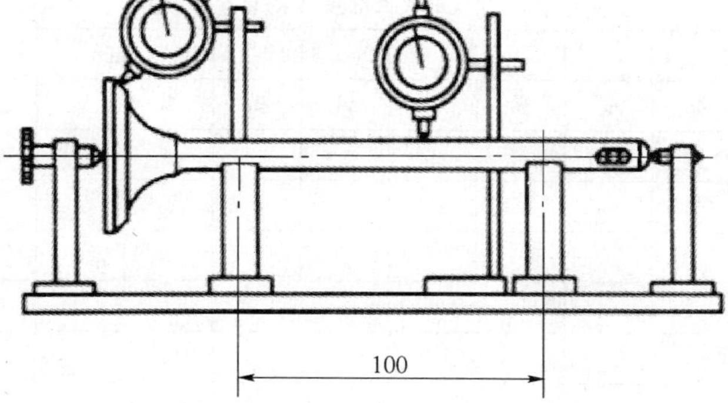


图 3-7-19　气门杆弯曲的检验

③ 气门杆与气门导管配合间隙的检查

检查时，将气门杆插入到气门导管中，使气门杆末端与气门导管平齐，用百分表检查气门杆有无晃动现象。进气门杆在气门导管中晃动量最大允许值为 0.10 mm，排气门杆在气门导管中晃动量最大允许值为 0.13 mm。气门杆与气门导管的配合间隙超过限度，应予以更换。

(7) 发动机大修过程检验单

发动机大修过程检验单应包括：进厂编号、发动机型号及号码、基础件和主要零部件的检验数据、检验结果记录、检验结论、处理意见、主修人签字及日期、检验员签字及日期等内容，如表 3-7-8 所示。检验单中字迹应清晰，项目齐全、完整，填写真实、正确。检验项目、名词术语和计量单位、基础件和主要零部件的检验项目、技术要求应符合国家及行业有关标准及原厂规定。

**表 3-7-8 发动机大修过程检验单**

| 进厂编号 | | 厂牌车型 | | 牌照号码 | |
|---|---|---|---|---|---|
| 发动机编号 | | 施工日期 | | 主修人 | |
| 主要零部件换修记录 | | | | | |
| 部件名称 | 续用 | 更换 | 修理 | 加大 | 缩小 |
| 气缸体 | | | | | |
| 气缸盖 | | | | | |
| 气缸套 | | | | | |
| 进、排气歧管 | | | | | |
| 活塞 | | | | | |
| 曲轴 | | | | | |
| 曲轴轴承 | | | | | |
| 连杆轴承 | | | | | |
| 凸轮轴 | | | | | |
| 凸轮轴轴承 | | | | | |
| 气门 | | | | | |
| 气门导管 | | | | | |
| 正时皮带(齿轮) | | | | | |

气缸直径检验记录/mm

| 气缸直径 | 1 缸 | | 2 缸 | | 3 缸 | | 4 缸 | | 5 缸 | | 6 缸 | |
|---|---|---|---|---|---|---|---|---|---|---|---|---|
| | 纵 | 横 | 纵 | 横 | 纵 | 横 | 纵 | 横 | 纵 | 横 | 纵 | 横 |
| 上部 | | | | | | | | | | | | |
| 中部 | | | | | | | | | | | | |
| 下部 | | | | | | | | | | | | |
| 圆度 | | | | | | | | | | | | |
| 圆柱度 | | | | | | | | | | | | |

续 表

| 活塞连杆组检验记录/mm | | | | | | |
|---|---|---|---|---|---|---|
| 活塞直径 | 1缸 | 2缸 | 3缸 | 4缸 | 5缸 | 6缸 |
| 横向 | | | | | | |
| 纵向 | | | | | | |
| 活塞环(开口) | | | | | | |
| 活塞质量/g | | | | | | |
| 活塞、连杆组质量/g | | | | | | |
| 活塞与缸壁间隙 | | | | | | |

| 曲轴与轴承检验记录/mm | | | | | | | | |
|---|---|---|---|---|---|---|---|---|
| 曲轴 | | 1 | 2 | 3 | 4 | 5 | 6 | 7 |
| 主轴径 | 圆度 | | | | | | | |
| | 圆柱度 | | | | | | | |
| 连　杆<br>轴　径 | 圆度 | | | | | | | |
| | 圆柱度 | | | | | | | |
| 主轴径与轴承配合间隙 | | | | | | | | |
| 连杆轴径与轴承配合间隙 | | | | | | | | |
| 曲轴端隙 | | | | | | | | |

| 凸轮轴及轴承检验记录/mm | | | | |
|---|---|---|---|---|
| 凸轮轴 | 1 | 2 | 3 | 4 |
| 轴径直径 | | | | |
| 轴径与轴承配合间隙 | | | | |
| 凸轮升程 | | | | |
| 备注： | | | | |

过程检验员：________　　　　________年____月____日

**3. 汽车发动机大修竣工质量检验**

(1) 发动机外观的检验

发动机的外观应整洁,无油污。发动机外表应按规定喷漆,漆层应牢固,不得有起泡、剥落和漏喷现象;发动机点火、燃料供给、润滑、冷却和进排气等系统的附件应齐全,安装正确、牢固;发动机各部位应密封良好,不得有漏油、漏水、漏气现象,电气部分应安装正确,绝缘良好。

(2) 发动机装备的检验

外购的零部件和附件均应符合其制造或修理技术要求;修复的零部件装配前应经检验合格,其性能应达到规定的技术要求;主要零部件气缸体和气缸盖、曲轴、凸轮轴等如需修理,应满足原制造厂维修技术要求;发动机应按装配工艺要求装配齐全,装配过程中应按要求进行过程检验,过程检验合格后再进行下一步装配;装配后的发动机应按原设计规定加注润滑油、润滑脂、冷却液;带有增压或中冷增压的发动机,增压装置应按原厂规定进行装配和检验,增压器工作应正常,转速应达到原设计规定;具有增压器旁通管道控制的发动机,旁通管道的开启与关闭应灵活可靠,开启及关闭的转速应符合原设计规定;对原设计规定需加装限速装置的发动机,维修人员应对限速装置作相应调整并加铅封;限速装置宜在发动机走合期满进行首次维护后拆除;电子控制燃油喷射系统装置应齐全有效;装配后的发动机如需进行冷磨、热试,应按工艺要求和技术条件进行冷磨、热试、清洗并更换润滑油、机油滤清器或滤芯,原设计有特殊规定的按相应规定进行;柴油发动机装备的排气制动装置应可靠有效;柴油发动机喷油泵、喷油器、调速器均应进行调试、检测,其性能指标符合原制造厂的维修技术要求。

(3) 发动机性能

① 发动机运转状况及检查

发动机在各种工况下运转应稳定,不得有过热现象,不应有异常响声,突然改变工况时应过渡圆滑,不得有突爆、回火、放炮等异常现象。

当柴油发动机转速超过额定转速时,断油控制装置正常有效。紧急停机装置在柴油发动机整个运转过程中可靠有效,不得出现失控现象。

② 起动性能

按 GB/T 18297—2001《汽车发动机性能试验方法》中的检验方法进行检验。汽油发动机在正常环境温度和低温－18℃时,都能顺利起动,允许起动 3 次。柴油发动机在正常环境温度和低温－10℃时,都能顺利起动,允许起动 3 次。

③ 怠速运转性能

在正常工作温度下,发动机怠速运转稳定,其怠速转速应符合原设计规定,并能保证向其他工况圆滑过渡。

④ 进气歧管真空度

在正常工作温度和标准状态下,汽油发动机怠速运转时,进气歧管真空度符合原设计规定,其波动范围:6 缸汽油发动机一般不超过 3 kPa,4 缸汽油发动机一般不超过 5 kPa。

⑤ 增压发动机的增压压力及温度

增压发动机的增压压力及温度应符合原设计规定。

⑥ 机油压力

在规定转速下,发动机润滑系统工作正常,机油压力和机油温度应符合原制造厂维修技术要求,警示装置可靠有效。

⑦ 额定功率和最大转矩

按 GB/T 18297—2001《汽车发动机性能试验方法》中的检验方法进行检验。在标准状态下,发动机额定功率和最大转矩不得低于原设计标定值的 90%。

⑧ 最低燃料消耗率和机油消耗量

按 GB/T 18297—2001《汽车发动机性能试验方法》中的检验方法进行检验。最低燃料消耗率不得大于原设计标定值的 105%,机油消耗量符合原设计规定。

⑨ 排放性能与噪声

发动机排放装置齐全有效，排放污染物限值应符合国家有关标准的规定；发动机的噪声应符合国家有关标准的规定。

⑩ 电子控制燃油喷射系统技术参数与性能

电子控制燃油喷射系统技术参数与性能应符合原制造厂维修技术要求。

(4) 发动机大修竣工出厂检验单

发动机大修竣工出厂检验单应包括下列内容：进厂编号、托修单位、承修单位、发动机型号及号码、发动机外观及装备检验、性能检验、总检验员签字及日期等，参见表 3-7-9。

**表 3-7-9　发动机大修竣工出厂检验单**

<table>
<tr><td>进厂编号</td><td></td><td colspan="2">厂牌车型</td><td colspan="2"></td><td colspan="2">车牌照号码</td><td colspan="2"></td></tr>
<tr><td>发动机编号</td><td></td><td colspan="2">竣工日期</td><td colspan="2"></td><td colspan="2">主修人</td><td colspan="2"></td></tr>
<tr><td colspan="10">发动机外观、装备及性能</td></tr>
<tr><td colspan="2">检验内容及结果：</td><td colspan="8">检验内容及结果：</td></tr>
<tr><td colspan="2">发动机外观：</td><td colspan="8">怠速转速/(r·min$^{-1}$)</td></tr>
<tr><td colspan="2">喷(涂)漆：</td><td colspan="8">运转状况：<br>怠速： 中速： 高速： 加速及过度：</td></tr>
<tr><td colspan="2">四漏检查：<br>油： 水： 电： 气：</td><td colspan="8">发动机异响：</td></tr>
<tr><td colspan="2">螺栓螺母：</td><td colspan="8">机油压力/MPa<br>怠速： 高速：</td></tr>
<tr><td colspan="2" rowspan="4">润滑油：</td><td colspan="8">汽缸压力/MPa</td></tr>
<tr><td>1</td><td>2</td><td>3</td><td>4</td><td>5</td><td>6</td><td>7</td><td>8</td></tr>
<tr><td colspan="8">汽缸压力差/MPa</td></tr>
<tr><td colspan="8"></td></tr>
<tr><td>空滤器：</td><td>调速率(柴油机)：</td><td colspan="8">(汽油机)真空度/kPa<br>怠速：波动范围：</td></tr>
<tr><td colspan="2" rowspan="4">限速装置：</td><td colspan="8">(柴油机)排放污染物：</td></tr>
<tr><td colspan="2" rowspan="3">(汽油机)</td><td colspan="3">怠速______r/min</td><td colspan="3">高怠速______r/min</td></tr>
<tr><td>CO<br>%</td><td colspan="2">HC<br>$10^{-6}$</td><td>CO<br>%</td><td colspan="2">HC<br>$10^{-6}$</td></tr>
<tr><td></td><td colspan="2"></td><td></td><td colspan="2"></td></tr>
<tr><td colspan="2" rowspan="2">起动性能：</td><td colspan="8">额定功率/kW　最大转矩/(N·m)</td></tr>
<tr><td colspan="8">发动机燃油消耗率/(g·kW$^{-1}$·h$^{-1}$)：</td></tr>
<tr><td colspan="2">电控系统有无故障码显示：</td><td colspan="8">发动机噪声：</td></tr>
<tr><td colspan="10">备注：</td></tr>
</table>

竣工检验员：________　　　　　　________年______月______日

## 四、汽车底盘大修过程中的质量检验

### 1. 汽车大修过程中底盘部分检验单

汽车大修过程中底盘部分的检验单如表 3-7-10 所示，检验单中的项目应为底盘部分大修过程中的关键检验项目。检验单中字迹应清晰，项目齐全、完整，填写真实、正确。检验项目、名词术语和计量单位、基础件和主要零部件的检验项目、技术要求应符合国家及行业有关标准及原厂规定。

**表 3-7-10 汽车底盘大修过程检验单**

<table>
<tr><td>进厂编号</td><td></td><td>厂牌车型</td><td></td><td>牌照号码</td><td></td></tr>
<tr><td>发动机号码</td><td></td><td>车架号码</td><td></td><td>施工日期</td><td></td></tr>
<tr><td>底盘部分</td><td colspan="2">主要零、部件换修情况</td><td colspan="3">装配检验(测)记录</td></tr>
<tr><td>转向系</td><td colspan="2">转向器<br>转向轴<br>转向摇臂<br>横、直拉杆<br>转向节</td><td colspan="3">原件修复或更换：<br>主要零件状况：<br>各部配合间隙：</td></tr>
<tr><td>传动系：</td><td colspan="2">离合器<br>变速器(分动器)<br>万向传动装置<br>主减速器、差速器</td><td colspan="3">原件修复或更换：<br>主要零件状况：<br>踏板自由行程：<br>齿轮啮合印痕：<br>齿轮啮合间隙：</td></tr>
<tr><td>制动系</td><td colspan="2">制动鼓<br>制动蹄<br>盘式制动</td><td colspan="3">原件修复或更换：<br>主要零件状况：</td></tr>
<tr><td>行驶系</td><td colspan="2">车架<br>悬架<br>减振器<br>前、后桥<br>轮毂<br>轮胎</td><td colspan="3">原件修复或更换：<br>主要零件状况：</td></tr>
<tr><td colspan="6">备注：</td></tr>
</table>

过程检验员签字：　　　　　　　　　　＿＿＿＿年＿＿＿月＿＿＿日

### 2. 转向系大修过程中的质量检验

(1) 机械转向器的检验

① 齿轮齿条式转向器的检验

• 检查转向器外壳有无破裂及破损，如破裂或磨损严重，则应予以更换；

- 检查波形管是否完好，如有破损应更换；
- 检查各密封圈和密封环，如有溢漏必须更换；
- 自锁螺母和螺栓一经拆卸，安装时必须成对更换；
- 不允许对转向器零件进行焊接和整形；
- 装配后，齿轮齿条间隙应符合要求。

② 循环球式转向器的检验

- 检查蜗杆和球形螺母(滚珠)是否磨损严重或损坏；检查螺母是否能借其本身的重量顺利地在蜗杆轴上旋转，如发现有任何损伤，应修整或更换。
- 检查转向臂轴、推力垫圈和调整螺钉是否有磨损或损伤；检查转向臂轴的推力间隙(最大间隙应小于 0.05 mm)是否符合要求。
- 检查蜗杆轴承和油封磨损和损伤情况，视情况需要更换轴承、轴承座和油封。
- 视情况需要更换蜗杆轴内座圈和壳上外座圈。

③ 装配后的检验内容

- 转向器轴承预紧度检验：用手上下推动转向轴不得有松旷感，转向轴应转动灵活，所需力矩符合要求，可用弹簧秤拉转转向盘或转向轴测其拉力并据此判断所需力矩。
- 啮合副啮合间隙的检验：啮合间隙(不大于 0.05 mm)正常后，用力摇动摇臂轴应无松旷感，在任何位置转动转向盘均应轻便灵活。

(2) 动力转向器总成的检验

① 检验系统密封性

- 转向系统密封性的检查应在热车时进行，将转向盘快速朝左、右两侧转至极限位置，并保持不动，此时可产生最佳管内压力。目测检查转向控制阀、齿条密封(松开波纹管软管夹箍，再将波纹管推至一旁)、叶轮泵、油管接头是否有漏油现象，如有渗漏应更换密封件。
- 如果发现储油罐中缺油，应检查转向系统的密封性是否完好。
- 当转向器主动齿轮不密封时，必须更换阀体中的密封环和中间盖板上的圆形绳环。
- 如果转向器罩壳中的齿轮齿条密封件不密封，油液可能流入波纹管套内，此时，应拆开转向机构，更换所有密封环。
- 如油管接头漏油，应查找原因并重新接好。

② 检验转向液压泵压力

- 将液压表装到连接管阀体和弹性软管之间的压力管中；
- 起动发动机，如果需要，向储油罐补充油液；
- 快速关闭截止阀(关闭时间不超过 5 min)，并读出压力值，表压额定值为6.8～8.2 MPa；
- 如果没有达到额定数值，则应检查压力和流量限制阀是否完好，如不正常应更换压力或流量限制阀，或更换叶轮泵。

③ 检验系统压力

当发动机怠速工作时，打开液压表节流阀，使转向盘向左或右旋转至极限位置，同时读出液压表上的压力，表压额定值为 6.8～8.2 MPa；如果向左或向右的额定值达不到要求，就要修理转向器或更换总成。

(3) 转向横、直拉杆及其接头的检验

① 检查横拉杆是否弯曲，必要时校正。

② 检测调整螺栓有无乱牙现象。

③ 检查转向横拉杆内、外球接头(球销)的转动力矩和摆动力，以东风 EQ1090E 型汽车为例，用弹簧秤检测内、外球销的摆动力应分别为 5.9～51 N 和 6.9～64.7 N；用力矩扳手检测转向横拉杆外球销的轴向间隙，应为 0.05 mm，转动力矩应为 0.3～4.0 N·m。若达不到要求，则应更换球销。

④ 检测转向器摇臂轴的轴向间隙，用手握住摇臂用力推拉，看有无松旷之感。如觉松动，则为转向器指销与蜗杆的啮合间隙过大，应予以调整。

(4) 转向节的检验

① 重点检验内容：应重点检查轴头是否有损伤和裂纹，轴承是否有损伤或裂纹及轴头螺纹与螺母的配合情况。转向节轴颈的磨损量一般应不大于 0.10 mm。轴颈裂纹应用磁力探伤仪检查(检查完毕后退磁)，无探伤仪时可用敲击法检查，其方法是：先将转向节轴颈用煤油洗净，用铜锤在转向节锥形部分轻敲数次，将油迹擦干，然后在轴颈上撒涂白粉，用铜锤轻敲，如轴上有煤油渗出的痕迹，即为转向节轴颈有裂纹。前轮外倾角应符合原厂规定。转向节轴颈与轴承的配合间隙，如超过 0.08 mm 或油封轴磨损超过 0.25 mm，应堆焊或刷镀修复。修复后轴承与轴颈的配合，内轴承过盈量应为 0.003～0.035 mm，外轴承过盈量应为 0.002～0.003 mm。

② 前轴转向节轴向间隙的检验：为保证转向系统各零部件之间的正确连接关系，各零部件相互装配位置和配合间隙必须达到工厂规定的要求。当将推力轴承或止推垫圈装在转向桥与转向节之间后，应检测其间隙。这一数值一般应为 0.05～0.10 mm。检测时可插入塞尺检查，如间隙不当，应增减垫片予以调整。

③ 转向节主销与衬套间隙的检验：把汽车前轮置于直线行驶位置，把千分表架夹固在前轴上，使表指针水平抵在制动器底板下部。然后支起车轮，将千分表调到零位，放下车轮，使之着地。这时可从千分表中读数。主销与衬套的间隙，最大不能超过 0.20 mm。

④ 转向桥和转向节端隙检验：为保证转向系统部件之间的正确连接关系，其相互装配位置和配合间隙必须达到工厂规定的要求。当将推力轴承或止推垫圈装在转向桥与转向节之间后，应检测其间隙。这一数值一般应为 0.05～0.10 mm。

**3. 传动系大修过程中的质量检验**

(1) 离合器的检验

① 从动盘的检验

从动盘端面圆跳动量和摩擦片磨损程度的检查：在距从动盘外边缘 2.5 mm 处测量，离合器从动盘端面圆跳动量为 0.4 mm，测量方法如图 3-7-20(a)所示；摩擦片的磨损程度可用游标卡尺测量，铆钉头埋入深度 A 应不小于 0.20 mm，测量方法如图 3-7-20(b)所示。

② 压盘平面度的检验

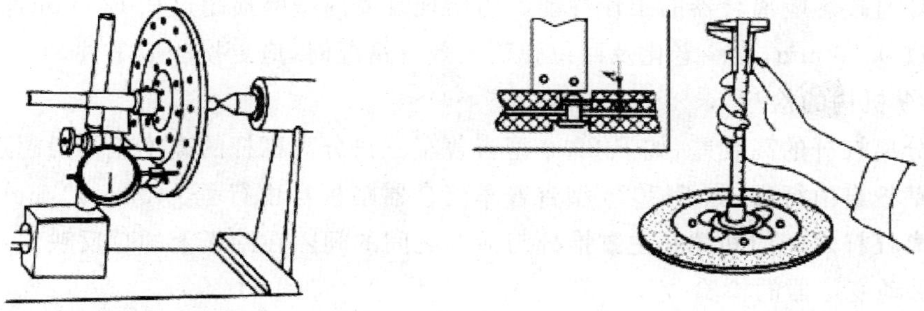

(a) 检查从动盘端面圆跳动量　　(b) 检查摩擦片磨损情况

图 3-7-20　离合器从动盘的检查

离合器压盘平面度误差不应超过 0.2 mm，可用刀口尺配合塞尺测量，如图 3-7-21 所示。

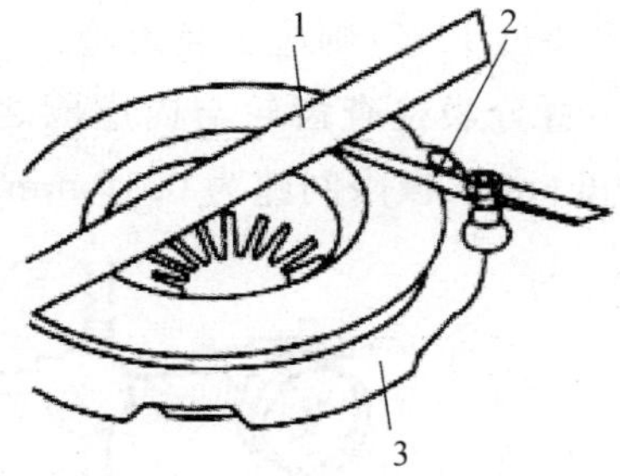


1—金属直尺；2—塞尺；3—压盘

图 3-7-21　离合器压盘平面度的检查

③ 膜片弹簧的检验

用游标卡尺测量膜片弹簧内端磨损的深度和宽度，如图 3-7-22 所示。磨损的极限值为：深度 $h$ 为 0.6 mm，宽度 $b$ 为 5.0 mm。超过极限值，应更换离合器盖总成或膜片弹簧。

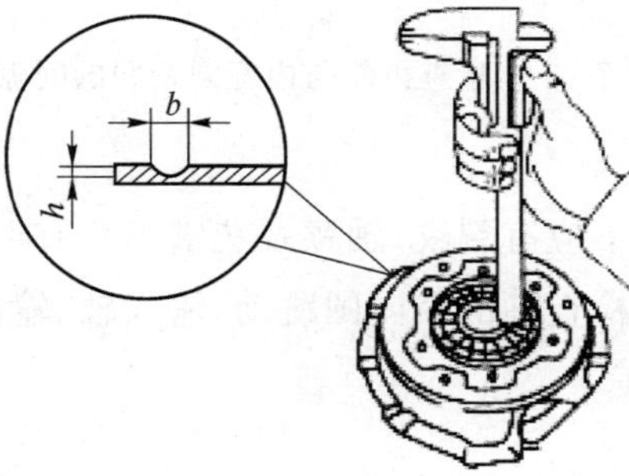


图 3-7-22　膜片弹簧内端磨损的检查

④ 分离轴承的检验

主要检查分离轴承是否转动灵活，是否有卡滞现象。

⑤ 离合器主缸、工作缸的检验

以桑塔纳 GSI 型轿车为例，主缸和工作缸是离合器液压操纵系统的主要部件，其工作性能的好坏直接影响离合器的工作性能。当出现缸筒内壁磨损超过 0.125 mm，活塞与缸筒的间隙超过 0.20 mm，皮圈老化及回位弹簧失效等情况时，应更换相应零件。

⑥ 操纵机构的检验

检验分离杠杆的高度差，如 BJ2020 型吉普车三只分离杠杆的高度差不得超过0.2 mm。

检验踏板自由行程，如 BJ2020 型吉普车离合器踏板自由行程为 32～40 mm，它是分离轴承与分离杠杆之间的间隙和主缸推杆与活塞之间的间隙在踏板上的总反映。

(2) 手动变速器的检验

① 检验所有齿轮和轴承的损坏情况

- 目视检查所有齿轮和轴承，如果有明显损坏应更换；
- 目视检查齿面是否有斑点，如果斑点轻微可以用磨石修磨，如果斑点面积超过 15%，则应更换齿轮；
- 检查齿厚，如果齿厚磨损超过 0.2 mm，则应更换齿轮；
- 检查齿长磨损，如果磨损超过 15%，则应更换齿轮；
- 装好轴承和内座圈后，用百分表检查齿轮与内座圈之间的间隙，如图 3-7-23 所示。标准间隙为 0.009～0.060 mm，极限间隙为 0.15 mm，如果超标应该更换轴承。

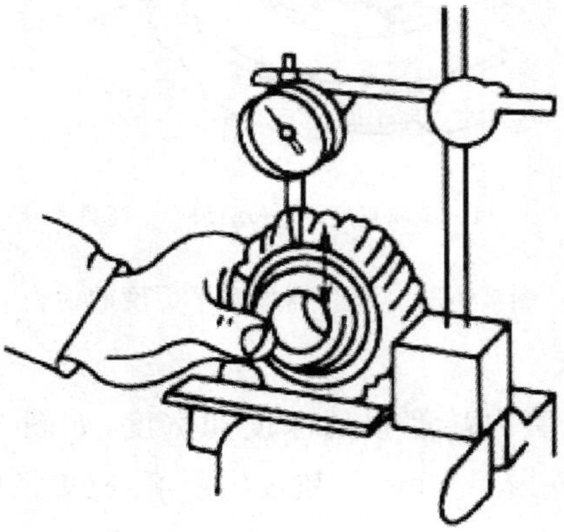

图 3-7-23　检查齿轮与内座圈之间的间隙

② 输入轴、输出轴的检验

目视检查输入轴、输出轴，不应有裂纹，轴颈及花键不应有严重磨损，轴上的齿轮不应有断齿和严重磨损，否则应更换；检查轴的径向圆跳动，输入轴、输出轴的径向圆跳动量不应超过 0.05 mm，否则应更换或校正。

③ 同步器的检查

用钢丝刷清洗同步环的内锥面；将同步环贴在极其平滑的表面上(平板、玻璃等)对其扭曲情况进行分析。用轻度的压力将同步环装在各自齿轮的锥面上，移动齿轮的锥环，如果出现过度的侧面间隙，则应更换同步环。

④ 变速器壳体的检验

变速器壳体的主要损伤表现为：壳体变形、裂纹，定位销孔、轴承孔、螺纹磨损等。

- 变速器壳体不得有裂纹，对受力不大的裂纹，可用环氧树脂粘接或焊接修复。如轴承座孔、定位销孔、螺纹孔等重要部位出现裂纹时必须更换壳体。

- 变速器壳体的变形将破坏齿轮的正常啮合，引起变速器的故障。对于三轴式变速器要用专用量具检查下列项目：上下两孔轴线间的距离、上下两孔轴线的平行度误差、上孔轴线与上平面间的距离、前后两端面的平面度误差。
- 变速器轴承孔磨损超限、变形时，可采用镶套、刷镀的方法修复或更换；当壳体平面度误差超限时，可采用铲、刨、锉、铣等方法修复或更换。
- 壳体上所有连接螺孔的螺纹损伤不得多于2牙。螺纹孔损伤后可用加大螺纹孔并换直径大的螺栓或焊补后重新钻孔的方法修复。

⑤ 变速器盖的检验

变速器盖的主要损伤形式有盖的裂纹、变形及轴承的磨损等。变速器盖应无裂纹，与变速器壳体接合平面的平面度误差超差时，可采用铲、刨、锉、铣等方法修复或更换；拨叉轴与轴承孔的间隙超限时，应更换变速器盖。

⑥ 变速器操纵机构的检验

变速器操纵机构工作频繁，其损伤常表现为：磨损、变形、连接松动、弹簧失效等。

- 检查变速器操纵机构各零件的连接情况，如有松动应及时紧固；
- 检查变速杆、拨叉轴、拨叉等变形情况，如有变形应校正；
- 检查拨叉与接合套、拨叉与拨叉轴、选挡轴等处的磨损情况，如磨损，应更换；
- 检查复位弹簧、锁止弹簧的弹性，如失效应更换。

(3) 万向传动装置的检验

① 传动轴的检验：传动轴不得有裂纹、凹陷，严重时需更换。

检查传动轴的直线度误差，如图3-7-24所示，用V形架支起传动轴，用百分表在轴中部测量其径向圆跳动量。传动轴全长的径向圆跳动公差应符合表3-7-11的规定，轿车传动轴相应减少0.2 mm。

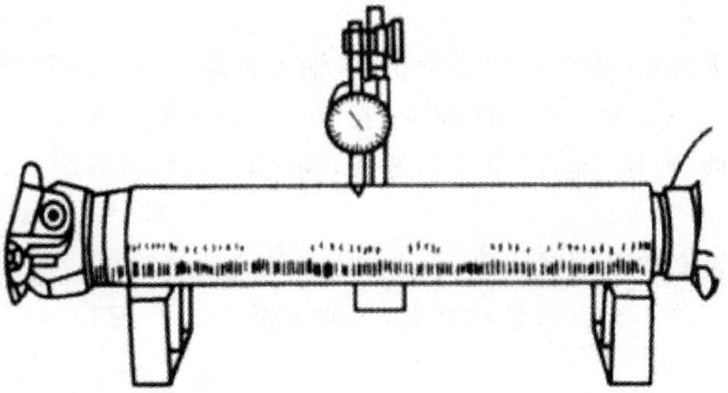

图3-7-24　检查传动轴直线度误差

**表3-7-11　传动轴全长的径向圆跳动公差**

| 轴长 | ＜600 | 600～800 | ＞800 |
|---|---|---|---|
| 径向圆跳动公差 | 0.6 | 0.8 | 1.0 |

检查传动轴花键轴与滑动叉的侧隙:用手握住传动轴,来回转动滑动叉,没有过大的松旷感即可。或把滑动叉夹持在台虎钳上,将花键轴按装配标记插入滑动叉,并使部分花键外露,转动花键轴,用百分表测量(轿车不大于0.15 mm,其他类型的汽车不大于0.3 mm),磨损严重时应更换。

经校正修复或更换主要零件(如花键轴、滑动叉、万向节叉)的传动轴,应进行动平衡试验。试验时应带两端的万向节。中型载货汽车的传动轴动平衡一般不大于100 g·cm,超过时可加焊平衡片校正,但每端不得多于两片。

② 十字轴万向节的检验:万向节叉和十字轴不得有裂纹,否则应更换;十字轴轴颈表面有疲劳剥落、磨损沟槽或压痕大于0.1 mm以上时应更换;检查十字轴轴承是否磨损或损坏,否则应更换。检查十字轴轴承的松旷程度和轴向间隙。轿车应小于0.05 mm,货车应小于0.25 mm,否则应更换;滚针轴承的油封老化、滚针断裂应更换。

③ 等速万向节的检修:检查球形壳、保持架、星形套及钢球有无凹陷、磨损、裂纹、麻点等,如有应更换。检查防护罩是否有刺破、撕裂等损坏现象,如有应更换。

④ 中间支撑的检验:检查中间支撑轴承的旋转是否灵活,有无异响;油封和橡胶衬垫是否损坏,如损坏则应更换。拆下中间支撑前,可以在中间支撑附近晃动传动轴,检查中间支撑轴承的松旷程度。分解后可进一步检查轴承的轴向和径向间隙,轴向间隙应小于0.5 mm,径向间隙应小于0.05 mm。

(4) 驱动桥的检验

① 主减速器的检验

- 主减速器壳不允许有裂纹存在,壳体上各种螺纹损伤不得超过2牙,各轴承孔应无明显磨损。
- 主减速器锥齿轮无裂纹,齿面不得有明显斑痕、剥蚀和缺损。
- 主减速器主动齿轮花键与凸缘槽侧隙不大于0.20 mm。
- 齿轮必须成对更换。

② 差速器的检验

- 差速器壳应无裂损,壳体与行星齿轮、半轴齿轮垫片的接触面应光滑无沟槽。
- 检查行星齿轮与其轴的轴向间隙:一般为0.1 mm,使用极限为0.2 mm。
- 差速器轴承检查:滚子与滚道上不得有划痕、剥落、黑斑或烧蚀、变色等缺陷,否则应更换。

③ 后桥壳和半轴套管的检验

- 桥壳和半轴套管不允许有裂纹存在,半轴套管需进行探伤处理;各种螺纹损伤不得超过2牙。
- 整体式桥壳以半轴套管的两内端轴颈的公共轴线为基础,两外轴颈的径向圆跳动误差超过0.30 mm时应进行校正,校正后的径向圆跳动量不得大于0.08 mm。
- 分段式桥壳以桥壳的接合圆柱面、接合平面及另一端内锥面为基准,轮毂的内外轴颈的径向圆跳动误差超过0.25 mm时应进行校正,校正后的径向圆跳动量不得大于0.08 mm。

④ 半轴的检验

- 检查半轴是否有裂纹、损坏或弯曲,特别是注意凸缘圆角半径部位。

- 用百分表检查半轴中间圆跳动量应小于 2 mm，否则应校正或更换新件。
- 用百分表测半轴凸缘端面螺栓孔与外缘之间的摆动量应小于 0.20 mm，否则应光磨或更换。
- 检查轴承座圈是否有烧蚀、剥落或压痕，是否转动灵活。全浮式半轴应检查轮毂轴承，半浮式半轴应检查半轴轴承。

⑤ 主减速器齿轮啮合印痕检验

主、从动锥齿轮之间啮合区均由主从动锥齿轮沿各自轴向位移来调整，主动锥齿轮的轴向位移可通过若干不同厚度调整垫片的增减来调整，齿侧隙一般以 0.15～0.40 mm 为宜。从动锥齿轮轴向位移可通过旋转差速器轴承左右调整环来调整。一端增加多少，另一端应相应减少多少，保持轴承预紧度不变（两锥齿轮的啮合印痕必须在这两锥齿轮轴承预紧力符合技术要求的情况下进行检查）。

**4. 制动系大修过程中的质量检验**

（1）气压制动系统（以 EQ1092 型载货汽车为例）

① 汽车（前、后）车轮制动器检验

- 检查制动鼓，制动鼓不得有裂纹和变形，否则必须更换。
- 制动鼓磨损圆度超差后可以进行镗削修理，但在直径方向的镗削量不大于4.00 mm。
- 摩擦片厚度方向允许最大磨损量为 7.00 mm，残片剩余厚度不小于 6.00 mm；若摩擦片表面与铆钉头的距离小于 1.00 mm，或摩擦片碎裂，均应更换、重铆摩擦片。
- 制动蹄表面最大磨损量不大于 0.30 mm，否则，应更换或焊修。
- 制动蹄复位弹簧有裂纹，必须更换。弹簧的自由长度标准为 130.00 mm，当拉力为 590～785 N 时，拉伸长度为 179.00 mm，不符合要求时，应更换。

② 汽车制动阀检验

- 仔细检查制动阀的各个壳体，不得有裂纹和变形，否则应更换。
- 耐油橡胶阀门密封面不得有老化、变形和严重磨损，否则应更换。
- 膜片应无老化、破裂、变形，否则应更换。
- 密封垫、密封圈若有损坏、变形，必须更换。
- 平衡弹簧的刚度为 216 N/ mm，若不符，应更换。

③ 汽车驻车制动器检验

摩擦片表面与铆钉头的距离小于 0.5 mm 时，应更换摩擦片；制动蹄轴承孔与制动蹄轴外径的配合间隙为 0.025～0.118 mm，使用极限为 0.30 mm，超过极限，应予以修复或更换。

④ 装配后的检验技术要求

EQ1092 型汽车制动蹄摩擦片与制动鼓间隙：凸轮端为 0.40～0.70 mm，支撑销端为 0.25～0.40 mm；EQ1092 型汽车驻车制动器摩擦片与制动鼓间隙为 0.20～0.40 mm。

⑤ 汽车空气压缩机总成的检验

- 检验减压阀是否灵敏，当空气压缩机装复并工作至气压达 785 kPa 时，减压阀应能顶开进气阀片，此时接储气筒气压表的指针指示值不应该有继续上升的现象。
- 检验是否漏油，轴承是否有过热现象和不正常的噪声。
- 检查缸盖的各接合面是否有漏气现象。

- 进行泵气量的检验，当 EQ1092 汽车空气压缩机的转速为 1 200～1 250 r/min 时，向 6L 储气筒充气，压力由 98 kPa 上升至 785 kPa 所经过的时间应不大于 28 s，不能达到上述要求，则应重新检修空气压缩机。

(2) 液压制动系统(以桑塔纳 2000 型汽车为例)

① 前轮制动器的检验

- 制动盘的检验：制动盘不应有裂缝或凹凸不平现象，制动盘端面圆跳动量不大于 0.06 mm，如果超标或有凹凸不平现象，可进行车削加工，但加工后的厚度应不小于 17.8 mm。
- 如果磨损量超过标准，或端面圆跳动量超过 0.06 mm，应更换制动盘。更换制动盘时同一轴的两个制动盘必须同时更换，以确保左、右两轮的制动力相等。
- 摩擦片的检验：当汽车行驶 25 000 km，或者摩擦片(包括底板)厚度小于 7 mm 时，说明摩擦片已磨损到极限，必须更换新的摩擦片。
- 制动钳的检验：重点是检查活塞与缸筒的间隙，如果间隙大于 0.15 mm 或缸筒壁有较深的划痕，应更换制动钳总成。

② 后轮制动器的检验

- 摩擦片的检验：检查制动蹄的磨损是否超限(不包括底板，标准为 5.00 mm，极限为 2.50 mm)，有无被制动液或油脂污损，如果有，应该更换新件。更换摩擦片时，可与制动蹄一起更换，也可以仅更换摩擦片。如只更换摩擦片，应先去掉旧蹄片上的铆钉和孔中的毛刺。铆接新摩擦片时(新摩擦片型号为 461FF)，应从中间向两端逐渐铆合。
- 制动鼓的检验：更换新摩擦片时应检查制动鼓的尺寸，桑塔纳 2000 型轿车制动鼓的标准尺寸为 200.00 mm，磨损极限为 201.00 mm。摩擦表面的径向圆跳动量不大于 0.05 mm，车轮端面圆跳动量不大于 0.20 mm，如果超标，必须更换新制动鼓。
- 制动轮缸的检验：检查橡胶皮碗是否良好，制动轮缸有无泄漏。如果制动轮缸出现划痕或锈蚀，则应该更换整个制动轮缸。

③ 真空助力器及制动总泵的检验

上海桑塔纳轿车的制动总泵不允许分解和修理，若有损坏，应该更换新总成。不同生产厂的制动总泵总成可以互换，储液罐也可以单独互换。

- 检查各阀体和阀座，如有破裂或沟槽，应更换新件；
- 检查推杆和压杆，如有磨损，应予以更换或涂镀修复；
- 检查壳体和膜片，如有破裂或老化，应更换真空助力器总成；
- 前后油封件如有泄漏，必须更换新件；
- 检查、清洁所有的制动管路，除了擦净管路表面的油污、泥污外，还应检查管路有无严重凹瘪，接头是否松动，橡胶软管有无老化、渗漏、破裂等，如有，必须更换。并检查各接头不得有漏气现象。

**5. 行驶系大修过程中的质量检验**

(1) 减振器的检验

① 前减振器的检验：将减振器固定，上下运动活塞杆时应有一定阻力，而且向上比向下的阻力要大一些。若阻力过大，应检查活塞杆是否弯曲；若无阻力，则表示前减振器油已漏

光或失效，必须更换。

② 前减振器悬架轴承主橡胶挡块的检验：一是检查前减振器悬架轴承的磨损与损坏情况，悬架轴承应能灵活转动，损坏时必须整体更换。二是检查橡胶挡块的损坏与老化情况，如损坏应更换。

③ 减振器螺旋弹簧的检验：检查减振器螺旋弹簧有无损坏与变形，并测量螺旋弹簧的自由长度，若比标准弹簧长度减少5%，即表示螺旋弹簧已产生永久变形，必须更换。更换时必须更换左右两侧的两个弹簧，以保持车辆两侧高度相同。若螺旋弹簧上有裂纹也要更换。

(2) 前轮毂与转向节的检验

① 前轮毂与转向节的检验：检查转向节、前轮毂有无变形和裂纹，若有应及时更换或进行修整。

② 轮毂轴承的检查：轮毂轴承为双向内圈双列向心推力球轴承，并带有密封条。若内外圈的滚道上发现麻坑或烧蚀，钢球上有严重的损伤或明显磨痕，密封片损坏，均需更换轴承。轴承必须整体更换，并在轴承内涂好润滑脂。

(3) 副车架、横向稳定杆和梯形臂的检验

① 副车架(前托架)、横向稳定杆和梯形臂(下摆臂)的检验。首先检查副车架(前托架)、横向稳定杆和梯形臂(下摆臂)有无变形或裂纹。若存在变形或裂纹，不能在前悬架支撑装置和导向装置部件上进行焊接和矫直修复，只能更换新件。另外，需要检查横向稳定杆的橡胶支座和橡胶衬套、梯形臂(下摆臂)的前衬套和后衬套的损坏和老化情况，若损坏需要更换。

② 梯形臂(下摆臂)下球铰的检验：首先检查下球铰的轴向间隙，标准值为0，用弹簧检查下球铰的拉力应为10.8～73.6 N(新件)，用力矩扳手检查下球铰的力矩，应为1.5～3.4 N·m(新件)。

(4) 车轮与轮胎的检验

① 轮辋跳动的检验：用百分表检查轮辋的轴向跳动量，最大量为1.2 mm；用百分表检查轮辋的径向圆跳动量，最大量为0.8 mm。

② 车轮平衡的检验：将车轮放在检查支架上，使车轮可以自由旋转，若车轮停止转动时总是在某一位置，则应将重量平衡块安装在此位置对面的位置上。直到旋转车轮时车轮可以在任一位置上停止，则表示车轮已平衡。为防止出现安装误差和平衡误差，平衡前必须将车轮上的灰尘和脏物清除干净，且车轮内外侧的平衡块不得超过60 g，否则会恶化车辆行驶的平顺性。为此应对轮辋进行调试，清除因装配产生的不平衡，如放掉轮胎气压、改变轮胎与轮辋的相对位置，重新充气等。车轮不平衡质量不应大于12 g(轮缘180 mm处)。

③ 车轮轮胎磨损的检验：检查轮胎花纹深度，当其磨至磨损标志时，应更换轮胎。

④ 轴承与油封的检验：检查内圆锥滚子轴承和外圆锥滚子轴承的损坏与磨损情况，如果滚道或滚柱上有烧蚀、磨痕，则必须更换。还应检查油封的磨损、损坏与老化情况，大修时应更换油封。

## 五、汽车车身修复质量检验

**1. 车身的性能要求**

(1) 乘坐舒适性:

① 车室内布置合理,宽敞明亮,位置恰当;

② 座椅乘坐舒适,座椅位置与姿势调整灵活、方便;

③ 空调系统应满足人们对乘坐环境的要求,包括湿度、温度、空气的清洁度、刺激性气味等;

④ 车身结构件应有足够的强度与刚度,保证车身振动及噪声要达到法规要求;

⑤ 良好的密封性,雨雪和灰尘不能进入车室内,并且隔音、隔热性能要好;

⑥ 具有必要的仪表、电子通信设备,给人以驾驶和工作上的方便;

⑦ 良好的音响设备,给人以精神上的享受。

(2) 操纵方便性:

① 驾驶员与方向盘、仪表板上的仪表、油门、制动及离合器的踏板、各种操纵手柄及旋钮等的相对位置要合理,信息数据的视觉分辨率要高,操作按钮要容易触摸。

② 驾驶员能够清晰地看到仪表上的数据和各种显示,仪表面板不眩目,不被方向盘、手柄或其他部件所遮挡。

(3) 良好的视野:汽车的直接视野及间接视野应满足法规要求。

(4) 上下车方便性:车门洞的高度、宽度,车门的开度,座椅与支柱的相对位置,驾驶员座椅与各种踏板的相对位置都要布置合理。

(5) 安全性:

① 车门锁、发动机罩锁不得自行开启,锁要设有两挡机构或安全钩装置;

② 内部的手柄及操纵钮应布置在凹陷处,不得有尖角;

③ 内饰部件应软化;

④ 设置座椅安全带或安全气囊等乘员保护装置;

⑤ 应采用碰撞安全的车身结构。

**2. 车身修复的检验**

(1) 车身修复检验标准

① 不论车架式或整体式车身,其几何尺寸必须符合修理规定尺寸90%以上(确保前后轮位参数值在标准范围内,发动机及变速器总成能按正常安装,不能有互相干扰的现象);

② 车身轮廓线条必须平直,左右两侧对称;

③ 各部位接合间隙必须平行,符合要求,如各车门与车厢、发动机前盖与车身、车灯与前挡、前后门把配合;

④ 各活动部件铰接锁扣必须紧固,可靠灵活,操作无异响(如各车门、机尾盖、车窗、铰接、锁扣);

⑤ 前照灯、后视镜、座椅必须紧固,能在一定范围内调整;

⑥ 仪表板架与仪表板和车厢内各饰板要求紧固、贴服、干净;

⑦ 离合器踏板、制动踏板、加速踏板和其支承架,不论强度及几何尺寸都要符合厂方规定;

⑧ 车厢内部必须防止雨水渗入或漏水(如车头尾风窗玻璃、天窗及各车窗、车门等);

⑨ 排气管必须紧固,无穿烂,噪声不超过国家标准;

⑩ 道路行车试验时,保证无异响。

(2) 车身结构

① 轿车车身

轿车车身由车身本体(俗称白车身,如图 3-7-25 所示)、车身外装饰件、车身内装饰件和车身电气附件等 4 部分组成。目前承载式车身结构被广泛地应用于轿车。承载式轿车车身本体是轿车承载的主体,它由梁、支柱、加强板等车身结构件和车身覆盖件组合而成,它是车身内、外装饰件和电气附件的装载基体。梁和支柱等车身结构件焊接成框架结构,使车身形成一整体式结构,具有一定的强度和合适的刚度,起主体承载作用。车身覆盖件是指车身上各种具有不同曲面形状及大小尺寸的薄板。

图 3-7-25　某承载式轿车车身本体

目前轿车都采用了碰撞安全的车身结构,对于此车身结构,它的刚度是分级的。乘客室尽可能具有最大的刚度(其中包括侧向抗撞击能力),而相对于乘客室的前、后(发动机室、行李舱)则应具有较大的韧性。如图 3-7-26 所示,分别于前、后两处设置可以吸收冲击能量的安全结构。当汽车发生正面碰撞或追尾等事故时,所产生的冲击能量可以在车身前部 A 段或后部 C 段得以迅速吸收,以前车身或后车身局部首先变形成 A′段或 C′段,来保证中部乘客 B 段有足够的活动范围与安全空间。因此,维修作业中应按技术要求避免对类似于图中 A 段、C 段施行加固或修补作业,以保持原有安全技术方案。

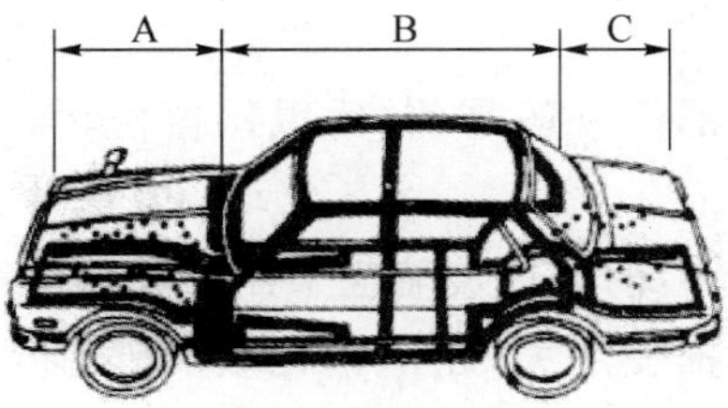


(a) 车身的强度等级

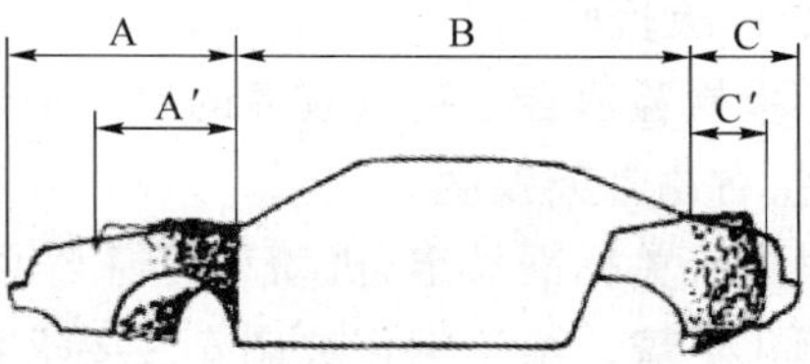


(b) 车身受冲击时的变形状况

图 3-7-26　车身上吸收冲击能量的分段

② 客车车身

某骨架式客车车身如图 3-7-27 所示，它以组焊成的独立的骨架为基础，装配车门、风窗、车窗、顶盖和底板等结构，应力主要由底板、顶盖和侧围骨架承受。主要由前围、后围、左侧围、右侧围、顶盖与天窗、底架与地板等若干单元组成。这种结构可保证车身表面平整光顺、挺拔美观，侧窗可采用大尺寸，使视野良好，通透感强。目前国内生产的大客车均属于此类结构。

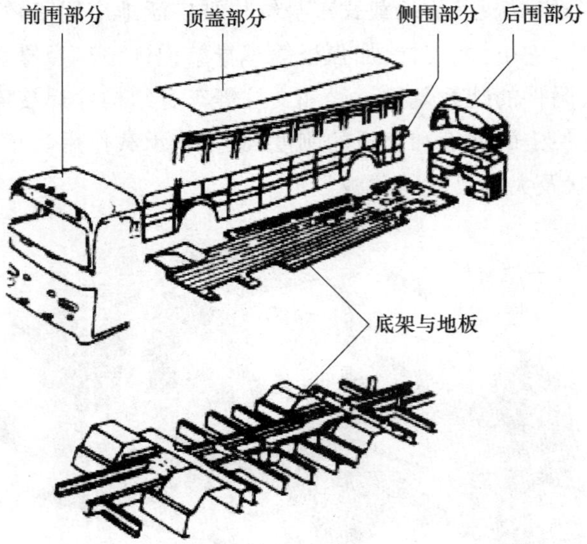


图 3-7-27　骨架式客车车身

(3) 客车车身骨架的检验

骨架是客车车身的基础，其损坏的方式主要是局部锈蚀、变形和整车骨架的歪扭变形等。骨架损坏常用的检验方法如下。

① 目视检查

目视检查主要是检查骨架各构件的断裂、裂纹及锈蚀等。

车身骨架的主要损伤点有车顶行李架对应的顶横梁，立柱与侧窗上、下沿及底横梁连接处。这些部位是车身受扭时的高应力点，易产生断裂和裂纹。而立柱下端因外露而经常接触雨水、灰尘等，锈蚀较严重。检查时，应仔细注意各连接部位是否脱焊、裂纹，各装置是否牢固。

② 样板检验

样板检验适合于数量较多的单一型号车辆，检查部位一般是前、后风挡窗框，驾驶室门框及左、右侧骨架弧度。

根据有关标准规定，机动车门窗必须使用安全玻璃，前风挡玻璃应采用夹胶玻璃或局部区域钢化玻璃。由于钢化玻璃安装要求较高，如果窗框变形大，超出钢化玻璃外形尺寸，则会无法安装，即使勉强装上玻璃，窗框稍有变形，玻璃就会破裂。对国产大客车进行样板检验时，应按下列技术条件进行：

- 前后风挡窗框整形后用样板检验时，止口弧度的面轮廓度公差值为 4 mm，止口高度应符合原设计要求；

- 驾驶室门框用样板检验时，其线轮廓度公差值为 4 mm；
- 顶横梁弧度分三段用样板检验，其面轮廓度公差值为 4 mm；检查用样板的重叠长度必须超过检查部位长度的 100 mm 以上，以保证三段接合圆顺；
- 骨架整形后，外形应平整，曲面衔接变化应均匀，侧窗下沿及地板围衬处用样板检验时，其面轮廓度公差值为 4 mm；
- 检查驾驶室门框的方法，是用比名义尺寸小 4 mm 的样架检验，样架应能放入框内，且周边间隙不大于 4 mm。

③ 量具测量

量具主要用于乘客门框、侧窗框及车身骨架横截面龙门框架对角线长度的检测。国产大客车各框架对角线误差分别为：侧窗框对角线长度差不大于 3 mm；车身横截面框架（龙门框架）对角线长度差不大于 8 mm；乘客门框对角线长度差不大于 6 mm。

为了保证测量的准确性，应制作专门定位杆，如图 3-7-28 所示。

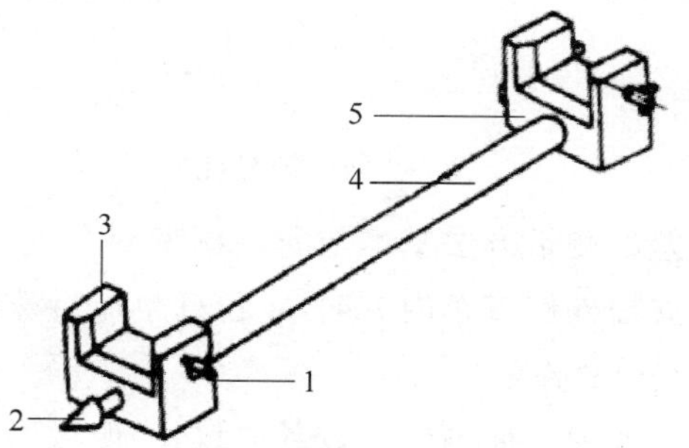


1—固定螺钉；2—定位调整装置；3—上定位卡；4—连接杆；5—下定位卡

图 3-7-28　定位杆

侧窗框对角线测量方法，如图 3-7-29 所示，测量时先将定位杆固定在两侧窗框立柱内侧，以上纵梁下平面为定位基准，用钢卷尺测量对角线长度差。

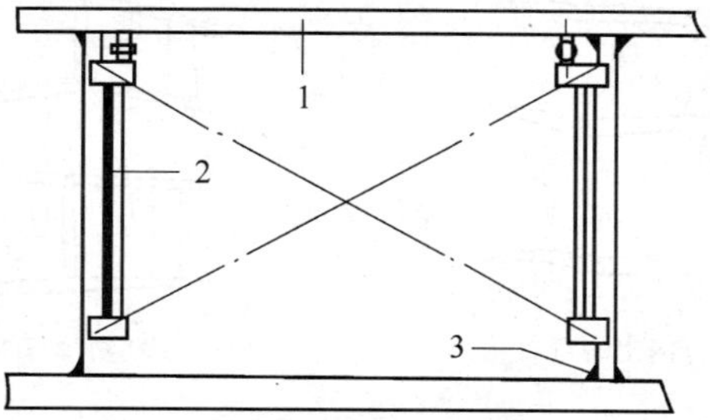


1—上纵梁；2—定位杆；3—窗圆角

图 3-7-29　侧窗框对角线长度差的测量方法

龙门框架对角线长度差测量如图 3-7-30 所示。测量时，先将定位杆固定在左、右两侧立柱内侧上，以底横梁上平面为定位基准，用测量杆测量对角线长度差。

测量时，测量点应在车身横截面上，中心左右对称，否则应另外制作特殊定位杆将测量点校正过来。测量杆结构如图 3-7-31 所示。

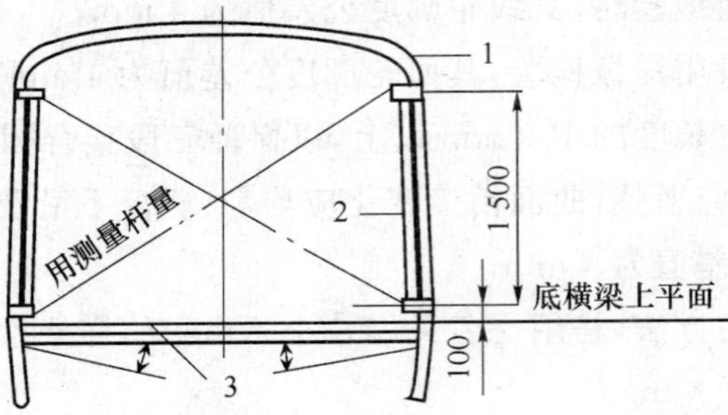


1—龙门框架；2—定位杆；3—底横梁

图 3-7-30　龙门框架对角线长度差测量

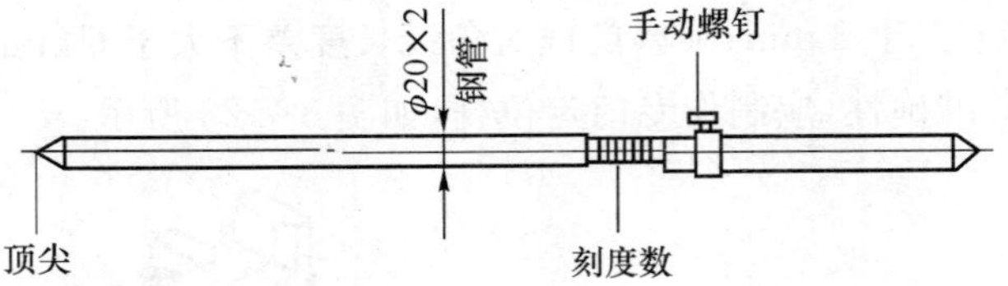


图 3-7-31　测量杆

乘客门框对角线长度差的测量方法基本与龙门框架对角线的测量相同，但大多数车上定位杆应固定在乘客门两立柱外侧或车内方向，定位杆也应特殊制作。

(4) 车架的变形损伤类型及检验

汽车车架的变形损伤主要因碰撞、翻车、过载而致，一般可以分为弯曲、扭曲两大类。但在实际变形中往往还伴有皱褶类的损伤，它是几种简单变形的综合体现。

① 车架的弯曲

车架的弯曲有两种形式：一种是垂直方向上的弯曲〔图 3-7-32(a)〕，另一种是水平方向上的弯曲〔图 3-7-32(b)〕。

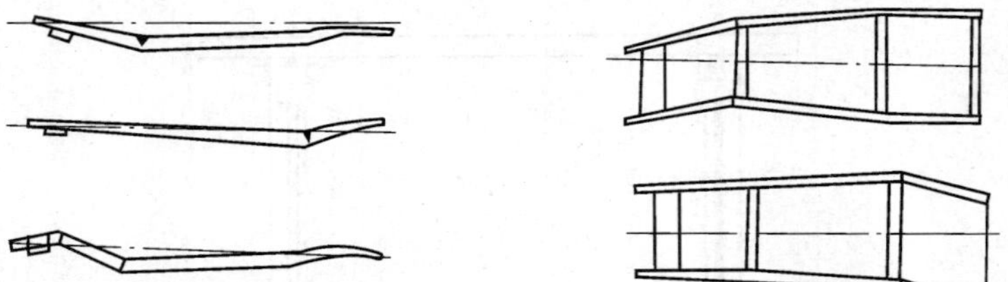

(a) 垂直方向上的弯曲　　(b) 水平方向上的弯曲

图 3-7-32　车架弯曲的类型

非承载式车身的车架承担着吸收能量的主要任务。为此，大多数边梁式车架的前部，都具备能够抗冲击的非直线型缓冲结构，采用扭矩盒设计方案的车架，前段纵梁形成鹅颈形弯曲，具有良好的抗弯、扭能力。当汽车受到正面磁撞时，车架前部的缓冲区首先发生变形，同时使前部覆盖件损坏或位移，严重时还会使车门的启闭受阻、转向传动失灵。车架前部弯曲，理所当然地还会造成车轮定位失准、轴距误差过大〔图 3-7-32(a)〕。

侧面碰撞则会导致车架纵梁的水平弯曲，使车架实际纵向轴线与理论中心线偏离，轴距误差过大是主要的表面特征。如果确认前、后桥的装配位置无误，通过测量两边的轴距差，即可对其作出定性的诊断〔图 3-7-32(b)〕。

较为严重的碰撞，不仅使车架发生弯曲变形，装在车架的翼面板上还会伴随着皱褶的出现，这是由于金属材料受到挤压的缘故。当然，与挤压变形共生的拉伸现象也一并存在，只不过金属材料的塑性使其体现得不十分突出罢了。车架变形过程中的过度拉伸，就有可能使车架钢板被撕裂。

② 车架的扭曲

车架的扭曲也有两种形式：一种是垂直方向上的扭转，如图 3-7-33(a)所示；另一种是水平方向上的对角扭曲(也称菱形变形)，如图 3-7-33(b)和(c)所示。

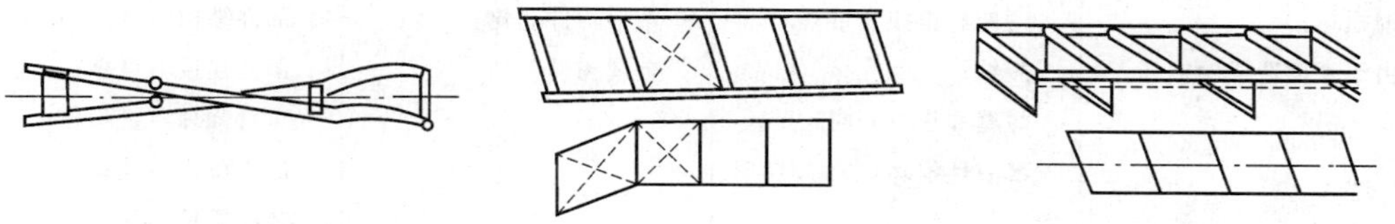

(a) 扭转　(b) 菱形变形　(c) 菱形变形

图 3-7-33　车架的扭曲

当车架的前、后角受到碰撞时，由于着力点与车架中心线偏离，使车架纵梁的受力出现不平衡，由此导致纵梁的相对位置发生前后错动，车架横梁与纵梁的夹角也相应变化。从视觉上会看到发动机室盖及后备箱盖发生错位，在接近后车轮罩的相互垂直的钢板上或在垂直钢板接头的顶部可能出现皱褶。同时，在乘坐室及后备箱底板上也可能出现皱褶和弯曲。对于对角扭曲的诊断，可通过对角线对比法测得。如排除了其他影响因素和测量误差，对角线的基准值一般约为其和的 1/2。

当车架的一角于垂直方向受到剧烈冲击，如高速上下台阶或重载状态下的过度颠簸等，都有可能使载荷大大超过车架的扭转刚度，而导致车架发生永久性的扭转变形。受到此损伤后，汽车的一角会比正常情况高，而相反的一角则会比正常情况低。细心检查可能在钢板表面上看不出任何明显的损伤，而真正的创伤往往隐藏在底层。在碰撞力的作用下，汽车的一角会前移，而邻近的一角很可能被扭转向下。如果汽车一角下垂得很接近地面，这时就应对汽车进行扭转损伤检查。

较为严重的扭转变形，可使车身四周的离地高度发生变化。因为这时车架所形成的扭转力，已经达到了足以克服空载状态下悬架弹力的程度。所以，有时将这种现象误诊断为悬架方面的故障，即使几经处理其离地高度也很难达到均等就是这个道理。当然，也不能将悬架弹簧的弹力不一，误诊断成车架的扭转变形。在检验车身的离地高度时，一定要先排除悬架弹簧的弹力不均的问题。

③ 车架的检验

车架的变形损伤一般通过测量车架对角线以及离地高度来加以判断，为了保证前后桥轴线平行，必须使固定在车架上的钢板座销孔的中心前后左右距离合适。车架如因交通事故造成变形，一般用眼即可看出。但弯曲变形较小的车架，就要用拉线、直尺、角尺等来检测其平直度和垂直度。纵梁的平直度与垂直度影响着车架的强度和有关总成的安装，平直度可用拉线的方法检测，车架上平面最大弯曲应不超过 5 mm；垂直度可用角尺检测，最大离缝不应超过 0.50 mm；纵梁侧面弯曲可用直尺检测，最大弯曲不应超过 5 mm。

(5) 轿车车身的检验

① 轿车车身的损伤类型及部位

轿车车身的损伤类型，按损伤机理可分为四种：磨损、机械损伤、锈蚀以及结构设计和制造工艺上的缺陷，如表 3-7-12 所示。

**表 3-7-12　轿车车身的损伤类型**

| 磨损 | 机械损伤 | 氧化锈蚀 | 结构和工艺缺陷 |
|---|---|---|---|
| 由于汽车的振动造成的磨损损坏；<br>由于摩擦造成的损坏 | 凹陷或凸起；<br>弯曲和歪扭变形；<br>裂纹；<br>焊缝和焊点开裂；<br>事故性损坏（皱缩、变形等） | 漆膜老化、龟裂；<br>塑料构件老化；<br>金属构件锈蚀 | 部件结构不合理；<br>部件结构强度不够；<br>部件连接不可靠；<br>车身修理质量不佳；<br>加工质量不佳；<br>装配质量不佳 |

对于非承载式轿车车身，除车身外还有车架，车架的损伤形式除车架构件撕裂、脱焊、焊点开裂外，主要的损伤是变形，包括弯曲、扭曲、菱形、折叠、下垂等。

车身的主要损伤部位通常是：

- 磨损、腐蚀或裂纹的损伤部位，如左右护板的上下板、左右前挡泥板、车顶板立柱、前后纵梁、车身底板区段、底板的左右车门门槛和左右后挡泥板等；
- 易产生变形的部位，如前风窗玻璃安装口、前门门框、前后纵梁和油箱安装口等；
- 漆膜易损伤的部位通常在车顶、发动机罩、行李厢罩和前后翼板处的表面；
- 板件的搭接部位，当车身振动或受力产生相对运动时就会引起接触部位的磨损，所受的振动或外力越大，作用的时间越长，表面材质硬度越低，则磨损越严重；
- 易发生磨损的部位，如车身各铰链孔轴间的转动部位、门锁舌和锁扣间的撞击和滑动、锁舌台肩与限位板面间的间断撞击、发动机罩下表面和翼板上表面的振动接触和相对锉动等部位都易发生磨损；
- 各板件的螺栓连接部位，若螺栓发生松动，也会使各螺孔磨损；
- 易发生锈蚀的部位，钣金件夹层及接合部的缝隙及槽形部位的下端等部位。

皱褶和凹凸不平是轿车车身钣金件因受到撞击和挤压而引起的机械损伤，对轻微的凹凸性损伤，当金属未发生延展时，属于弹性变形；而严重的皱褶和凹凸性损伤，会使金属发生延展，属于塑性变形。当撞击和挤压严重时，金属板面有时会被撕裂。

弯曲和歪扭变形也属于机械损伤，引起弯曲和歪扭变形的原因较多。如车身受撞击和挤压，汽车振动时的交变载荷，突然加速、紧急制动、急转弯时的惯性，以及通过凹凸不平道路时车身产生的扭转变形等，都可能引起车身构件的弯曲和扭曲变形。变形严重时就可能在构件应力集中和结构薄弱部位产生裂缝或撕裂。

其他的机械损伤，如风窗或门窗玻璃、门锁及风窗玻璃升降机构损坏等。

汽车遭遇到交通事故发生碰撞时，由于碰撞部位不同、受力方向不同，其损伤部位也不同。

② 发动机罩和锁扣及车门的检验

发动机罩和锁扣的检验：合上发动机罩，检查是否完全锁牢；检查发动机罩与挡泥板的间隙，同时检查高度上是否有较大误差；打开发动机罩检查罩锁口是否平稳解脱，罩锁扣钢绳工作是否正常，罩铰链行程是否合适，罩支撑柱工作是否可靠。

车门的检验：检查门开闭时对其他部位有无刮碰，从打开直至停下应运转自如，门铰链工作状况良好，闭合时应能可靠地锁紧，闭合后立缝间隙应符合要求；升起、降下门玻璃时应无异响，不发卡，无过重现象；后行李舱开闭动作是否灵活，锁紧机构是否正常，铰链是否松旷，闭合时后行李舱盖与后挡泥板的间隙及高度差应符合要求。

③（承载式）轿车车身的变形损伤类型

碰撞：承载式汽车通常被设计得能够很好地吸收碰撞时产生的能量，汽车车身由于吸收冲撞力而折合收缩，渗透入结构之中的冲撞力因被车身更深入的部位吸收而逐渐扩散直至完全消除。承载式车身的损伤可用圆锥图形法进行分析，如图 3-7-34 所示，圆锥体的中心线表示碰撞的方向，其高度和范围表示碰撞力穿过车身壳体扩散的区域。

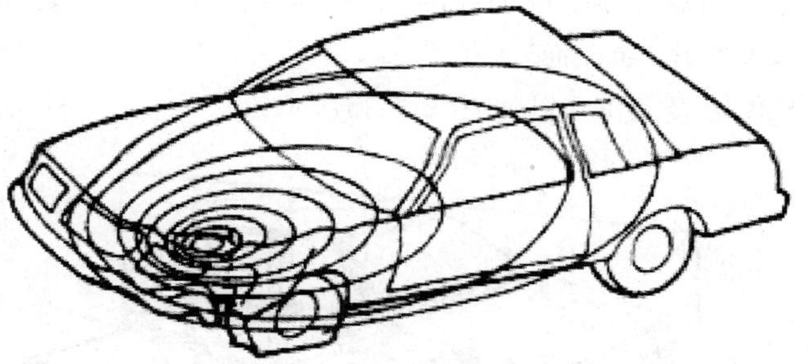

图 3-7-34　运用圆锥图形法确定碰撞对承载式车身的影响

弯曲变形：在碰撞的瞬间，振动波试图使汽车结构减短。由于汽车结构是刚性的并具有弹性，它趋向于迅速回到其最初的形态（至少在瞬间时间里是这样），使碰撞振动散播到远距离的大部分区域，从而引起中央结构上横向及垂直方向的弯曲变形。弯曲变形通常通过测量其高度超出配合公差而显示，这一变形可能发生在汽车的一侧，而另一侧则没有发生。

压缩变形：当碰撞过程持续进行时，在碰撞点上就会产生显著的挤压。这样碰撞的能量被结构的变形吸收，而远距离的部位则可能会皱褶、断裂或松动。压缩变形通过测量其长度是否超出配合公差来判别。

增宽损伤：设计良好的整体式车身结构，传到车内的碰撞力会使侧面结构弯曲偏离乘客（而不偏向内侧），同时侧梁和车门缝隙也将变形。增宽损伤与车架式车身上的水平弯曲变形相似，通过测量其高度和宽度是否超出配合公差来判别。

扭转变形：即使最初的碰撞直接作用在中心点上，但再次的冲击还能够产生扭转力引起汽车结构的扭转损伤，通常是最后的碰撞结果。通过测量其高度和宽度是否超出配合公差进行判别。

④ 车身变形的测量

a. 车身尺寸的测量基准

车身尺寸测量基准分为基准平面、基准中线及基准点。

基准平面是与车底平行且距车底一定距离的一个平面，它既是汽车制造厂测量和标注车身所有高度尺寸的基面，也是修理时测量汽车的基面，一般为汽车轮胎的接地面。基准平面由一个假想中心平面分开，这个中心平面或基准中线将汽车分成相等的两半。对称汽车的所有宽度尺寸都是从基准中线测量的，即从基准中线到右侧某点距离与到左侧相同点的距离完全相等。

为了正确分析车身的损伤程度，有必要将汽车看做一个方形结构并将其分成前、中、后三部分，分割三部分的基准面称为零平面。汽车撞伤时往往影响到很多部位，但车身中部被制造得很坚固来保护乘客，不会轻易地弯曲。通常把这部分作为测量基准，来测量不同零部件的宽度和长度。在这个部分的边缘上定义了两个零平面，前面的零平面从地板部分到前横梁，后面的零平面从后门到后横梁。它可以用做检测车身沿长度方向的变形测量基准，车身上各道横梁与零平面的相对位置，是衡量其相对于零平面有无变形的重要参数，是车身测量和矫正的主要部位。相对于零平面的检测，表示车身上所有结构是相互平行的。这里所指的平行与任何外界参照物(如地面)无关。

车身尺寸测量基准面及基准中线如图 3-7-35所示。

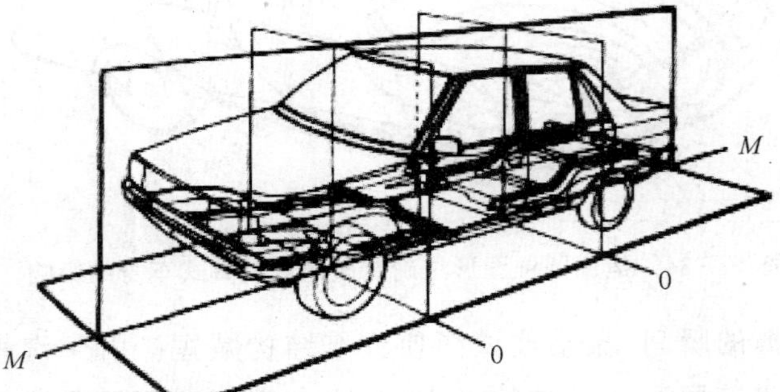


图 3-7-35　车身尺寸测量基准面及基准中线

b. 车身尺寸图

汽车车身尺寸图中，注明了车身上特定的测量点及其数值(车身上各主要控制点的尺寸)。以此为基准对车身的定位尺寸进行测量，可以准确地评估变形及其损伤的程度。如图 3-7-36 所示，为一个典型承载式车身尺寸图。但使用特定的车身测量系统时应使用测量系统为该车型配备的车身三维尺寸图(如图 3-7-37 所示)，而不必使用车身修理手册中的尺寸标注，因为各车身测量系统在选定水平面及零平面时可能会各不相同，因此尺寸上会有较大的差异。但所测量的绝对数值应以车身维修手册为准。另外应记住，根据相应规定要求各主要车身控制点的尺寸误差应控制在±3 mm 以内。

另外需要说明的是，图 3-7-37 由车身主视图和俯视图组成，主视图与俯视图中间的一排排圈点和数字的意义如下。

第一行的数字：测量系统为该车型所选定的底盘控制点序号。

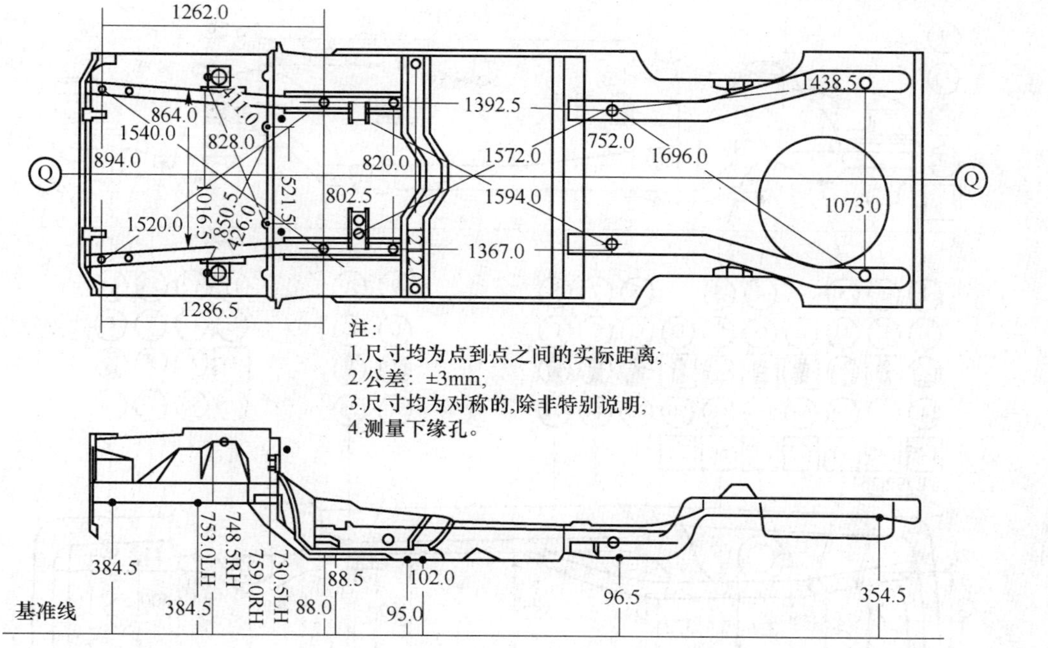


图 3-7-36　某典型承载式车身尺寸图

第二行的字母:测量该控制点应装配的测量杆代号。

第三行的符号:表示测量该点应选配的测量头,如该点为孔则选择尖状测量头;如该点为螺栓或螺母则选择套状测量头,套状测量头内的数字为套头的直径。

第四行的数字:表示该点的高度值,单位为 mm。

若有第五行,则方块中的数字表示拆除发动机后由于车身上抬而产生的高度值。

每两列之间的数字为零平面至该点的长度值。

c. 车身变形的测量方法

车身变形的测量方法主要有测距法、定中规法以及通用测量系统法。

测距法:测量中心距(也称测距法)可以直接获得定向位置点与点的距离,是最简单、实用的一种测量方法,它主要通过测距来体现车身构件之间的位置状态。测距法所使用的量具有钢卷尺、专用测距尺等。

钢卷尺测量简便、易行,但测量精度低、误差大,仅适用于那些对精度要求不高的场合,当测量点之间不在同一平面或其间有障碍时,就很难用钢卷尺测量两点间的直线距离,此时应使用如图 3-7-38 所示的专用测距尺,它可以根据不同位置将端头探入测量点,应用起来十分灵活、方便。

车身上的损伤可采用钢卷尺和测距尺来测量,但需知道车身上各控制点间的技术规范。轿车前部车身的测量,往往是在汽车前部受损,需要更换发动机罩边梁和前部元件时才进行。如图 3-7-39 所示为车身前部规定的控制点,检查时按修理手册规定的标准尺寸进行检查。

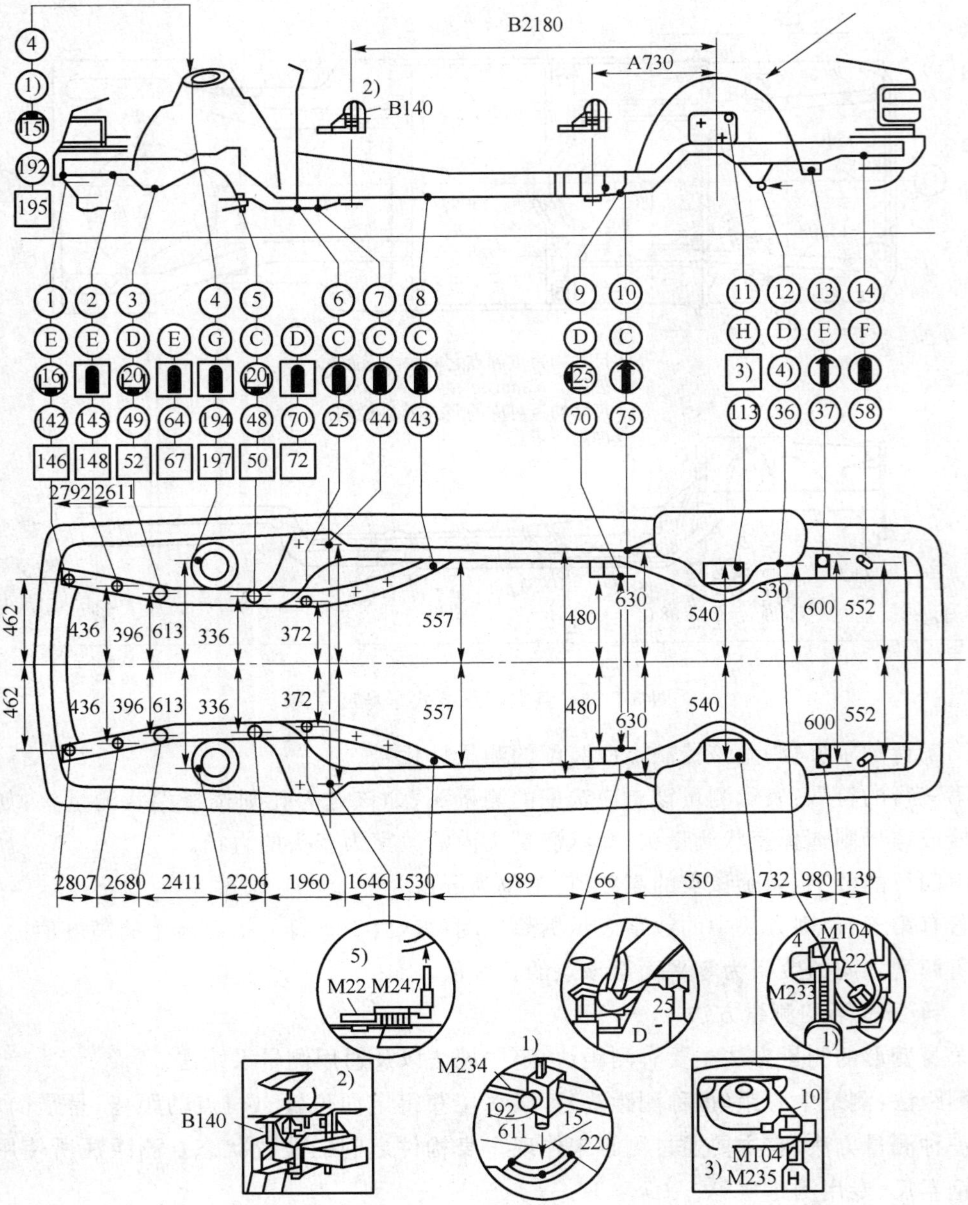


图 3-7-37　与米桥式测量系统配套的车身三维尺寸图

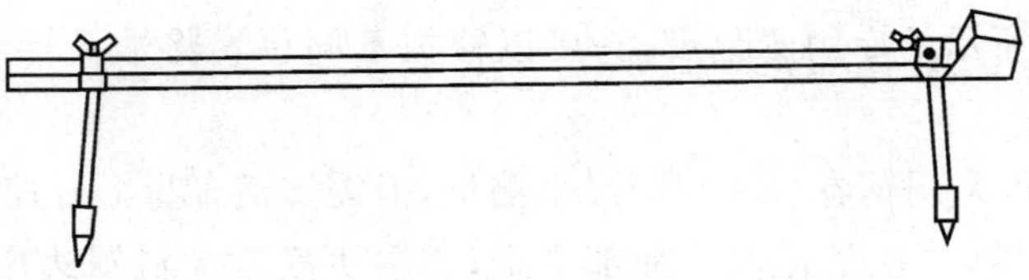

图 3-7-38　专用测距尺

为了确定车身侧面构件的变形，往往采用开闭车门的方法进行检查，如果开、闭车门时出现不规则现象，则表明车身侧面构件有损伤。但要具体确定变形部位，则必须按如图 3-7-40 所示测量点进行测量。

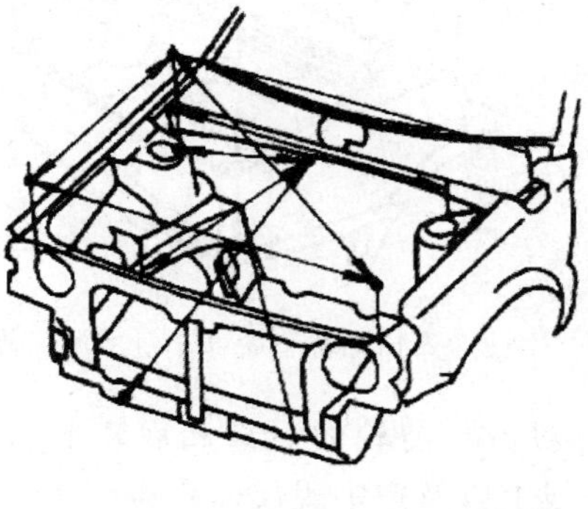

图 3-7-39　车身前部规定的测量点

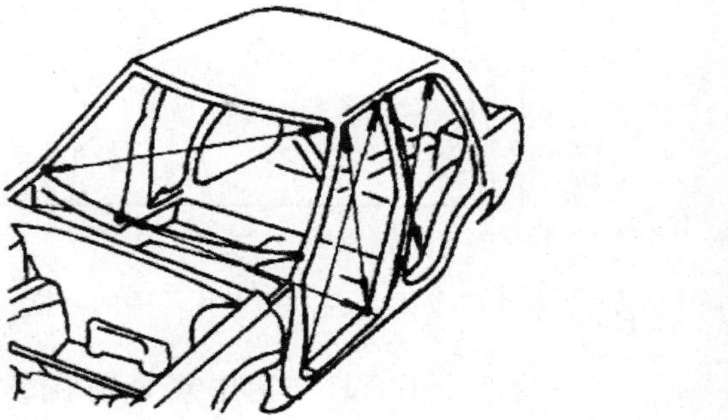

图 3-7-40　车身侧面板件规定的测量点

为了确定车身是否歪扭变形，通常采用测量车身左右对称点(部件安装孔或参考孔)间的对角线尺寸来检查，如图 3-7-41(a)所示。如果 $YZ=yz$，则表明车身无歪斜；对角线测量方法若用来检查汽车两边已发生扭曲损伤时，则是不合适的，由于左右扭曲，左右边的对角线尺寸是不相同的，如图 3-7-41(b)所示；若左边(或右边)变形，则 $YZ<yz$(或 $YZ>yz$)。如果左右变形程度相同时，用对角线测量则不易发现它们的差异，如图 3-7-41(c)所示，除非有规定的对角线尺寸标准。

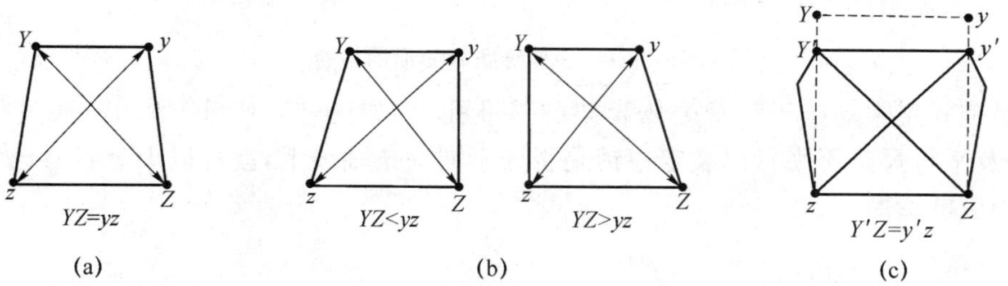


图 3-7-41　使用对角线测量方法

将测量边长与对角线测量方法结合起来，可应用于左右边对称部件的测量，如图 3-7-42 所示，若 $YZ<zy$，则表明左边发生褶皱损伤；若 $YZ>yz$，则表明右边有褶皱损伤。

车身后部的损伤，可通过车身后部行李厢盖开闭是否正常来判断，但若要精确地确定变形部位和程度，则仍应用测距尺按图 3-7-43 所示进行测量。

定中规法：车身的许多变形尤其是综合性变形，用测距法测量往往体现得不十分明显，所以反映出的问题也不够直观，此时可使用定中规法。定中规法有平行杆式定中规法、吊链式定中规法两种。

平行杆式定中规图〔3-7-44(a)〕和吊链式定中规〔图 3-7-45(a)〕，不能用来测量，但能通过投影用肉眼看出车身结构是否准直。

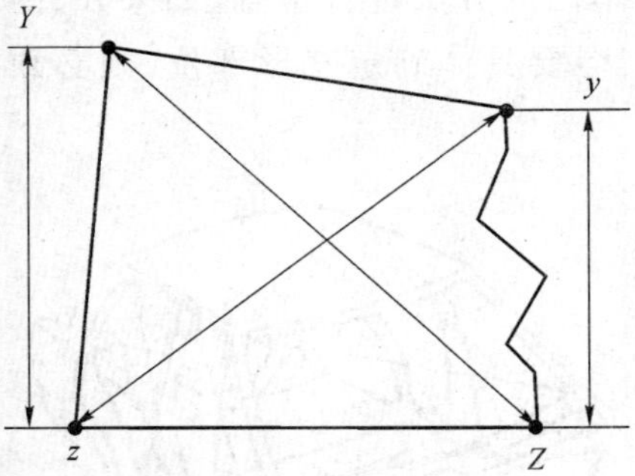


图 3-7-42 左右边对称部件的测量

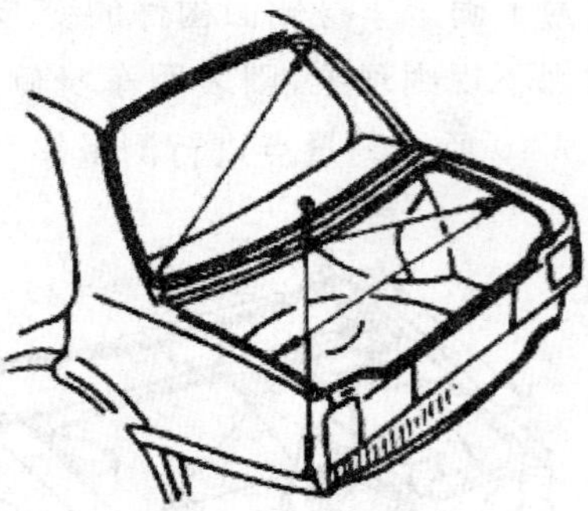

图 3-7-43 轿车后部车身的测量点

将四个平行杆式定中规分别装在汽车最前端、最后端、前轮的后部和后轮的前部，如图 3-7-44(b)所示。通过检查定中销是否处于同一轴线上以及定中规尺面是否相互平行，就可判断车身底部是否弯曲、翘曲或扭曲变形。

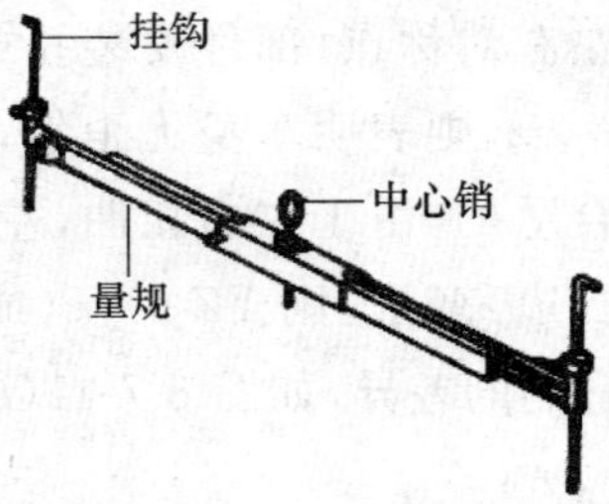


(a) 平行杆式定中规

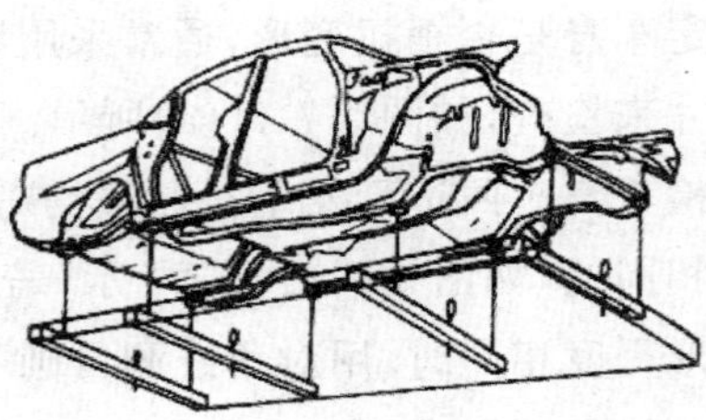

(b) 吊挂方法

图 3-7-44 车身底部变形的检查

将吊链式定中规挂于车身壳体骨架的基准孔上，如图 3-7-45(b)所示。通过检查定中销、垂链及平行尺是否平行以及定中销是否处于同一条轴线上，就可以十分容易地对骨架变形作出相应的诊断。

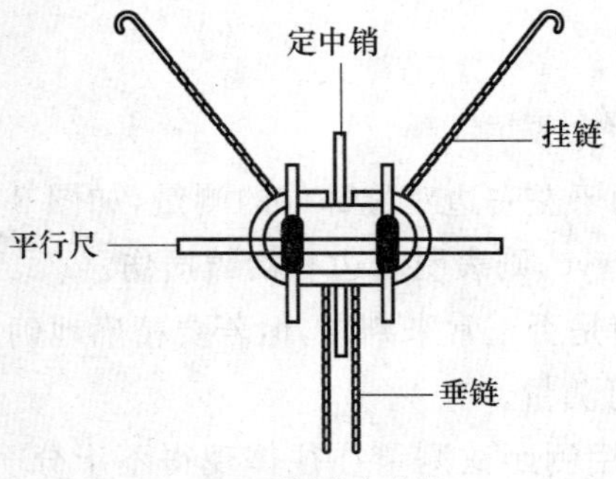


(a) 吊链式定中规

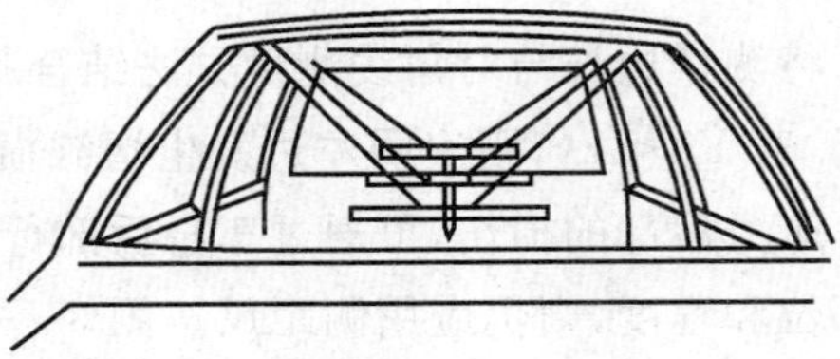

(b) 吊挂方法

图 3-7-45 骨架立柱变形的检查

通用测量系统法：通用测量系统是最有效应用轨道式量规、中心量规技术的一种测量装置，它使大部分的测量工作更为简易，更为精确，但需熟练掌握操作技术，并对一些细节加以注意。通用测量系统具有同时测量所有控制点的能力，但要得到正确的测量结果，还必须依据生产厂家的规范将其调整好。

对于目前的承载式轿车车身，为了保证维修质量，应采用通用测量系统，常用的有米桥式车身三维尺寸测量系统和电子测量系统。主要用来测量车身底部和悬架安装孔等关键控制点的测量（如图 3-7-37 中第一行的数字所要求测量的点），这些点，对汽车行驶性、稳定性、平顺性、安全性、使用性等都有至关重要的影响，所以对这些点的测量，要求误差应控制在 3 mm 内。

（6）车身密封性检验

车身的密封性应符合 GB/T 3798—1983 标准的规定，驾驶室、轿车及客车车厢不得漏水、汽车在多尘路段行驶，在所有门窗均关闭的条件下，当车外空气含尘量不低于 200 mg/m$^3$ 时，驾驶室及轿车、客车车厢内的含尘量不得高于车外含尘量的 25%。在进行车身防雨密封性试验时，应将车门窗关严，在雨中（或模拟雨中）停车 15 min（发动机怠速运转）后，立即将汽车驶入避雨区，检查驾驶室及客车车厢及发动机罩下的渗漏情况；并要求车辆以 30 km/h左右的车速在中雨和大雨中行驶 30 min 后，检查渗漏情况。模拟降雨时，降雨方向与铅垂方向成 45°角。当进行防尘密封性试验时，试验车车速为 30 km/h，跟随在扬尘车后，两车保持车距为 20～30 m，行驶 30 min，取驾驶室或车厢内的空气气样，分析车内含尘量，并比较车内外空气的含尘量。

## 六、汽车涂装质量检验

### 1. 涂料的组成及成膜类型

涂料是复杂的化学混合体，由主要、次要和辅助三类成膜物质所构成。主要成膜物质指构成涂料涂层不可缺少的组分，它们对涂层的性能特点起主导作用，一般指油料和合成树脂。次要成膜物质指各种颜料、填料，它们虽不能单独成膜，但亦是构成涂层并影响其性能的重要组分。辅助成膜物质包括溶剂和其他诸多改善涂料和涂层性能的添加剂等。涂料的组成结构如图 3-7-46 所示。

- 涂料
  - 黏接剂
    - 油（主要成膜物质）
      - 动物油——鲨鱼肝油、带鱼油、牛油
      - 植物油
        - 干性油——桐油、亚麻油、梓油、苏子油等
        - 半干性油——豆油、向日葵油、棉子油
        - 不干性油——蓖麻油、椰子油、花生油
    - 树脂（主要成膜物质）
      - 天然树脂——虫胶、松香、天然沥青
      - 人造树脂——松香衍生物、纤维衍生物、氧茚树脂等
      - 合成树脂——酚醛、醇酸氨基、丙烯酸、环氧等
    - 稀料（辅助成膜物质）
      - 溶剂
      - 稀释剂
      - 助溶剂
  - 其他材料
    - 辅助材料（辅助成膜物质）
      - 催干剂
      - 其他(增韧剂、乳化剂、润湿剂、稳定剂等)
  - 颜料（次要成膜物质）
    - 体质颜料——滑石粉、硫酸钡、碳酸钙等
    - 颜料
      - 无机颜料——铬黄、铁红、铁蓝、钛白、铁黑、铬绿等着色颜料
      - 有机颜料——耐晒黄、甲苯胺红、酞菁蓝、苯胺黑等着色颜料
      - 防锈颜料——红丹、偏硼酸钡、氧化铁红、云母氧化铁等

图 3-7-46　涂料的组成结构图

根据涂料形成涂膜过程中所产生的变化特征，又可将涂料划分为化学反应型涂料和溶剂挥发型涂料两类。在我国，涂料行业又将溶剂挥发型涂料称为“喷漆”；将靠化学变化成膜的涂料称为“瓷漆”。下面介绍这两类涂料的种类及特点。

(1) 溶剂挥发型涂料的特点

构成涂料的树脂分子，在涂料状态时已经是高分子，在形成涂膜的过程中，只有溶剂的挥发，树脂分子状态没有发生变化。

① 特征和种类：这类涂料本身就是高分子物溶液，在常温状态下溶剂挥发，即可干燥成膜，干燥过程中不存在分子间的连接。目前汽车修理中用得最多的是硝基醇酸清漆、硝基丙烯酸清漆、合成纤维素丙烯酸硝基漆。

② 优缺点：溶剂挥发型涂料涂装前分子已具有直线状结构，成膜过程中没有发生分子间的连接，涂膜分子结构仍呈直线状。这类涂料的优点是干燥速度快，施工性能好，表面质量较好；缺点是涂膜耐久性差，丰满度欠佳。

(2) 化学反应型涂料的特点

构成涂料的树脂分子，在涂料状态时，分子量较小，形成涂膜的过程中，由于某种因素的促成，产生了化学变化，逐步结成了分子量很大的高分子。这种高分子结合过程中原子之间键与键的连接形同“架桥”，故在日本汽车维修界，又有人将这类涂料形象地称为架桥反应型涂料。若干原子通过“架桥”形成的网状分子结构(见图 3-7-47)是决定这类涂料性能的主要因素。

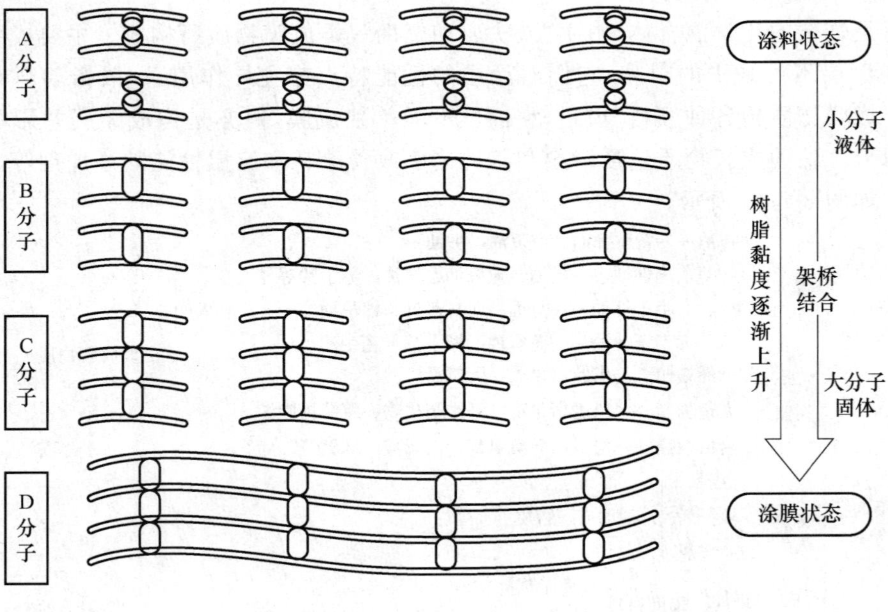


图 3-7-47 网状涂膜分子结构图

(3) 化学反应型涂料(瓷漆)

化学反应型涂料形成的涂膜，其性能主要影响因素有分子结构、分子大小和分子网孔的致密度。这种涂料的分子结构，是决定涂料性能的非常重要的因素。例如，聚氨酯涂料覆盖在金属闪光涂层上，经若干年也不龟裂、开口，就是由于其分子结构能吸收铁板和底漆层随气温变化产生的收缩和膨胀。另外，同样是丙烯酸涂料，丙烯酸聚氨酯与合成纤维素丙烯酸涂料相比，前者与旧涂膜的结合力强，其原因在于聚氨酯分子的 OH 多，而 OH 基与旧涂膜的结合力强。

一般来说，结成涂膜后，分子越大，涂膜性能越好。其原因在于涂膜分子的连接键在太阳光紫外线的作用下，经一定时间后，会出现断裂破坏。假定涂膜 A(小分子)和涂膜 B(大分子)分子内部的连接键都断裂了三处，涂膜 A 的分子结构已经完全肢解，外部表现将是涂膜严重劣化；而涂膜 B 所受影响并不严重。

涂膜“网孔”致密度是指单位面积内的网孔数目。它反映了涂膜的致密程度，网孔密度的不同也会引起涂膜性能的差异。网孔稀疏的受紫外线影响大，随着时间推移，容易出现失光、褪色等现象。

醇酸瓷漆涂布一个月，涂膜硬度也不高，沾不得汽油和溶剂，其原因就是“网孔”太稀。即使在涂料中加入催干剂和固化剂，也达不到聚氨酯涂膜的网孔密度。因此涂膜软，易被溶剂和汽油所溶解。

化学反应型涂料大致可以分为氧化聚合干燥型、热聚合型、双组分聚合型三类，各自有如下特点：

① 氧化聚合干燥型涂料：这种涂料在常温状态下干燥成膜，干燥过程中必须接触空气，氧化聚合成高分子膜。如酯胶漆、酚醛漆、醇酸漆、环氧酯底漆等油基性漆都属此类。氧化聚合干燥型涂料保存过程中必须密闭容器盖，以免长时间接触空气，氧化起皮而失去使用价值。这种涂料形成涂膜一般是在常温下，需 16～24 h。

② 双组分聚合型涂料：它又称做固化剂固化型涂料。这类涂料由主剂和固化剂两组成分构成，单是主剂分子之间不会产生连接，成膜过程必须在固化剂的作用下才能进行，固化剂是其聚合的条件。这类涂料一般是将主剂和固化剂分装保存，使用时现配现用。如环氧漆、聚氨酯漆、环氧沥青漆、原子灰和腻子等都属于此类。这类涂料可常温干燥，也可烘烤干燥。双组分聚合型涂料还包括必须烘烤干燥的环氧粉末漆等。这种涂料能抑制底漆或旧漆膜存在的打皱、开裂等缺陷，因此它不仅用做底漆，也大量用做面漆，近来还用做底、面两用型涂料。

③ 热聚合型涂料：它又称做热固型漆或烘烤聚合漆，俗称烤漆。氨基烤漆、热固型丙烯酸树脂涂料等都属于热聚合涂料。这类涂料的特点是必须加热后才可聚合成高分子漆膜，如热温度一般要超过 100℃。由于这一特点，烤漆涂料一般是汽车制造厂新车流水线上使用。国外一些有名的汽车修理厂为赢得顾客的信任，也采用了热聚合型涂料。

化学反应型涂料的主要优缺点是形成的涂膜呈网状结构(又称之为平面结构)；优点是形成的涂膜丰满度好，耐久性好；缺点是施工性能差。因为这类涂料的树脂分子在涂料状态下分子量较小，树脂黏度小，要兑制成使用所需黏度，加入的溶剂量相对较少，故形成的涂膜丰满度好；又由于涂膜成网状结构，受紫外线的影响较小，所以涂膜耐久性好。

**2. 涂层基本结构**

我国一般将涂层分为底漆层、中间涂层和面漆涂层。

底漆层是直接涂布在经过表面预处理的物体表面的第一道漆，以使之上的各涂层可以牢固地结合并覆盖在被涂物体上。同时，底漆在钢铁表面形成干膜后，可以隔绝或阻止钢铁表面与空气、水分及其他腐蚀介质的直接接触，起到保护作用。一旦面漆层破坏，钢铁也不至于很快生锈。现汽车修补底漆有钢板、镀锌钢板、铝材和不锈钢等表面的专用底漆，聚丙烯塑料专用底漆(即 PP 底漆)等。

中间涂层指介于底漆涂层和面漆涂层之间的涂层。中间涂层的主要功用是改善被涂工件表面和底漆涂层的平整度，为面漆层创造良好的基础，以提高面漆涂层的鲜映性和丰满度，提高整个涂层的装饰性和抗石击性。它包括五种功能不同的涂料：通用底漆(底漆二道浆)、二道浆(中涂、喷用腻子)、腻子、封底漆、防渗封底漆和隔绝底漆。对于表面平整度较好，装饰性要求又不太高的载货汽车和普通乘用大轿车在制造和涂装修理时有时不采用二道浆(中涂)，对于装饰性要求很高的中、高级轿车则都采用二道浆(中涂)。

面漆涂层的主要作用是对被涂物体提供防护作用的同时，提高被涂物面的装饰作用。一种优良的面漆必须具备相当高的保护性能和装饰性能，使被涂物体在一定使用寿命的时间内，以颜色的光泽条件来衡量是否能保持它的装饰效果。现在，汽车修补用面漆主要有素色面漆和金属面漆两大类型。

素色面漆，是将各种颜色的着色颜料研磨得非常细小，均匀地分散在树脂基料中而制成各种颜色的油漆。

金属面漆具有不同的名称，如“银粉漆”、“金属闪光漆”、“星粉漆”、“宝石漆”等，不论何种名称，基本上都是以金属粉颗粒(以铝粉颗粒最为普遍)和普通着色颜料加入到树脂基料中而制成。

**3. 汽车涂层的分组、等级及应用**

根据中华人民共和国机械工业部部标准 QC/T 484—1999《汽车油漆涂层》中的规定，按汽车零部件的使用条件和涂漆质量要求的不同，油漆涂层分 10 个组和若干等级(本标准中的规定适用于汽车油漆涂层，不适用于汽车电气和仪表产品的油漆涂层)。具体分组和等级规定如表 3-7-13 所示。

**表 3-7-13　汽车油漆涂层的分组、等级及应用**

| 涂层代号 | 分组名称 | 级别 | 油漆涂层名称 | 备　注 |
|---|---|---|---|---|
| TQ1 | 车身组 | 甲<br>乙 | 优质装饰保护性涂层<br>一般装饰保护性涂层 | |
| TQ2 | 轿车车身组 | 甲<br>乙 | 高级装饰性涂层<br>优质装饰保护性涂层 | 适用于高级轿车<br>适用于中级轿车涂层 |
| TQ3 | 车厢组 | 甲<br>乙 | 防蚀、装饰性涂层<br>防腐、装饰性涂层 | 适用于铁制车厢<br>适用于木车厢及铁木车厢 |
| TQ4 | 车架、车轮挡泥板组 | | 优质防腐蚀涂层 | |
| TQ5 | 发动机组 | | 保护性涂层(快干) | |
| TQ6 | 底盘组 | | | |

续表

| 涂层代号 | 分组名称 | 级别 | 油漆涂层名称 | 备　注 |
|---|---|---|---|---|
| TQ7 | 毛坯、冲压件、半成品、弹簧组 | 甲<br>乙 | 一般防蚀性涂层<br>防腐涂层 | |
| TQ8 | 特种涂层组 | 甲<br>乙<br>丙<br>丁 | 耐酸涂层<br>耐汽油涂层<br>耐热涂层<br>隔声、绝热、耐磨涂层 | 适用于蓄电池箱及其托架<br>适用于汽油箱内表面<br>适用于消声器排气管 |
| TQ9 | 水箱、钢板、弹簧组 | | 耐水防锈涂层 | |
| TQ10 | 车内装饰件组 | | | 适用于轿车及大小客车的内饰件 |

**4. 涂层质量的技术指标**

涂层质量是指涂料形成涂层后的各种机械物理性能和化学性能。反映涂层质量的技术指标主要有以下几个。

(1) 涂料的黏性

液体在外力作用下流动时，液体分子间的内聚力会阻碍分子相对运动，即分子之间产生一种内摩擦力。液体这种内摩擦力抵抗流动的特性就称为液体的黏性。

采用特定的黏度计在规定的条件下测出来的液体黏度称为相对黏度。根据测量条件不同，各国采用的相对黏度单位也不同，我国采用恩氏黏度(°E)(没有单位，是一个比值)，美国采用国际赛氏秒(SSU，单位为秒，代号 s)。

涂料的黏度不当，会引起各种油漆面层的缺陷，所以应正确选用。

(2) 涂层附着力

涂层附着力是指涂膜与被涂物面的结合力，表示它们之间的牢固程度。涂层附着力有七个等级，1 级最佳，7 级最差，一般涂层的附着力均要求在 3 级以内。涂膜附着力差，则施工要求高，被涂物面处理要求严格，稍不注意会导致涂膜脱皮、剥落等弊病。

各种底漆、防锈漆的附着力为 1～2 级，硝基底漆、过氯乙烯底漆在 2 级左右，硝基二道底漆为 3 级，醇酸底漆、环氧底漆等都达 1 级；各种瓷漆涂层的附着力在 1～2 级，醇酸瓷漆、酚醛瓷漆、氨基瓷漆、丙烯酸漆等均是 1 级，个别的如 G04 -9 过氯乙烯外用瓷漆为 3 级。

(3) 涂层颜色和外观

涂层颜色和外观是反映涂料物理性能，体现装饰性的重要技术指标。测定涂层颜色和外观，通常采用产品标准样品法或标准色板法来评定等级。普通面漆的颜色应符合国家规定的技术允差范围；外观应平整、光滑。

(4) 涂层柔韧性

这是反映涂膜受到冲击或受力发生弯曲延伸时不发生破坏的极限程度。一般以涂膜的弯曲直径来表示，最好为 1 mm，最差为 15 mm，它在某种程度上也表示了涂层的附着力指标。普通油基的各种底漆和瓷漆，柔韧性都不大于 1 mm；各种烘漆在 1～3 mm 内；各类硝基漆、过氯乙烯漆，其他各类底漆和瓷漆(除个别品种外)都小于 3 mm。

（5）涂层抗冲击强度

涂层在高速负荷作用下抵抗变形的能力即为抗冲击强度。这是涂层受到机械冲击后不发生裂纹、皱纹及剥落等破坏现象的极限强度。它包含了涂料的弹性和附着力。各种酚醛底漆、瓷漆，醇酸底漆、瓷漆的抗冲击强度大于 490 N·m；各种烘漆大于 490 N·m；各种涂料抗冲击强度最低不小于 294 N·m。

（6）涂层光泽

涂层光泽用涂层正反射光量之比的百分数来表示。在一定条件下涂层光泽愈高，涂层的装饰性愈好。各种油漆的正反射光量之比的百分数为：普通油基瓷漆可达 90%以上；各类清漆可达 95%～100%；各色硝基瓷漆为 70%～90%；各色过氯乙烯瓷漆为 80%～90%；各类各色烘漆可达 90%以上；各类半光瓷漆的光泽在 30%±10%之间；各类无光瓷漆都小于 10%。

（7）涂层的耐水性

涂层在浸泡水中时，能保持原状，不发生起泡、失光、变色、生锈或者从水中取出时有变色现象，但过一定时间能恢复原状的性能，浸泡的极限时间就是涂层的耐水指标。

酚醛漆耐水性比醇酸漆好。如 F04-11 各色酚醛瓷漆浸泡 24 h，不起泡、不脱落，基本保持原状；C04-2 和 C04-42 各色醇酸瓷漆浸泡 6～8 h，可能有轻微失光、发白、起小泡，但可在 3 h 内恢复原状。

氨基漆和聚氨酯漆等耐水性比酚醛漆更好。如 A05-9 各色氨基瓷漆，浸泡 60 h 后不起泡，即使有轻微变化，在 3h 内就能复原；S04-1 各色聚氨酯瓷漆，浸泡 48 h，涂层不发生任何变化。

（8）涂层的耐热性

涂层在高温条件下使用，会加速老化，表面发生起层、皱皮、鼓泡、开裂、变色等破坏现象。涂层在高温下，在一定时间内不发生破坏现象的性能，就是涂层的耐热性，用极限温度来表示。它关系到涂层的性能和使用寿命。

（9）涂层的耐腐蚀性

涂层的耐腐蚀性是指涂层抵抗酸、碱、盐等化学物品侵蚀的性能。这在防腐涂层中尤为重要。通常将涂层浸泡在一定浓度的酸液、碱液或盐溶液中，把不发生涂膜破坏的极限时间作为该涂层的耐腐蚀性指标。如 H52-3 各色环氧防腐漆涂层，浸泡在机油中 10 天，盐水中 15～30 天，碱液中 8 h，二氯乙烷中 8 h 或三氯乙烯中 8 h，最多只出现轻微变色。

（10）涂层的“三防”性和耐候性

在湿热地区使用的涂层，抵抗湿热、盐雾、霉菌侵蚀的能力称为涂层的“三防”性。它是反映涂层在特殊环境中的使用价值，在某种程度上也反映它的防腐性。涂层的“三防”性分为优、良、中、差、劣五个等级。

涂层的耐候性是反映涂层在户外使用的寿命，对装饰性涂层尤为重要。例如中、高级轿车使用的面漆，除对色彩、外观、光泽等要求外，还需要有良好的耐候性。户外装饰要求愈高，对耐候性要求也愈高。涂层耐候性指标分为优、良、中、差、劣五个等级。户外中、高级装饰涂层的耐候性要求在优、良级。

**5. 涂层的特性、主要质量指标**

汽车油漆涂层的特性、主要质量指标及用途可参见中华人民共和国机械工业部部标准 QC/T 484—1999《汽车油漆涂层》中的规定，下面节选部分以供参照（表 3-7-14）。

**表 3-7-14　汽车油漆涂层的特性、主要质量指标及用途**

<table>
<tr><th>涂层代号</th><th>等级</th><th>涂层特性</th><th>涂层的主要质量指标</th><th>用途举例</th><th>备注</th></tr>
<tr><td>TQ1</td><td>甲</td><td>属于优质装饰保护性涂层，具有优良的耐候性、耐水性、装饰性和机械强度，适用于湿热带气候地区</td><td>1. 漆膜外观：光滑平整、外观表面不允许有颗粒、允许有轻微“橘皮”。光色均匀无花脸<br>光泽：有光的不低于 90，平光的不高于 30<br>2. 涂层厚度：底漆层不低于 15 $\mu$m，面漆层不低于 40 $\mu$m，总厚度不低于 55 $\mu$m<br>3. 机械强度：<table><tr><th></th><th>平光的</th><th>有光的</th></tr><tr><td>冲击</td><td>40 kg・cm</td><td>30 kg・cm</td></tr><tr><td>弹性</td><td>3 mm</td><td>5 mm</td></tr><tr><td>硬度</td><td>≥0.4</td><td>≥0.5</td></tr><tr><td>附着力</td><td>1 级</td><td>1 级</td></tr></table>4. 耐候性：在广州、海南岛地区暴晒两年或使用四年涂层仍完整（即不起泡、不粉化、不生锈、不开裂），允许失光率不大于 30％和明显变化<br>5. 耐腐蚀性：① 盐雾试验 700 h 合格。② 在长江以南地区使用五年（20 万千米）不应产生穿孔腐蚀或因锈蚀产生结构损坏<br>6. 耐水性：浸在 50℃水中 20 个循环允许变粗，但不应起泡<br>7. 耐碱性：4 h 不发糊，允许轻微变色<br>8. 耐酸性：24 h 不发糊，无斑点，允许轻微变色<br>9. 耐汽油性：浸在 RQ-70 号汽油中，4h 应无变化<br>10. 耐机油性：浸在 HQ-10 号机油中，48h 应无变化</td><td>载货汽车驾驶室及覆盖件，大客车车厢，越野车、吉普车车身，以及上述总成使用零件和外观耐候性、装饰性要求相同的中小零件</td><td>1. 车身底板外表面和翼子板内表面，涂漆底后应涂隔声、耐磨、绝热涂料（TQ8 丁）<br>焊缝连接处应涂密封胶<br>2. 铝制品件，采用锌黄纯酚醛或环氧底漆<br>3. 车身内表面被覆盖的部分可以不喷面漆<br>4. 为了提高车身的耐腐蚀性，对涂过漆的车身内腔及未涂上漆的结构内腔，应进行喷涂防锈蜡处理</td></tr>
<tr><td>TQ1</td><td>乙</td><td>属于一般装饰保护性涂层。装饰性和机械强度与 TQ1 甲相仿。但耐水性、耐候性和耐腐蚀性等稍差，适用于温带和北方气候条件</td><td>1. 漆膜外观和厚度与 TQ1 甲相同<br>2. 机械强度：<br>冲击≥40 kg・cm；<br>弹性≤3 mm；<br>硬度≥0.4；<br>附着力 1 级<br>3. 耐候性：在广州、海南岛地区暴晒两年或使用三年后漆膜应完整，允许失光率不大于 60％和明显变色<br>4. 耐腐蚀性：① 盐雾试验 240h 合格。② 在长江以南地区，使用三年（12 万千米）不应产生穿孔腐蚀或因锈蚀产生结构损坏<br>5. 耐水性：浸在 50℃水中，5 个循环应无变化<br>6. 耐碱性、耐酸性和耐机油、耐汽油性与 TQ1 甲相同</td><td>同上</td><td>同上</td></tr>
</table>

续表

| 涂层代号 | 等级 | 涂层特性 | 涂层的主要质量指标 | 用途举例 | 备注 |
|---|---|---|---|---|---|
| TQ2 | 甲 | 属于高级装饰性涂层。具有极优良的装饰性、耐候性和耐水性，适用于各种气候条件 | 1. 漆膜外观：光滑平整，应无颗粒，光亮如镜。光泽不低于90<br>2. 涂层厚度：底漆层不低于20 μm，中间涂层应在40～50 μm(不包括腻子层)，面漆层在60～80 μm范围之间<br>3. 机械强度(不包括腻子层)：<br>冲击≥20 kg·cm；弹性≤10 mm；硬度≥0.6；附着力1级<br>4. 耐腐蚀性：① 盐雾试验700h合格。② 使用八年不应产生穿孔腐蚀或因锈蚀产生结构损坏<br>5. 耐水性：浸在50℃水中10个循环允许变粗，但不应起泡<br>6. 耐温变性：在＋60～－40℃范围内使用稳定(即温变10个周期不应开裂)<br>7. 耐候性、耐碱性、耐酸性、耐汽油性应与TQ1甲相同 | 高级轿车车身及覆盖件和装饰性要求高的中级轿车车身 | 车身底板外表面、顶盖内表面、覆盖件内表面应涂隔声、耐磨、绝热涂料(见TQ8丁) |
| TQ2 | 乙 | 属于优质装饰保护性涂层。具有优良的装饰性、耐候性和耐水性，装饰性仅低于TQ2甲，机械强度优于TQ2甲，适用于各种气候条件 | 1. 漆膜外观：光滑平整，允许有轻微“橘皮”。光色均匀，光泽不应低于90。在外观表面不允许有颗粒<br>2. 涂层厚度：底漆层不低于20μm，中间涂层不低于30 μm，面漆层不低于40 μm<br>3. 机械强度(不带腻子层)：<br>冲击≥30 kg·cm；<br>弹性≤5 mm；<br>硬度≥0.6；<br>附着力1级<br>4. 耐候性、耐腐蚀性、耐水性、耐碱性、耐酸性、耐机油性与TQ1甲相同<br>5. 耐温变性应与TQ2甲相同 | 中级轿车车身和质量要求高的中、轻型载货汽车驾驶室及覆盖件、旅游车车身 | 同TQ1甲 |

### 6. 原涂层的判别方法

(1) 视觉检查法

视觉检查法即通过仔细地观察，根据不同涂料的不同特征进行判断。这种方法往往需要很多的实际经验，有时还要配合适当的识别操作等才能比较准确地判断。例如，如果车辆特征线附近的表层结构粗糙，经过摩擦后能够产生一种抛光的效果，则可初步判定原涂层是抛光型涂料(多为硝基树脂型)；如果出现一种丙烯酸聚氨酯型涂料特有的光泽，可以断定原涂层是丙烯酸聚氨酯型涂料。

(2) 涂抹溶剂法

涂抹检查法即用普通硝基稀释剂在原涂层上进行涂抹擦拭，通过观察有无溶解现象判别原涂层是否为溶剂挥发干燥型涂料。检查时应使用白色的软布蘸上硝基稀释剂在破损涂层周围或在车身隐蔽部位轻轻擦拭，如果原涂层溶解，并在布上留下痕迹，说明原涂层属于溶剂挥发干燥型；如果原涂层不溶解，说明原涂层属于烘干型或双组分型漆。丙烯酸聚氨酯型漆层不易溶解，但稀释剂会减少漆面光泽。

若原涂层为自然挥发干燥型涂料，则在修补喷涂时要充分考虑新涂层中的溶剂成分可能会溶解原涂层，造成咬底等涂膜故障。

(3) 加热检查法

加热检查法用来判别原涂层是热固性还是热塑性。如果原涂层为热塑性涂料，则在修补喷涂时应选用同类型的涂料，或将旧涂层完全打磨掉后再使用热固性涂料。用红外线烤灯对测试板进行加热即可很容易地进行判别，如果漆面有软化现象则可证明为热塑性涂料。

(4) 硬度测定法

由于各种面漆干燥后漆膜的硬度不同，大体上看双组分漆和烘干漆硬度较高，而自干漆硬度较低。

(5) 厚度测试法

各种面漆由于性质不同，其涂层厚度是不一样的，所以可通过用厚度计测定漆膜厚度来判定面漆的大致类型。

(6) 电脑检测仪法

利用电脑调色系统可直接获得原车面漆的有关资料，这是目前涂装行业中普遍使用的检测方法。此方法方便快捷，只需将原车车身加油口塞拿来，利用仪器很快就能准确无误地判别面漆的类型。

**7. 涂层修复的基本工艺**

(1) 全涂装工艺

全涂装工艺是最常用的方法，但由于各个汽车车身修理厂条件不同，全涂装作业自然有所差异，但大致步骤都是类似的。

① 准备工作

a. 将车洗净，检查被修补车的涂层状况，拟定补漆工艺及操作指南；

b. 卸下影响钣金和涂装作业的部件；

c. 钣金修复。

② 漆前表面处理

除去旧涂层：用脱漆剂、打磨机或铲刀剥离已损坏的旧涂层。旧涂层的剥离面取决于涂层的损坏程度。如果整车涂层开裂，则全剥离，即车身“除白”后进行全涂装。

a. 打磨钣金修整后的表面，去除旧漆并磨平；

b. 打磨铁锈，打磨用脱漆剂去除旧漆层后的表面；

c. 吹净或擦净、除去油污和灰尘；

d. 用汽油或溶剂润湿擦布，擦净被处理过的表面，喷涂一层磷化底漆或涂刷金属表面处理剂。

③ 涂装底涂层

a. 刷涂或喷涂自干型合成树脂底漆；

b. 自然干燥或在60℃下强制干燥；

c. 对钣金修整部位和有凹坑的表面涂刮腻子；

d. 自然干燥或在60℃下强制干燥；

e. 采用干打磨或湿打磨法手工磨平腻子层表面；

f. 当涂刮一次腻子填平不了凹坑时，重复刮腻子和打磨程序直到填平；

g. 对整个车身的被漆表面进行一次打磨；

h. 吹净或擦净、除去污物和灰尘、水分；

i. 用溶剂或汽油润湿擦布，除去油污；

g. 用保护罩或纸遮盖玻璃窗和门，以防在喷涂中附着涂料。

④ 涂中间涂层

a. 喷涂1道二道浆（或用底漆与面漆1∶1制成的中间涂料）；

b. 自然干燥或在60℃下强制干燥；

c. 局部补刮腻子，消除腻子砂眼、砂纸纹等；

d. 腻子层干后，用360＃～400＃耐水砂纸，对整个表面进行湿打磨；

e. 吹净和擦净表面。

⑤ 涂面漆前的准备

a. 对不需涂装的表面进行遮盖保护；

b. 用溶剂汽油润湿擦布，擦净被涂面，除去油污；

c. 调配涂料（配色、调整黏度），并过滤。

⑥ 喷涂面漆

a. 喷涂2～3道面漆（合成树脂面漆喷2道，硝基面漆喷3～4道）；

b. 自然干燥或强制烘干。

⑦ 收尾工作

a. 待面漆层干后卸下保护罩或纸；

b. 用抛光浆或抛光蜡抛光；

c. 装上卸下的部件，检查涂装质量，对微小缺陷进行修整；

d. 清扫车内、外表面和轮胎。

(2) 局部涂层修复工艺

局部涂层修复的基本工序和操作内容如下。

① 准备工作

a. 卸下影响钣金、涂装作业的部件；

b. 对被损坏部位进行钣金整形或更换新的部件。

② 涂装前表面处理

a. 剥离或铲掉钣金修整部值表面涂层；

b. 制作边缘交接口，打磨掉钢板表面与涂膜断落边的厚度差，以使修补部分与原涂膜平滑衔接；

c. 吹净或擦净污物和打磨灰；

d. 用溶剂擦净油污和手印。

③ 涂底漆、刮腻子、平整被修补表面

a. 对露金属面处刷涂自干型合成树脂底漆；

b. 自然干燥或用红外线辐射器强制烘干底漆层；

c. 在钣金修整部位表面刮涂自干型油性腻子或聚酯腻子；

d. 自然干燥或用红外线辐射器强制烘干腻子层；

e. 手工或机械打磨，消除凹凸不平；

f. 进行湿打磨，以消除打磨纹；

g. 检查表面凹凸不平是否消除，若未达到要求，重复刮腻子和打磨程序，直到表面平整；

h. 洗净、吹干、去除污物、打磨尘和水分；

i. 擦净打磨面的油污。

④ 喷涂中间涂层（若对表面要求不高，本工序可省略）

a. 用保护罩或纸遮盖不补漆的表面；

b. 喷涂二道浆 2～3 遍；

c. 自然干燥或强制干燥；

e. 局部刮涂快干硝基腻子，填堵小孔和抹平砂纸划痕；

f. 用 320＃～500＃耐水砂纸进行手工湿打磨，以提高腻子层与面漆的结合力；

g. 洗净、擦净，晾干水分。

⑤ 涂装面漆前的准备

a. 对不补涂面漆的部位用纸遮盖；

b. 擦净被涂表面，去除灰尘和油污；

c. 调配面漆（颜色及黏度）。

⑥ 喷涂面漆

a. 喷涂 2～3 道面漆（合成树脂面漆喷 2 道，硝基面漆喷 3～4 道）；

b. 自然干燥或强制烘干。

⑦ 收尾工作

a. 去掉保护纸，擦净表面；

b. 如果补涂的面漆具有抛光性能（硝基面漆、醇酸树脂面漆），用抛光浆抛光，以消除补喷虚影和提高装饰性，随后用抛光水擦净；

c. 组装修补涂装前卸下的部件；

d. 清扫和检查补漆质量，对微小缺陷进行修整。

（3）面漆喷涂工序的说明

目前面漆施工方式分为单工序涂装、双工序涂装和三工序涂装。

单工序素色面漆喷涂完成后，面漆层即具有良好的光泽，一般不用再喷涂罩光清漆，所以称为“单工序”。由两道以上的喷涂工序完成的面漆称为多工序面漆或多涂层面漆。金属面漆中银粉漆的喷涂即为典型的双工序喷涂。

双工序面漆即先喷一层有颜色的面漆，在其上面再喷涂一层无色透明且具有很高光泽的罩光清漆来增加光泽度和保护底下的有色面漆，因这种面漆的喷涂是由两道工序（有色面漆和罩光清漆组成），所以称为“双工序”。金属面漆中的珍珠漆情况又比较特殊，珍珠漆中所含的云母颗粒通透性很高所以遮盖能力极差，在喷涂时需要先喷一层与底色漆颜色相近或相同的底色漆提高遮盖能力，然后喷涂珍珠漆，珍珠漆上再喷涂罩光清漆。这种面漆用三道喷涂工序完成。

双工序面漆以金属漆居多，也有纯素色的。颜色漆层一般为单组分型，喷涂后表面光泽度很低或没有光泽，且对大气中的有害物质抵抗能力很差，所以必须喷涂罩光清漆。罩光清漆为双组分型，固化后具有极高的光泽和对外界有害物质的抵抗性，能够很好地突出底层的颜色和金属效果，对底层色漆还具有极好的保护性，两种涂膜共同组成面漆层，具有极好的装饰性和光泽度。

**8. 涂层质量的检测**

涂层质量的检测是取得优异的汽车涂装效果的重要保证。做好涂装质量检验工作不仅是给用户的汽车涂层提供满意的外观装饰效果，优异的抗腐蚀性和耐久性，同时也是对企业负责，推动企业发展的有力保证。因此，在涂装工作之前一定要做好各项准备工作，必要时要进行喷涂样板测试等，以确保涂装的质量，节约时间和操作成本。

(1) 涂层的附着力检测

目前，测定涂层的附着力常采用两种方法，即综合测定法和剥落测定法。综合测定法包括栅格法、交叉划痕法和画圆法；剥落测定法包括扭开法和拉开法。

根据 GB 1720—1979 规定，企业普遍使用综合测定法中的画圆法来测定涂层的附着力，所得的结果也被广泛认同。画圆法即用附着力测定仪在喷涂样板上按圆滚线划出一圈一圈的划痕，然后查看划痕范围的涂层完整程度来进行评定。其测定方法如下：

① 材料相仪器设备。三块喷涂样板：50 mm×100 mm 标准的测试样板通常为马口铁。若测试特殊底材时应使用处理妥当的该种底材。另外还需要所使用四倍放大镜和毛刷。

附着力测定仪如图 3-7-48 所示，其有关部件规格如下：实验台丝杆，螺距 1.5 mm，其转动与转针同步；转针采用三五牌唱针，空载压力 200 g；荷重盘上可放置砝码，其质量为 100 g，200 g，500 g，1 000 g；转针回转半径可调，标准回转半径为 5. 25 mm。

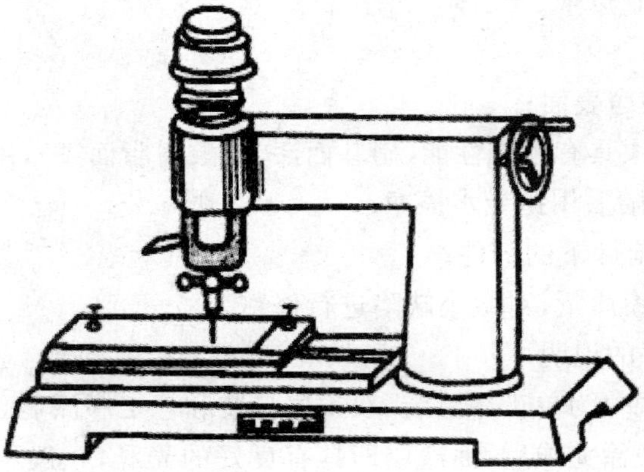

图 3-7-48 附着力测定仪

② 测定方法。待喷涂样板彻底干燥后，在恒温、恒湿条件下测定。测量时首先调整划针的回转半径，直至与标准回转半径 5.25 mm 的圆滚线相同为止。将样板放在实验台上并固定，在荷重盘上酌加砝码，使转针的尖接触到涂层并能划至金属层。按顺时针方向均匀摇转摇柄，转速以 80～100 r/min 为宜，圆滚线划痕标准图长为(7.5±0.5)cm。取出样板，用毛刷清除漆屑，以四倍放大镜观察划痕并做出评定。

③ 评定的方法。以样板上划痕的上侧为检查的目标，依次标出七个部位，相应地将其

附着能力分为七个等级，按顺序检查涂层的完好程度。例如，部位 1 涂层完好，附着力评为一级；部位 2,3,4,5,…均有不同程度的脱落，依次评为 2,3,4,5,…等级；部位 7 脱落最多，评为 7 级。标准划痕圆滚线如图 3-7-49 所示。

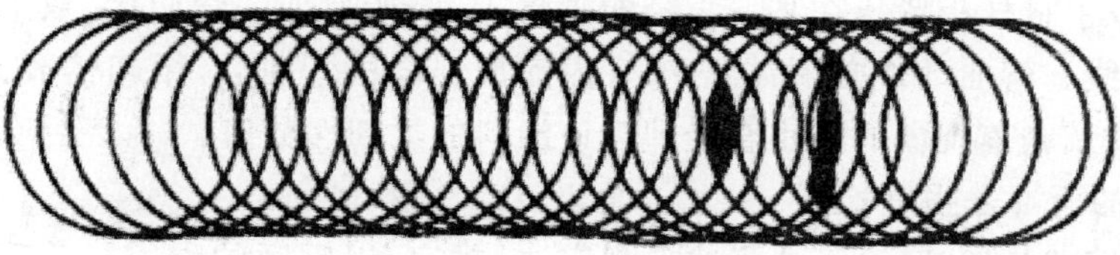

图 3-7-49　标准划痕圆滚线

测试的结果以至少两块测试样板的结果一致为准。这种方法用来做不同涂料或不同底材的附着力比较测试较为常用。在没有测试仪器的情况下可以使用一种比较简便易行的方法进行附着力测试，方法如下：

在完全干燥的样板上，取不同的部位，分别用锋利的刀片或划针在 1 $cm^2$ 范围内划横 10 条、竖 10 条划至金属层的直线，将这一小面积划分为若干个 1 $mm^2$ 见方的小方格，然后用黏度较大的塑料胶带粘贴在这些小方格上，用力撕下胶带，观察涂层的剥落现象，来评定涂层的附着能力。这种方法由于局限性比较大，所以只作为参考用，不能作为评判的标准。但由于该方法简便易行，所以在涂装车间进行简单测试时经常采用。

(2) 涂层柔韧性的检测

测试时须使用柔韧性测定器，将喷涂样板在不同直径的轴棒上弯曲，直至弯曲后不引起涂层破坏的最小轴棒为止，最小轴棒的直径即表示该涂层的柔韧性数值。在 GB 1731—1979《涂膜柔韧性测定法》中有如下的规定：

① 材料和仪器设备。四倍放大镜一个；马口铁板：25 mm×120 mm 标准的测试样板通常为马口铁，若测试特殊底材时应使用处理妥当的该种底材；柔韧性测定器(图 3-7-50 是由粗细不同的 6 个钢制轴棒组成，固定于底座上，底座可固定在实验台架上。

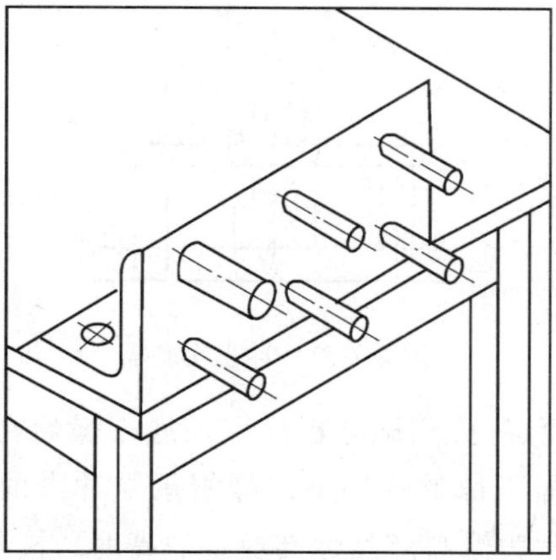

图 3-7-50　柔韧性测定器

轴棒的规格：每个轴棒长 35 mm；轴棒 1：直径为 10 mm、外径为 15 mm 的套管；轴棒 2：截面积为 5 mm×10 mm，曲率半径为 2.5 mm；轴棒 3：截面积为 4 mm×10 mm，曲率半径为

2 mm；轴棒 4：截面积为 3 mm×10 mm，曲率半径为 1.5 mm；轴棒 5：截面积为 2 mm×10 mm，曲率半径为 1 mm；轴棒 6：截面积为 1 mm×10 mm，曲率半径为 0.5 mm。

② 测定方法。按国标规定，在马口铁板样板涂膜彻底干燥后，在恒温、恒湿的条件下，涂膜向上，用双手将样板紧压在某一直径的轴棒上，绕棒弯曲。弯曲后，双手的拇指应对称于轴棒的中心线。弯曲动作必须在 2～3 s 内完成。样板弯曲后，用四倍放大镜观察，不出现如网纹、裂纹及剥落现象的最小直径即为该涂料的柔韧性数值。

(3) 涂层的耐冲击强度检测

根据 GB 1732—1993《涂膜的耐冲击测定法》规定，以钢锤的重力与其落于涂膜样板上而不引起破坏的最大高度的乘积 N·cm 来表示。具体规定如下：

① 材料和仪器设备。四倍放大镜；马口铁板：50 mm×120 mm 标准的测试样板通常为马口铁，若测试特殊底材时应使用处理妥当的该种底材；薄钢板：65 mm×150 mm 用于原子灰的耐冲击力检测，若测试特殊底材时应使用处理妥当的该种底材；冲击实验器如图 3-7-51 所示。

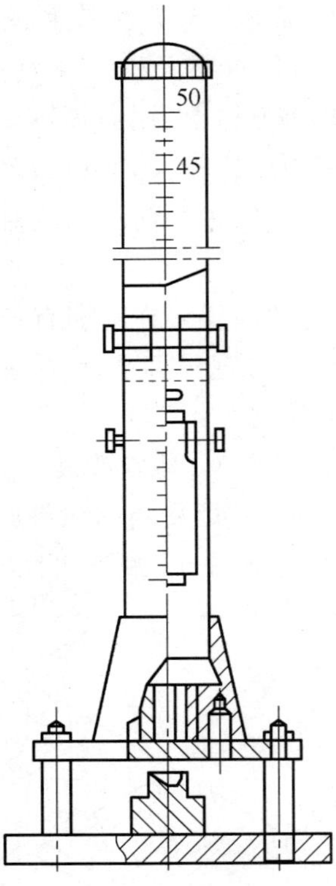


图 3-7-51　冲击实验器

② 测试方法。按国标规定，待测试样板涂层彻底干燥后在恒温、恒湿条件下进行。涂层向上，将样板放置在实验器下部的铁砧上。样板承受冲击的部分距边缘不少于 15 mm。钢锤控制在一定的高度（通常为涂料产品标准规定的高度），按压控制按钮，钢锤自由下落并冲击冲头，冲头冲击涂层样板。提起钢锤，取出样板，用四倍放大镜观察涂层有无裂纹、皱纹和剥落等破坏现象。

(4) 涂层硬度的检测

涂膜硬度是指涂膜彻底干燥后具有的坚实性，即涂膜表面对作用于其上面的另一个硬度较大的物体所表现的阻力。这个阻力可以通过一定重量的负荷，作用在比较小的接触面积上，测定涂膜抵抗变形的能力来表现出来。它是表现涂膜机械强度的重要指标之一。根据 GB 1730—1993《涂膜硬度测定法——摆杆阻尼实验》，用摆杆式涂膜硬度实验仪进行检测。

该仪器的工作原理是，表面越软，接触这一表面的摆杆摆动的振幅衰减越快。被检测涂膜的硬度用一定重量的摆置于该涂膜样板上的摆杆摆动衰减的次数与同一条件下摆杆在玻璃板上摆动衰减的次数的比值来表示。摆杆在玻璃板上从 6°～3°的摆动次数测定为(178±8)次，所需耐间为(250±10)s。涂膜的硬度按下式计算：

$$x=n/n_0$$

其中，$x$ 为涂膜的硬度；$n$ 为摆杆在涂膜上从 6°～3°的摆动次数；$n_0$ 为摆杆在玻璃板上从 6°～3°的摆动次数。

对于涂膜硬度还有一种比较简便的方法，使用铅笔来测定其硬度值。测试用的铅笔质量要求有保证，各级笔芯的硬度要有明显且均匀的差异，因中华牌绘图铅笔质量可靠，一般在用铅笔做涂膜硬度检测时多采用它。准备铅笔一套，从 6H～6B 共 13 支，削成如图 3-7-52 所示的形状，从最软的铅笔开始，保持铅笔与测试样板成 45°角，由后向前推进，如果笔芯划破涂膜，则说明涂膜的硬度比该铅笔的硬度低一号。这种方法因使用简便而被广泛采用，但因铅笔的生产制造存在很大的差异，所以仅可以做一般比较和简单检测使用，不能作为标准。

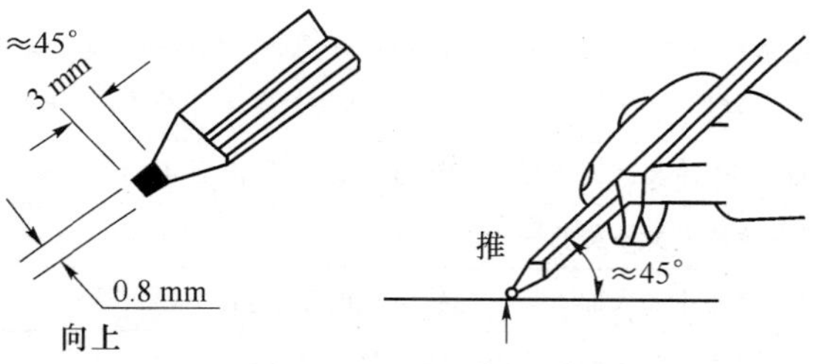


图 3-7-52　铅笔笔头形状及测定方法

(5) 涂层光泽度的检测

在同一涂层表面，以不同入射角投入的光会出现不同的反光强度，因此在测量光泽度时，不管是目测还是采用仪器，都必须首先确定光的入射角。我国规定采用的标准入射角为 45°。一般光泽的大小均是相对的比较值，即光泽计附有一块高光泽标准样板(黑玻璃)，规定该标准样板的光泽为 100%，与被测定的涂层的样板进行比较，用百分比表示。

光电光泽计的原理是，将一定角度的光投射于被测涂层样板上，通过透镜反射，并用光电池将反射光强度转变为电能，再通过精密的检流计测定。用该测定值与同样条件下光泽计内附的标准板所反射的光量值进行比较，其比值的百分数即为被测样板的光泽度。

进行光泽度检测时需要同时测量不同的几点(不少于三个点)以进行综合评定。每测定 5 块标准板后，应进行校对一次，标准板宜用专用镜头纸或柔软绒布擦拭，以避免损伤镜面。

(6) 涂层厚度的检测

涂层厚度的检测目前常采用两种方法，一种是利用千分尺来进行测量，这种方法不能直接测得被涂车辆的膜厚，只能测量喷涂样板。将喷涂样板遮盖后进行喷涂，待干燥后用千分尺分别测量未喷涂部位的厚度与喷涂部位的厚度,两者之差即为膜厚。

对于被涂车辆车身上的膜厚,通常采用磁性测厚仪进行测定。用磁性测厚仪测量膜厚也有缺点,它只能测量铜铁等导磁金属表面的涂层厚度,对不导磁物体则无法测量;若汽车车身表面经过多次修复或涂有很厚的原子灰层,会影响导磁,从而导致不能测量。

使用磁性测厚仪测量时首先要进行归零处理:取出探头,插入仪器的插座上,选用一块与被测物底材相同的材料,擦洗干净,把探头放在底板上按下电钮,再按下磁芯。当磁芯跳开时如指针不在“0”位,则须调整调零电位器使其归零。调零后即可以进行测量。

取距样板边缘不小于 1 cm 的被涂物面上的几个点进行测量。将探头放在被测涂层上按下电钮,再按下磁芯,使之与被测涂层完全吸合,此时表盘上的指针缓慢下降,待磁芯跳开,指针稳定时即可读出涂层的厚度值。取测量各点厚度的算术平均值作为被测涂层的平均厚度值。

**9. 修补涂装后的质量检验**

驾驶室、轿车及客车厢应形状正确,曲面圆顺,转角处无起皱等缺陷,汽车车身涂装颜色协调、均匀、光亮,涂层无裂纹、剥落、起泡、流痕、橘皮等现象。不需涂装的部位不得有漆痕,涂装部位允许有不明显的流痕和刷纹。汽车车身涂装表面的色泽、裂纹、起泡、流痕的检验方法,如表 3-7-15 所示。

**表 3-7-15　汽车车身涂层修复后的检测项目与方法**

| 项　目 | 检　测　方　法 |
|---|---|
| 色泽 | 用标准板对照涂装色泽的均匀性,不得有隐约可觅的色差和影响外观的部位,用光电光泽计在车身大面积平整处测量 5 个点,取算术平均值,涂层光泽应达到技术条件的规定(详细内容参见:涂层质量的检测) |
| 裂纹 | 在四倍放大镜目测下,涂装表面不得有隐约可见的小裂纹,且不影响外观 |
| 起泡 | 用目测方法,检视涂装表面不得有一个小于等于 0. 05 $cm^2$ 面积的起泡,且不影响外观 |
| 流痕 | 用目测方法,检测涂装主要表面不得有隐约可见的流痕,且不影响外观 |
| 刷级 | 用目测方法,检视涂装主要表面不得有隐约可见的刷纹,且不影响外观 |
| 脱落 | 用目测方法,检视涂装主要表面不得出现脱落,且不影响外观。涂层的附着力,在 100 ITIIT12 内,用单面刀片用力划成 1 mm×1 mm 的方格,膜方块不得脱落(详细内容参见:涂层质量的检测) |
| 杂漆 | 用目测方法,检视涂装的主要表面不得有隐约可见的杂漆,且不影响外观 |
| 硬度 | 用 HB 笔,笔芯直径为 1.8 mm 以上,长度为 3 mm 左右,笔尖是平的,铅笔与被测表面保持 45°,推速度约 3 mm/s,推力要保持均匀,用力以不折断铅芯为限,在车身不同部位往返进行五次后,用橡皮或绒布将铅笔灰擦去,以目测检查涂层的划痕深度,按无划痕、隐约可见划痕、可见划痕和明显划痕来评定涂层硬度(详细内容参见:涂层质量的检测) |

其他方面要求如下:

① 汽车线条平直,有棱有角;

② 涂装表面平顺,无凹痕,无起泡;

③ 全车涂装应该与原厂车一样,具有高光泽,不应有褶皱、走珠和砂粒等现象;

④ 车底喷沥青防锈时,排气管、变速器及散热器等部件不能有沥青;

⑤ 汽车钢圈和轮胎应翻新和清洁干净;

⑥ 汽车内部清洁、无尘,清洗仪表板蒙皮等。

## 工作任务

掌握汽车修理及其质量检验的基本知识，并回答以下问题：

(1) 汽车修理有哪些类型？

(2) 汽车整车大修的送修标志是什么？

(3) 汽车发动机大修质量检验的项目有哪些？

(4) 汽车底盘大修过程总需要检验的项目有哪些？

(5) 如何对汽车车身修复质量进行检验？

(6) 汽车涂装质量检验的方法有哪些？

## 评价反馈

**表 3-7-16　自我评价及小组评价项目表**

| 序　号 | 评价项目 | 自我评价 | 小组评价 |
|---|---|---|---|
| 1 | 是否知晓汽车修理的类型？ | | |
| 2 | 是否能够对汽车整车大修质量进行检验？ | | |
| 3 | 是否能够对汽车发动机大修质量进行检验流程？ | | |
| 4 | 是否能够对汽车底盘大修质量进行检验？ | | |
| 5 | 是否能够对汽车车身修复质量进行检验？ | | |
| 6 | 是否能够对汽车涂装质量进行检验？ | | |
| 7 | 是否熟悉汽车修理中用到的主要标准及规范？ | | |
| 8 | 是否能够填写各种进厂检验单？ | | |
| 9 | 是否能够填写各种大修过程检验单？ | | |
| 10 | 是否能够填写各种竣工质量检验单？ | | |
| 11 | 学习过程是否主动并能深度投入？ | | |
| 12 | 学习过程中是否具有团队精神？ | | |

参与评价的同学签名：____________________　　　　________年______月______日

# 模块四　汽车维修质量问题的认定与处理

## 学习情境八　汽车维修质量问题的认定与处理

### 情景描述

汽车在维修之后，可能会由于这样或那样的问题造成顾客的不满，引起顾客对维修质量问题的抱怨、投诉等。而产生的原因既有维修技术问题引起的，又有配件质量问题引起的，还有由于达不到客户的心理预期引起的，作为服务顾问的你此时应如何对汽车维修质量问题进行认定与处理？如何采取积极的措施留住客户？

### 学习目标

通过本情景的学习，需要做到：

（1）了解汽车维修质量问题的成因。

（2）了解汽车维修质量纠纷的调解办法。

（3）能够依据相关法律、法规对汽车维修质量纠纷进行处理。

### 知识准备

## 一、汽车维修质量事故的认定与处理

**1. 返修的认定与处理**

按照汽车维修制度的规定，经汽车维修竣工出厂的车辆或总成，倘若在质量保证期限内和质量保证范围内发生故障或提前损坏，不论责任属于谁，均应由汽车维修企业的总检验员进行技术鉴定并分清责任，即时安排、尽早修复，并及时处理善后工作。质量返修是汽车修理企业对不合格产品的补救和质量纠正措施，其处理原则如下：

（1）凡属于承修厂技术责任而引起的返修，应确定为质量返修或维修质量事故。无论所发生的质量返修车辆距厂远近，承修厂都应及时前往处理，并由承修厂承担全部检修和工料费用。承修厂还应填写汽车返修记录，继而分析质量事故原因，以吸取经验教训，提出改进意见。

（2）凡属于车方操作不当或使用维护不当而引起的故障或损坏（例如，由于不执行汽车大修走合规定而造成的故障或损坏)，应由车属单位自行负责。倘若委托承修厂修理，其修复的全部工料费用由车方承担。

(3) 倘若双方都有责任，应根据事故鉴定结果，由双方协商解决。

**2. 质量事故技术分析鉴定**

对产生质量纠纷的汽车和运行过程中的有关情况进行科学技术分析和鉴定，这是调解、处理纠纷的基本依据。

(1) 技术分析和鉴定的责任

技术分析和鉴定由各级道路运输管理机构组织有关人员或委托具有相应质量检验资格的汽车综合性能检测站进行，出具技术分析和鉴定结论的部门应对所下的结论负责，这是对从事汽车维修质量纠纷仲裁工作人员提出的原则要求。

(2) 技术分析和鉴定的要求

技术分析和鉴定人员应依据现场拆检记录、汽车维修原始记录和汽车维修合同、汽车使用情况以及其他有关证据，分析原因，得出结论，并填写《技术分析和鉴定意见书》。技术分析和鉴定人员应满足三方面的要求：一是分析、鉴定的依据要充分，二是要有一定的分析能力，分析出原因，作出结论，三是要认真作好记录。

(3) 技术分析和鉴定费用的处理

技术分析和鉴定费用按照国家有关规定执行。需要作专项试验分析鉴定的，其费用按当地物价部门规定的收费标准执行。

**3. 汽车维修质量事故的处理**

在汽车维修作业中，凡由于违反操作规程，不按标准作业，管理不善，检验不严，使用不合格的材料和零部件，调试不合格等原因，造成车辆故障、损坏等，均为维修质量事故。

对一般的维修质量事故，由承、托修双方自行调解处理，该返工的及时免费返工，该赔偿的进行赔偿。但各汽车维修企业对质量事故必须进行认真的统计分析，定期上报，对重大事故要立即上报。

如果承修双方对质量事故的自我调解出现了纠纷，可向交通主管部门提出申诉，交通主管部门进行技术鉴定和分析，提出处理意见，予以调解。对调解不服的可向当地技术监督部门申诉或向法院起诉，质量纠纷的处理是一项政策性、技术性都很强的工作，管理人员必须熟悉业务，秉公办事，认真做好技术鉴定和分析工作，在充分调查研究的基础上，提出处理意见。

汽车维修质量纠纷可以采用协商、调解、鉴定、诉讼四种方式解决。

协商是首选的处理方法，因其可以节省时间和维权成本。消费者可直接向修理厂提出汽车维修存在的问题，并明确提出返修、换件或赔偿损失的要求，协商时可将依据或证据告知或出示修理厂，但原件和重要物证一定要自己保存好。

调解是消费者申请当地道路运输管理机构进行调解，此时机动车维修质量纠纷双方都有保护当事车辆原始状态的义务，必要时可拆检车辆有关部位，但双方当事人应同时在场、共同认可。

鉴定是由消费者和修理厂共同要求当地道路运输管理机构进行汽修质量责任认定。如果责任认定需要进行技术分析和鉴定、承修方和托修方共同要求道路运输管理机构出面协调的，道路运输管理机构应组织有关专家或委托有资质的检测机构进行技术分析和鉴定，费用由责任方承担。

诉讼是车主直接向法院起诉，可以不经鉴定程序，在调解失败后直接起诉。

车主可以请求法庭适用“举证倒置责任”，即由承修方承担主要举证责任，承修方应向法庭提供证据，证明自己按照正确的技术和工艺进行修理而且修理质量完全符合国家标准。如果提供不出这种证明，则可以推定维修质量不合格。车主应向法庭提供损坏实物、损失清单、发票等证据。

**4. 汽车维修质量纠纷处理过程中存在的问题**

(1) 立案案由不统一。此类纠纷在立案时案由确立不规范，分别有修理合同纠纷、承揽合同纠纷、服务合同纠纷甚至买卖合同纠纷等。这种不分属种、不按纠纷性质的立案，会导致因适用法律存在的某些不同，而影响司法统一性和权威性。

(2) 诉讼主体确定混乱。由于目前汽车维修商大多使用维修单为凭证，这容易导致汽车送修人即维修单上签名人与汽车实际权利人不同现象时有发生。一旦发生纠纷，一般以维修单上的双方为诉讼当事人，从而导致法院不得不追加当事人，而这种追加往往无法得到当事人的认可，使得主体混乱，诉讼拖延。

(3) 双方约定的权利义务确定难。由于目前汽车维修行业整体处于发展初期，没有政府或行业统一指导合同，大多消费者和维修商无订立的书面合同或者仅以简易维修单为证据，一旦出现纠纷，双方各执一词，其所约定的权利义务难以确认。

(4) 赔偿事实和数额确定难。由于汽车维修纠纷从以往简单以追缴维修款项发展到车内污染清理、汽车美容保养、车辆改装升级等引发的纠纷。各类项目维修程度、维修目标、零件标准、成本价格等大多未设立国家标准或者行业标准，一旦发生损害只能依据双方的约定，无法参照有关标准。

(5) 审理纠纷专业性、技术性强。在法院受理的这类案件中有近四成的案件需要就汽车损害程度、损失数额大小委托专业机构进行鉴定或者评估，法官在理清事实和证据认定上越发依赖专家、专业意见，导致一些案件久拖不决。

(6) 纠纷双方对抗强，法庭调解难。一是由于市场上众多维修商利用自身的专业性采取夸大事实、以次充好、私调零件、变相收费等手段侵犯消费者的合法权益，导致双方互不信任，庭审对抗激烈；二是很多消费者以对方存在欺诈为由提出要求双倍赔偿，甚至有要求法院处罚维修商等明显不合法的诉请，双方各不相让，矛盾难以调和。

**5. 汽车维修质量问题的规避**

(1) 保修期内的车辆，一定要到指定的特约维修站进行维修和保养，以免失去索赔权。而已经过了保修期的，则应认清汽修厂的资质和等级，选择证照齐全、技术水平好的厂商，以保证维修质量。

(2) 在汽车维修完毕后，不要急着离开，要记得复核车辆和维修结算单，检查清单上记载的项目是否到位，尤其要注意结算单上发动机号和底盘号是否与驾驶证上的一致，以防产生纠纷后投诉无门。购买零配件的，要检查零配件明细中列举的零配件有没有超出维修项目中需要更换的零配件范围。此外，在阅读结算单和明细时有疑问的要及时提出。

(3) 根据《最高人民法院关于民事诉讼证据的若干规定》的相关规定：“当事人向人民法院提供证据，应当提供原件”，因此在维修前，要问清相关事项并签订维修合同；维修后，要保存好维修结算单。如需要另外购买零配件的，经销商应提供明细单或发票，注明所购配件的生产厂家，并提供产品合格证、使用说明、售后服务规定等。

## 二、汽车维修质量纠纷调解办法

汽车维修质量纠纷时有发生。为维护汽车维修业的正常秩序，保障承、托修双方当事人合法权益，规范汽车维修质量纠纷调解工作，依据国家有关规定和《汽车维修质量管理办法》及有关汽车维修行业管理规章，交通部组织制定了《汽车维修质量纠纷调解办法》，并于1998年6月12日发布，自1998年9月1日起实施。

**1. 纠纷调解的责任部门及范围**

(1) 质量纠纷调解的责任部门

县级以上地方人民政府交通行政主管部门所属道路运政管理机构依据本办法负责纠纷调解工作。纠纷双方所在地不在同一行政区的，由承修方所在地道路运政管理机构负责。

(2) 汽车维修质量纠纷调解的含义

汽车维修质量纠纷调解是指在汽车维修质量保证期内或汽车维修合同约定期内，汽车维修业户与托修方因维修竣工出厂车辆的维修质量产生纠纷，双方自愿向道路运政机构申请进行的调解。纠纷调解时，应明确3个内容：① 纠纷发生的时段限制为质量保证期或合同约定期内；② 纠纷内容限制为维修竣工出厂汽车的维修质量产生的纠纷；③ 受理纠纷调解的先决条件为双方自愿申请调解。

(3) 纠纷调解的原则

汽车维修质量纠纷调解，应坚持自愿、公平的原则。道路运政管理机构进行调解应当公开，做到依据事实、查明原因、分清责任、公开调解、公正负责。

**2. 纠纷调解的受理**

(1) 纠纷调解的范围

纠纷调解的范围是指在汽车维修质量保证期内或汽车维修合同约定期内当事人双方所发生的争执(即双方对责任问题认识上差距)。所谓“争执”基本上属于双方认识上的差距，与责任清楚的返修、机械事故或明显违背合同有关条款的情况是有根本区别的。

(2) 申请调解应提供的资料

申请调解应提供的资料包括申请调解方的名称，法定代表人的姓名、单位、地址、电话；当事人的名称、单位、地址、电话；纠纷详细经过及申请调解的理由与要求的书面报告；汽车维修合同、汽车维修竣工出厂合格证、汽车维修费用结算凭证等其他必要的资料。

(3) 填写《汽车维修质量纠纷调解申请书》

道路运政管理机构应在接到申请书后的5个工作日，根据本办法的规定，作出是否受理的答复意见。同意受理的，汽车维修主管部门应在十日内将《汽车维修质量纠纷调解申请书》送达另一当事方。另一当事方同意调解的，应在自送达之日起五个工作日内，就申请书所涉及的内容写出书面答辩材料，并做好参加调解的准备。另一当事方不同意调解的，则按不予受理的程序处理。不同意受理调解的，应在自接到申请书或另一当事人不愿调解的答复后的5个工作日内通知申请方。

(4) 填写《调解协议书》

当事各方应对调解过程中出示的证据进行质证；调解人员根据有关技术标准和资料、技术分析和鉴定意见书及当事方的陈述、质证、辩论，分析事故原因，确定双方应负的责任，调解各方应承担的经济损失；经调解达成协议的，应填写《调解协议书》。

**3. 质量事故的责任认定**

对维修中承、托修双方发生的维修质量问题，应通过调查、了解、技术鉴定等手段，认真划分双方责任。

（1）承修方应承担的责任

不按技术标准、有关技术资料和维修操作工艺规程维修车辆或不按使用说明规定选用配件、油料所引起的质量责任；因装配使用有质量问题的配件、油料或装配使用托修方自带配件、油料且未在维修合同中明确责任所引起的质量责任；在进行总成大修、小修和二级维护作业时，未对所装（拆）配件进行鉴定或虽发现相关配件质量不符合技术要求但未与托修方签订责任协议在质量保证期内确因该零部件质量引起的质量事故；汽车维修合同中另有约定的按合同规定的责任确定。

（2）托修方应承担的责任

违反驾驶操作规程和汽车使用、维护规定而发生的质量责任。

**4. 纠纷调解的具体操作要求**

（1）纠纷调解员

调解应以公开的方式进行。纠纷调解员应由道路运政管理机构专业技术人员担任，要求熟悉业务、实事求是、公正廉洁。

（2）调解程序

调解员根据有关技术标准和资料、技术分析鉴定书及当事方的陈述、质证、辩论，分析事故原因，确定纠纷双方应负责任，调解各方应承担的经济损失。

（3）经济损失

经济损失应由责任人按过失比例承担，对不能修复或没有修复价值的零部件按汽车折旧率和新件市场价格计算价值。这里经济损失主要指直接经济损失，包括：在质量事故中直接损失的机件、燃润料及其他车用液体、气体、材料；返修工时费、材料费、材料管理费、辅助材料费、委外加工费、检测费。

（4）终止调解的规定

在调解维修质量纠纷过程中，若出现了不利于纠纷调解工作继续进行下去的情况，允许终止调解。

（5）调解协议及履行

经调解达成协议的，道路运政管理机构应填写《汽车维修质量纠纷调解协议书》，当事人各方应当自觉履行。

达成协议后当事人反悔的或逾期不履行协议的，视为调解不成。经调解不能达成协议，或调解达成协议后一方不履行协议，有关当事人可依法提请仲裁机构仲裁或向人民法院提起民事诉讼。

（6）调解费用的处理

质量纠纷调解过程中拆检、技术分析和鉴定的费用由责任方按照责任比例承担。质量纠纷已经受理并在调解过程中，一方提出不愿调解，应由其负担调解过程已发生的全部费用。

## 三、案例分析

**案例一：**

某市车主李先生，因其福田双排货车发动机窜油，到××汽车修理有限公司修理，该公司维修人员打开发动机检查，认为需要更换发动机第三缸的缸套、活塞、活塞环、连杆等。经初步商议，由车主自己去购置车辆配件。次日傍晚，该车修理完毕，双方办理车辆检验、结账、移交手续无异议。第二天上午，车辆在行驶过程中，发动机发出刺耳异响后熄火，机油全部流落路面，车辆无法动弹，后拖回原维修厂家，经厂方查看，发现发动机缸体击穿，曲轴报废，活塞破碎，连杆折断，造成直接经济损失近三千元的车辆维修质量事故，双方对事故责任争议不一，车主遂向该市汽车维修行业管理所投诉。

**【事件分析】**

经现场勘察，行业管理部门的有关技术人员发现该车发动机第三缸新换连杆有明显差异，经测量比原连杆重 100 多克(按标准允许在 15 克之内)，连杆断裂部位的毛峰也已磨平，活塞碎片尚存缸体。初步判断由于发动机运作受力不均，新换连杆折断，活塞破碎而击穿缸体。

分析认为：维修厂家明知新购配件与原有配件存在差异，仍给予装配，为车辆埋下事故隐患，驾驶员缺乏车辆机械常识，在发动机发生异响后仍以为是柴油机噪声大而未停车检查，直至缸体击穿熄火，致使事故扩大，损失加剧。

**【事件处理】**

综合该车质量事故造成的原因及客观分析，调解人员根据交通部颁发的《汽车维修质量纠纷调解办法》第 4 章第 16 条以及第 5 章第 21 条的规定，决定由双方各自承担该车因事故造成直接经济损失的 50%，双方均表示同意，接受调解，行业管理部门责成维修厂家尽快修理该车，同时也告诫驾驶员要加强车辆机械常识的学习，引以为戒，以防类似事故的发生。

**案例二：**

A 汽车运输公司于 2000 年 1 月 17 日从 B 汽车公司购得一辆大客车，投入运营后，按照有关要求于 2000 年 7 月 21 日、7 月 28 日，两次前往 B 汽车公司指定的维修保养厂(C)保养及维修该车四轮刹车鼓。同年 8 月 13 日下午，该车在载客途中，发现后轮主车轮起火燃烧，并立即停车疏散旅客，急报 119 火警，使用自备灭火器对其灭火，终因火势猛烈，未能将火扑灭，火势很快进入车厢，后消防警赶到才将火扑灭，但该车已全部烧毁。经公安局消防大队《火灾原因认定书》认定“由于机械事故致使轮胎发热，温度超过轮胎燃点成灾。”A 汽车运输公司认为是由于客车本身的质量瑕疵而引发了事故，为维护自身权益，诉至法院请求依法判定 B 汽车公司和 C 维修厂赔偿经济损失。

**【事件分析】**

经调查，被烧毁的客车在发生事故时行驶里程已超过 3 万公里；被烧毁的客车被毁程度已失去质量鉴定条件；消防大队认定的机械事故不能肯定是由于客车本身的质量瑕疵引起，其他原因也可能引起机械事故；被烧毁的客车于 2000 年 7 月 21 日、7 月 28 日和 8 月 8 日在汽修厂对四轮刹车鼓、排气管等进行了维修；B 汽车公司具备制造旅游客车的民事权利能力和行为能力；B汽车公司在向A运输公司交付前述被烧毁的客车的同时交付了该客车质量合格的有效证件；前述被烧毁的客车在被烧毁前，由运输公司交纳了保险费、购置附加费等必要的费用，所交保险费的保险期间为2000年1月25日—2001年1月24日。

法院认为，本案证据证实运输公司的旅游客车的燃烧系自燃，没有直接证据认定客车被烧毁的原因是客车自身的质量瑕疵造成。公安消防部门出具的《火灾原因认定书》系认定客车质量瑕疵的间接证据，该文书载明的机械事故不能排除客车本身质量瑕疵以外的其他原因引起，如修理厂的修理行为、驾驶员的过错。由于C汽修厂是按行业标准对该车进行局部修理（小修作业），未改变产品（车辆）结构，该车在行驶中因机械事故引起的火灾与汽修厂无关联性，故C汽修厂不承担本案的民事责任。

同时，由于法院明确将本案定性为“买卖汽车合同质量纠纷”，根据合同法律规范的举证法律制度，应适用“谁主张谁举证”的举证原则。即运输公司应对其主张的被烧毁客车存在质量瑕疵负有举证的责任，但该公司却没有举出能够证实该项主张的充分证据。而B汽车公司却提出了自己主张的该公司所生产的旅游客车各项技术指标符合国家相关规定标准、质量合格的充分证据：被烧毁的客车在出厂时是经检验合格的产品，A运输公司购车时有接车清单，有合格证，有国家汽车检验中心的检测报告，无任何质量问题，而且该车事故已超过三保期限。因此，A运输公司应对自己举证不能和不力承担责任。

**【事件处理】**

法院认为，A运输公司的旅游客车被烧毁是由客车自身的质量瑕疵引起的证据不足，理由不充分，故驳回A运输公司的诉讼请求，并由其承担所有的诉讼费用。

**案例三：**

2004年10月23日，司机张某将汽车送至联运厂更换驾驶室，同时车主自购离合器片由联运厂免费装配。11月3日，该车修竣出厂。出厂后，司机营运中反映没有离合器，不好挂挡，公司找联运厂要求解决，联运厂认为装配合理，不存在技术问题。11月29日，车主将车送到了郑州众力汽车修理有限公司维修，众力工人拆检后发现：离合器压盘不平，造成离合器压盘、离合器片、飞轮损坏，怀疑故障原因为离合器压盘没有按规定力矩紧固。检查后，由众力公司进行了修理，更换了所有离合器压盘、离合器片、飞轮，车辆修复出厂，有收费发票。11月29日，联运厂技术人员将旧件取走，后来就没有再联系，车主将此事投诉到了修管处。

**【事件分析处理】**

纠纷调解人员及时与联运厂取得了联系，联运厂及时提供了该车的各项维修记录（包括进厂检验、派工单、维修过程、竣工检验单）及情况说明。据联运厂提供的资料说明看，联运厂认为车主描述的情况与事实不符，造成离合器损坏的原因应为：面片质量缺陷或司机操作不当造成的，与维修安装无关。

车主发现故障后，没有保持车辆的原始状况，对故障部位进行了拆解、修理，现在已经没有办法进行拆检，做出技术分析鉴定，根据《汽车维修质量纠纷调解办法》的有关规定，终止调解处理，车主方可以申请仲裁或向人民法院提起民事诉讼。

《汽车维修质量纠纷调解办法》第9条规定：纠纷双方当事人均有保护当事车辆原始状态的义务。拆检车辆有关部位时，当事双方必须同时在场，一致证实拆检情况；第10条规定:托修方或驾驶操作人员认为维修质量造成车辆异常,应保护好车辆原始状态并找承修方进行拆检。如承修方拒绝派人或事故现场不在本地的,托修方可向车辆停驶地道路运证机构提出拆检申请。

**【事件启示】**

认为车辆维修质量存在问题时,千万不要自行做主进行拆检或找第三方修理,以免申请进行调解时无法进行技术分析鉴定,影响问题的处理。

**案例四**:

一辆东风柴油汽车,因发动机窜机油的现象越来越严重,驾驶员王某将车送到路边冯某的汽车修理点去修理。经拆解检查,确定该机窜机油属于气缸套与活塞副磨损过甚所引起。更换了气缸套、活塞与活塞环等,发动机窜机油的问题解决了。

该车出厂后,仅使用了几天,便发现发动机油底壳内油面增高,驾驶员找到原承修方。冯某检查后,发现第 3 缸气缸套漏水。冯某说:“这不属于我们修理的责任,是你的发动机原来有问题”。驾驶员王某则说:“进厂时,我的发动机并不漏水,是经你修理后才漏水的,你要负责赔偿,而且要赔偿我 1 个多月的误工损失。”经过双方争执,问题未得到解决,于是“官司”打到了该市运管所维修办。

**【事件分析】**

维修办的工作人员在听取了纠纷案例双方的陈述后,让承修方配合对发动机进行拆解检查。当拆下第 3 缸气缸套后,发现该气缸套座孔有裂纹。为分析判断此裂纹产生的原因,仔细检查了承修方对此车发动机的修理过程。

这个修理厂条件很差,设备简陋,拆装气缸套所使用的机具不合要求,也未加工合适的拆装模具,而是直接用铁棒垫上,用榔头敲出来的,纯属手工操作,这可能就是此发动机更换新气缸套后漏水的原因。因为发动机经过长期使用,气缸套与座孔间必然有锈蚀产生,造成气缸套拆卸比较困难。当无规范的拆卸机具(如液压机),而用铁棒垫上敲击气缸套欲将其拆卸下来时,由于用力不均或过大,可能造成气缸体上气缸套座孔的破裂,虽然当时不漏水,但埋下了故障隐患。

另一方面,也可能是气缸套座孔原来就潜在有裂纹,但尚未达到引发故障的程度;随着气缸套拆装时的强烈振动,隐患便会显露出来,因此,在更换了新的气缸套后,漏水的故障便出现了。

**【事件处理】**

究竟气缸套座孔的裂纹是原来就有的,还是修理后产生的?这结论不好下,因为裂纹断口不易观察分析,又无合适的仪器来判断,这给纠纷处理增加了难度。但有一点可以肯定:无论是旧伤还是新伤,都与修理有关。因为此车发动机进厂修理前不漏水,是承修方更换气缸套后出现漏水的,而且出厂后使用的时间又不长。

在维修办对纠纷调查、分析并明确意见的基础上,根据交通部颁发的《汽车维修质量纠纷调解办法》第 4 章第 15 条、第 17 条以及第 5 章第 21 条的规定,经三方协商,达成此维修质量(维修品质)纠纷处理意见如下:承修方冯某承担两次修理的全部工时及辅料费用,并承担购买新气缸体费用的 50%;气缸体费用的另一半由驾驶员王某承担;驾驶员的误工损失不予赔偿。

【事件启示】

通过这起维修质量纠纷的处理，有以下教训可引以为戒：

(1) 在拆卸发动机气缸套时，若用专用机具拉不出气缸套，或者垫上模具也敲不下来时，不能强行敲打，而应先将发动机从车上吊下进行分解，然后再在液压机上将气缸套压出，以免“节外生枝”。

(2) 当车辆有了大毛病，要“动大手术”时，千万不要去设备简陋的“路边店”修车，应该去正规的修理厂，这样既可保证维修质量，保证车辆使用寿命，又可减少日后的烦恼。

**案例五：**

2003 年 2 月 17 日，某县运管站接到一辆夏利车主的维修质量(品质)投诉。基本情况是：该夏利乘用车于 2003 年 1 月 27 日到 A 厂更换活塞、活塞环及磨气门后，当日出厂，但车辆行驶不到 20 天时间，因气缸窜机油到 B 厂拆检时发现气缸壁上有 2 条拉缸印痕需要重新镗缸。车主鉴于刚在 A 厂更换过活塞且行驶尚不足 4 000 km，认为是 A 厂修理人员不负责任造成的维修品质问题，要求 A 厂赔偿该次镗缸的全部工时费和材料费。

【事件分析与处理】

运管站人员到 A 厂进行调查，证实该车确是更换活塞、活塞环和磨气门后当日出厂，但装配时气缸壁上没有拉痕，无须镗缸，并且气缸的圆度在允许使用范围内。

当运管站人员让车主出示该车的气缸体时，车主声称气缸体已经送去镗磨了。运管站人员立即赶到镗磨气缸处进行查询，发现气缸体已经镗磨完毕，镗缸人员讲：“该气缸体气缸壁上确实有 2 条拉缸印痕，但其圆度和圆柱度仍在使用范围内”。

鉴于调查的情况，运管站人员根据交通部颁发的《汽车维修质量纠纷调解办法》第 5 章第 19 条的规定，作出“不予受理、责任自负”的处理决定。

【事件启示】

综合分析该质量纠纷的全过程，可以得到以下几点启示和教训。

(1) 当发生汽车维修品质纠纷时，当事双方均应保存物证，没有物证，空口无凭。如果此案中有拉缸印痕的气缸体还存在(没有送去镗磨)，运管站人员就可以组织有关技术人员进行鉴定分析，确定拉缸的原因和损失的程度，从而可以方便地进行维修品质事故的责任划分。该案在进行调查取证时，由于气缸体已经被镗磨过，因无证据而无法确定责任。

(2) 在质量保证期内，当车辆发生故障进行拆检时，当事双方均应在场。此案中车辆发生故障后，车主将车辆送到了另一家修理厂，而且在进行拆检时也没有通知原修理厂的有关人员到场且又灭失证据，从而导致原修理厂不予认定也是造成无法进行纠纷调解的原因。如果进行拆检时，当事双方均在场，认同事实，纠纷调解的结果可能就是另一种情况。

(3) 当事双方均应掌握汽车维修品质纠纷调解的相关知识，知道如何保护自己的合法权益。车主在进行维修品质纠纷投诉时，索赔应合情合理，不应“狮子大开口”，应弄清楚修理厂应该承担什么责任，不能张口就让修理厂承担全部责任。当然，修理厂在进行应诉时，也应客观地分析问题，不能将责任推得一干二净，全怪车主使用不当。

## 工作任务

掌握汽车修理质量问题认定与处理的基本知识，并回答以下问题：

(1) 因汽车修理质量发生纠纷,应由哪个部门负责处理?

(2) 汽车维修质量纠纷处理的受理程序是什么?

(3) 汽车维修质量纠纷调解时应提供的资料有哪些?

(4) 如何对汽车维修过程出现的质量问题进行技术分析和鉴定?

(5) 如何对汽车维修质量问题进行责任认定?

## 评价反馈

**表 4-8-1　自我评价及小组评价项目表**

| 序　号 | 评价项目 | 自我评价 | 小组评价 |
|---|---|---|---|
| 1 | 是否知晓汽车维修事故的处理办法? | | |
| 2 | 是否知晓汽车维修质量纠纷调解的责任部门及范围? | | |
| 3 | 是否能够对汽车维修质量纠纷进行调解? | | |
| 4 | 是否知晓如何对汽车维修质量问题进行技术鉴定? | | |
| 5 | 是否能够认定汽车维修质量质量事故的责任? | | |
| 6 | 是否知晓如何规避汽车维修质量问题? | | |
| 7 | 学习过程是否主动并能深度投入? | | |
| 8 | 学习过程中是否具有团队精神? | | |

参与评价的同学签名:____________________　　　　________年______月______日

# 参 考 文 献


[1] 全国质量管理和质量保证标准化技术委员会. 2008 版质量管理体系国家标准理解与实施[M]. 北京:中国标准出版社,2009.

[2] 聂微. ISO\TS16949:2002 汽车行业质量管理体系:标准理解及过程方法实施指南[M]. 北京:机械工业出版社,2009.

[3] 营云川,王继武. 汽车行业 ISO TS16949:2002 国际标准应用与实施指南[M]. 深圳:海天出版社,2003.

[4] 方剑烽. 汽车机械制图[M]. 北京:电子工业出版社,2011.

[5] 吕凤军. 汽车性能与检测技术[M]. 北京:北京邮电大学出版社,2012.

[6] 黎军. 机动车维修质量检验员岗位技能训练[M]. 北京:机械工业出版社,2008.

[7] 李全. 汽车维修质量检验[M]. 北京:高等教育出版社,2005.

[8] 黄秋平. 汽车维修质量检验[M]. 北京:中国劳动社会保障出版社,2010.

[9] 屠卫星. 汽车维修质量检验[M]. 南京:江苏科学技术出版社,2008.

[10] 李春声. 汽车修理质量检验[M]. 北京:中央广播电视大学出版社,2007.

[11] 郭清华. 汽车发动机检测与维修实训[M]. 北京:机械工业出版社,2008.

[12] 汪国梁. 汽车维修质量检测与评定[M]. 重庆:重庆大学出版社,2006.

[13] 娄云. 汽车维修质量检验[M]. 北京:机械工业出版社,2011.

[14] 陈长春. 汽车维修质量检验[M]. 北京:机械工业出版社,2010.